# 许党报国
# 民族脊梁

柏万良——著

世界图书出版公司
北京 · 广州 · 上海 · 西安

**图书在版编目（CIP）数据**

许党报国　民族脊梁 / 柏万良著. —北京：世界图书出版有限公司北京分公司，2020.7
ISBN 978-7-5192-6176-4

Ⅰ. ①许… Ⅱ. ①柏… Ⅲ. ①院士—列传—中国—现代 Ⅳ. ① K826.1

中国版本图书馆 CIP 数据核字（2019）第 069212 号

**书　　名**　许党报国　民族脊梁
XUDANG BAOGUO MINZU JILIANG

---

**著　　者**　柏万良
**责任编辑**　宋丽萍
**装帧设计**　蔡　彬

**出版发行**　世界图书出版有限公司北京分公司
**地　　址**　北京市东城区朝内大街 137 号
**邮　　编**　100010
**电　　话**　010-64038355（发行）　64033507（总编室）
**网　　址**　http://www.wpcbj.com.cn
**邮　　箱**　wpcbjst@vip.163.com
**销　　售**　新华书店
**印　　刷**　北京建宏印刷有限公司
**开　　本**　710mm × 1000mm　1/16
**印　　张**　26
**字　　数**　270 千字
**版　　次**　2020 年 7 月第 1 版
**印　　次**　2020 年 7 月第 1 次印刷
**国际书号**　ISBN 978-7-5192-6176-4
**定　　价**　88.00 元

---

科技興邦

無限征途七十年
行難而志在如磐
不滿星辰知老年
滿是鐵心築夢人

柏葛良先生新著付梓 大安敬賀

科技興民族興科技強則國家強

戊戌冬　林陽

# 目　录

# 序 言

在我国，“科学”一词是舶来品，植入华夏大地的一个多世纪以来，牵引着中华民族驶向复兴的彼岸。时至今日，说起科学，人们还往往把它理解为科学知识，其实它还包括科学态度、科学方法、科学思想和科学精神。科学精神是统领，体现在思想、言行等方面。

把握科学发展和技术进步的规律，确保持续不断的科学创新和技术发明，立足自主创新，掌握核心技术，是我们实现“两个一百年”奋斗目标的不竭动力。要实现中华民族伟大复兴，不能用别人的昨天来憧憬我们的明天，只有我们做到引领科技发展、掌握核心技术，才能站在全球产业链的上游，掌握国际竞争和民族发展的主动权。因为在国家利益冲突、民族矛盾不可避免的情况下，市场换不来核心技术，金银买不来核心技术，必须得靠自己的发展。

社会上出现的浮夸浮躁、诚信缺失、急功近利等问题，其原因是多方面的，但核心是科学精神的缺失。科学精神是人们在长期的科学实践活动中形成的共同信念、价值标准和行为规范的结晶，包括批判质疑、求真务实、不懈探索、勇于创新、兼容并蓄、宽容失败等特质。

弘扬科学精神、传播科学思想、倡导科学方法、普及科学知识的工作永远在路上。这事关中国特色社会主义建设伟业，关乎中华民族伟大复兴的中国梦，所以，科学精神必须成为全社会的价值取向和文化风尚。

科技人员的工作益世惠民，功在国家、民族。他们是历史的创造者、见证者，是推动历史发展的“局中人”。许多默默奉献的科技人员，在科学精神这面旗帜的引导下，全身心地投入到工作中，不知道自己是英雄，却无怨无悔地从事着英雄的事业，他们是真正的民族英雄。不一样的年代，一样的奉献；不一样的事迹，一样的传承。不变的，是几代中国知识分子的报国情怀和强国行动。

让科学精神盛行起来，让理性智慧飞扬起来，让科学理性成为主流文化。科技工作者成为全社会的主流明星之际，才是中华民族真正崛起之时。

在中华民族努力实现第一个一百年奋斗目标的历史时刻，在全面建设社会主义现代化国家的伟大征程中，我们要高举科学精神的旗帜，更要形成崇尚科学的文化氛围。《许党报国 民族脊梁》一书，将让人们近距离了解几位科学家不忘初心、矢志不移地践行科技救国、科技报国、科技强国的感人故事，了解他们为了中华民族的复兴砥砺前行、不懈奋斗、用生命谱写光辉篇章！

现在核心技术、关键技术、国之重器必须立足于自己。过去我们勒紧裤腰带，咬紧牙关，还创造了两弹一星。因为我们发挥了另外一个优势，制度优势，集中力量办大事。社会主义一方有难八方支援，下一步科技的攻关要摒弃幻想，靠我们自己。

——习近平

# 时代的旋律　永恒的乐章

——记自动控制、人工智能和机器人学专家蒋新松院士

“我是大海的儿子，要有大海的胸怀。我喜爱大海，更喜欢汹涌澎湃的大海。”1997年6月，中国科学考察船在夏威夷东南1500海里的洋面上停泊着，科技人员在甲板上俯视大海。在众人的期待中，6000米水下机器人浮出水面，一位科技人员从中取出五星红旗，向蓝天展示。十几位科技工作者肃立在甲板上，默默地将蒋新松院士的骨灰撒进了浩瀚无垠、汹涌澎湃的太平洋，完成了蒋新松“我是大海的儿子”的遗愿。

## 生命最后的乐章

同世界上其他事物一样，人的生命也是数量和质量的统一。生命的意义是什么？每个人都有自己的答案，对待生命质和量的态度，是人生观的反映。

“科学工作者是没有八小时工作制的。如果一个人对社会什么贡献也没有，就算是长寿又有什么用？生命是有限的，但让

有限的生命发出更大的光和热，让生命更有意义，这是我的夙愿。我生命的意义就是为祖国和科学献身。只讲生命的质量，不求生命长短的数量。活着干，死了算！”这是中国科学院沈阳自动化研究所原所长、国家“863”计划先进制造技术与自动化领域首席科学家蒋新松院士经常说的一句话。1997年伊始，滴水成冰的东北大地是银装素裹的冰雪世界。因超负荷劳动，蒋新松的糖尿病、心脏病日趋严重。同事们、领导们把他送进了医院。高干病房整洁宁静，但他的心情却无法平静：“863”计划、清华大学的授课大纲、国有大中型企业“九五”技改攻关项目、太平洋上6000米水下机器人的工作进展……让他的心飞出了医院，飞出了国门。面对这位特殊的病人，医院在无奈之下破例同意蒋新松把计算机“请进”病房。手一接触键盘，他的心就平静了，开始全身心地与电脑“对话”。病房里不时响起嗒嗒嗒嗒节奏欢快的击键声，好似为漫天飞舞的瑞雪伴乐。在欢快的击键声中，在电脑吞吐他的指令和思想的过程中，蒋新松的身体得到了较快的恢复。

1997年3月中旬，蒋新松踏着春风赶赴北京，同各界人士交流和探讨如何采用高科技解决事关共和国兴衰的国有大中型企业发展的问题。站在国际科技和经济的制高点上，他渐渐形成了新思路。3月12日，他参加了“863”计划会议，当天午夜12点他给沈阳自动化研究所所长写信，建议“拿出一点钱，开展先进制造方面的预研，如能先走一步，就能领先”。3月15日，他将一份20万字、有关发展新兴产业的建议报告报给了国家科委。3月17日，他又撰写了《肩负时代的使命　迎接信息时代新的工业革命》的报告。3月19日，清华园的学子们本以为四处奔波、十分疲倦的蒋老师难以登台为他们讲课了，然而，蒋新松却准时地走上了讲台。精彩的学术报告似清泉、似春风滋润和吹拂着学子们一颗颗兴奋、进取的心灵，赢得了掌声阵阵。

在京的十几天中，他的工作日程排得满满的：白天，他像不知疲倦的拓荒牛，在大学、企业、研究所勤奋地耕耘；夜晚，他坐在计算机前继续描绘着科学的蓝图，以一个战略科学家的目光，审视着、修改着依靠科技改造国有大中型企业的新途径——一种把现代高科技的敏捷制造技术和新型的虚拟企业动态结合的方式。这个方案在他的头脑中定格、成形。

3月25日，蒋新松乘机回到沈阳，一进家门便操作计算机查找资料，打印工作报告。然而，此时此刻，嗒嗒嗒嗒的击键声，却令女主人张丽珠坐立不安，她几次劝丈夫早点休息，担心他又会累倒！他却头也不回地说："好，好！现在一些国有大中型企业遇到很大压力，辽宁又是大中型企业集中的省份，困难很多，帮他们摆脱困境是我们共同的责任。"夫人望着丈夫雕像般的背影，不忍再打扰，只得在一旁静静地陪着，直至午夜。

3月26日5点，蒋新松照例起床继续伏案工作。早饭后他像往常一样早早地出现在研究所，课题组的年轻人没料到导师刚出差回来，一早便来听取他们的工作汇报。上午，他又参加了6000米水下机器人的技术讨论，当大家谈到5月份再赴太平洋进行科学试验时，他鼓励同事们放下思想包袱，他说有成绩是大家的，出问题由他这个首席科学家承担。最后，为活跃会议气氛，他笑道："活着干，死了算。”这掷地有声的话感染了每一个人，大家心里都热乎乎的。

3月27日至28日，蒋新松参加了国家科委在辽宁省召开的“863”计划征求意见座谈会。会上，他全神贯注地听取国有大中型企业代表的发言。近年来，国有大中型企业面临的挑战已成为社会焦点问题，为此，蒋新松做了长期的调研、思考和实践。会上，他就我国制造业面临的内外形势及应对策略，做了《抓住机遇，参加全球化敏捷生产体系》的报告，报告立即引起人们的关注，辽宁省政府准备几天后请蒋新松做专题报告。连续几天，他书房里的灯光总是在大楼中最早点亮，最后熄灭。

3月29日星期六，按日程安排，蒋新松应鞍钢总经理的邀请走访鞍钢，商谈“九五”技术攻关问题。清晨5点，中国科学院沈阳自动化研究所还在静静的夜幕中沉睡。他像往常一样，轻轻起床，悄悄披衣走出卧室，来到书房。台灯亮了，计算机又响起轻捷、明快的嗒嗒的击键声。在这美妙、熟悉、悦耳的音响中，蒋新松立即进入了科学家、组织家、管理家的角色，修改他尚未完成的研究报告。

7点，他草草完成了早餐的“进口”任务，又回到计算机旁，再度进入角色……

7点25分，一辆奥迪轿车来到楼下，蒋新松整顿好厚厚的稿纸起身。突然，胸口刀绞般的剧痛使他猝然跌倒。汽车风驰电掣地驶进了辽宁省人民医院。医院对他的诊断结论是：心前壁大面积梗死。经过一个多小时全力抢救，蒋新松挣脱了死神的纠缠，他脸色苍白，额头冰凉，浑身软弱无力。他让妻子把手放在自己宽大的额头上，神志清醒地微笑道："我又捡回一条命，这回出院后，我一定陪你去度假。"

下午，蒋新松苍白的脸上浮出了红晕，额头也变得温暖，他便开始活动起四肢，并对医生说："大夫，您看我哪天能出院？""什么时候出院，我们会告诉您，您现在唯一的任务是静静地躺着。"大夫用命令的口气告诉他。自动化所所长送走医生后，蒋新松握着所长的手谈起所里的工作，谈他采用敏捷制造技术和虚拟企业联盟改组大中型企业的设想。

傍晚，在夫人的照料下，蒋新松美美地喝了一碗米汤，不久便入睡了。"这是我第一次见他睡得这么早、睡得这么香，"夫人说，"没想到这竟是他最后的一个夜晚……"

3月30日是一个星期天，凌晨4点多，蒋新松像往日一样醒来，和守护他的所长助理王刚谈起工作，嘱托王刚把正在修改的那篇研究报告的主题定为"大中型企业面临的问题与机遇——世界敏捷制造技术的发展与对策"。

窗外，天边一轮红日徐徐升起，阳光透过窗口洒进病房，洒在蒋新松的身上，他觉得暖融融的，把目光投向窗外：春风拂过的树枝在伸展着冬眠后的身姿，那么富有诗情画意。"阳光、生命、事业！"他默默地感慨。忽然，他想起了浙江大学校庆的事儿，让王刚回所里买4月初去浙江的机票。

当时针指向14点，蒋新松的病情急剧恶化——大面积心梗，他神志开始昏迷。所领导迅速赶到病房，看见几位医生正有节奏地用力按压老所长的胸膛，轮流做人工呼吸。在大连火车站，在北京地铁站口，在出国考察的归途中，蒋新松曾多次出现过虚脱和晕倒的情况，每次都是躺一会儿或吃几片药，然后就能站起来同大家谈笑风生。此时此刻，大家是多么希望老领导能再一次站起来……但遗憾的是，虽经全力抢救，15点29分，他的心脏骤然停止了跳动。

“中国机器人之父”蒋新松的生命定格于66岁。然而，他开创的事业，正以前所未有的速度蓬勃发展——“机器人革命”将影响全球制造业格局，而我国已成为全球最大的机器人市场。

“他多次说早晚要死在工作岗位上，没想到竟应验了……”在1997年4月2日的追悼会上，泪眼模糊的张丽珠泣不成声，“蒋新松的生命观，实际上是把个人的生命同祖国的命运紧紧地连在一起，实现了自我生命价值和社会发展的高度统一。”

4月3日，蒋新松准备参加浙大建校100周年校庆的机票作废。4月6日，黄山天低云暗，中国系统工程学会和中国化工学会在这里联合举行“过程系统的先进控制、优化与CIMS高级研讨会”。当秘书长沉痛地宣布蒋新松因突发心脏病逝世的消息时，在场的数十名专家和企业家无不惊愕哀叹。

科技部原部长朱丽兰对蒋新松做出了高度的评价：“蒋新松绝对是一位科技帅才，是难得的战略科学家。他代表了这个时代的一种精神。”

# “献身、求实、协作、创新、公正”

“科学事业是豪迈的事业，需要我们用毕生的精力去探索、追求和攀登”。蒋新松是这样说的，更是这样做的，特别是当科学的春风吹遍神州大地时，压抑多年的科研激情和青春活力像喷发的火山一发而不可收，推动他连续登上一座又一座科学的高峰。1977年，年富力强的蒋新松怀着科技强国的抱负，步入实现人生理想的光明大道，以扎实广博的学识和开拓进取的魄力，在科坛天地和国民经济建设的主战场开始显露头角。这一年，中国自然科学研究的国家队——中国科学院召开了自然与技术科学规划会议，他成为起草自动化科学规划的执笔人之一，在会上发表了令人折服的讲话，力促机器人及人工智能的研究工作被正式纳入长期规划，并将该任务确定为沈阳自动化研究所的科研主攻方向。从此，机器人和人工智能研究事业被首次载入了我国科技发展史册。

在环境宜人、阳光明媚的北京友谊宾馆，蒋新松同其他规划执笔人一起运筹帷幄，站在国际科技发展的制高点上，研究和分析世界自动化技术的发展方向、趋势及我国的对策，科学求实地制定中国自动化发展的规划、蓝图和目标。在那些日子，他常常因兴奋和感到责任重大而彻夜不眠。20世纪70年代，国外自动化科技之花在航天、核工业、资源开发、生产自动化、模拟人类感觉和思维的人工智能机器人等领域结出丰硕的果实，自动化技术得到了广泛的研究、开发和应用。在70年代初，曾长期从事生产过程自动化控制研究的蒋新松，就敏锐地意识到自动控制转向智能控制这个自动化技术发展的新趋势及其社会影响，便自觉地关注和从事这方面的探索工作。研究所商讨开展智力系统的探索和预研工作后，蒋新松便不失时机地率先把自适应智能控制技术应用到轧制多品种钢板的自适应厚度调节器的课题研究中。

1971年，为了扭转科研工作混乱的局面，周恩来总理提出了“科学院应该在广泛深入实际的基础上，把研究往高里提”的要求。这使作为“文革”重灾区的科学院泛起了几波富有活力的涟漪。蒋新松活跃的思想被进一步激活，他和几位同事于1972年联名向中国科学院提出了“关于人工智能与机器人”的申请报告，这是我国最早的相关报告，受到了中国科学院的重视。遗憾的是，这项科研工作尚未走上正轨就被突如其来的“批林批孔”运动扼杀而付诸东流了。当时，人们对智能机器人事业缺乏客观的认识，认为中国这么多人，搞机器人会造成失业；同时，也有人认为，搞机器人是“天方夜谭”。一些别有用心的人把批判的矛头指向蒋新松起草的申请报告：“难道洋人的今天，就是我们的明天吗？”另外，上海复旦大学《自然辩证法》杂志长篇累牍地批判人工智能和机器人的研究，荒唐地叫嚷这是“唯心主义的伪科学”。面对无知者的挑战和别有用心者的恶意攻击，蒋新松坚信自动化技术的社会价值，默默地进行着这方面的知识储备和理论研究。

1978年秋，中国中止了十余年的技术职称评定工作开始得到恢复。蒋新松晋升为副研究员。1979年夏初，他被任命为中国科学院沈阳自动化研究所副所长，半年后又被任命为所长。

中国科学院沈阳自动化研究所于1958年创建，因长期受到“左”倾错误思想的干扰和破坏，科学研究方向不明，缺乏学术带头人，设备残缺老化，人心散，管理差，成为科学院系统的“老大难”单位。蒋新松走马上任后，摸清所里问题的症结，开始对症下药，把科研方向、知识更新、实验设备、职工待遇和科学管理等方面作为工作重点。

在他的主持下，研究所制定了1981—1990年十年发展规划。在科学求实精神的引领下，蒋新松以战略家的眼光为全所绘制出人工智能与机器人技术、信息系统与控制工程、图像处理与模式识别技术三大发展方向。

面对国际科技发展状况，在中国科学院工作会议上，他指出，我们应尽快改变多年形成的落后局面，科学院应当根据我国四化建设和经济发展的现实需求进行“主题式”研究。在这一思想原则指导下，蒋新松安排自动化所30%的科研人员从事国家高新技术跟踪研究工作，把研究所建成面向全国的机器人技术中心，并探索“全国办科学院”的开放式运行新机制。

“在困难面前，我是个钻头！”蒋新松说得好，做得更好。经过几年大刀阔斧的改革和治理，他和领导班子像勇往直前的钻头一样，开辟出一条通往光明彼岸的隧道。研究所终于走出低谷，科研工作不仅走上了健康发展的道路，而且形成了自己的科技特色，壮大了科研实力。20世纪80年代中期，研究所先后取得了“海人一号”水下机器人、示教再现机械手、激光红外线电视电影经纬仪等一批令国内外自动化领域同行瞩目的科研成果。

1979年9月，秋高气爽，蒋新松从上海虹桥机场出发飞往与中国一衣带水的邻国日本。这是他第一次走出国门，代表祖国考察国际高技术发展状况，拟订我国的发展对策。他在十几天的考察中，捕捉到了中国发展智能机器人的契机，整理出中国发展这方面技术的设想和途径。

一天，蒋新松和考察团其他团员在神户港口巧遇一艘中国货轮，同胞相见十分亲切，船长请大家登船参观。“您运的主要是什么货？”蒋新松问。“主要是久销不衰的对虾，”船长回答，“然而中国一年出口的对虾只能换回两架波音747飞机！”说罢，船长低头不语，科学家们也默默不言，尤其是蒋新松，他被这巨大的反差搅得心情沉甸甸的。他深知，祖国要富强，人民的生活水平要提高，只依赖传统的原料、农副产品出口而没有高科技含量的工业产品，是不可能实现的。那天夜里，蒋新松思绪万千，船长的一席话久久地回响在他耳边，他失眠了！

在接下来的考察中，日本的研究所、大学、研究中心、学院、工厂，蒋新松一个一个地跑，一个一个地看，越跑越看越坚定了他从事智能机器人研究的决心。特别是在海洋技术研究所，他被该所研制的八角水下机器人深深地吸引住了，流连忘返。这台机器人最大的特点是它具有代替潜水员进入深水作业的功能，而且它还是在中国人认为机器人研究是“天方夜谭”的时候起步的！日本把科技与社会需求相结合的“实用主义”的科技发展路线启发了蒋新松，他暗下决心，要在中国的特殊环境下开展工作机器人的研究和开发工作。

回国后，中科院组织有关部门讨论确定机器人研制工作的方向。在蒋新松的倡导下，中科院同意将海洋机器人的研究课题作为研究方向。1979年12月，在立项座谈会上还有人泼冷水："陆上机器人还没搞好，你们这水平的旱鸭子搞水下机器人谈何容易，还是算了吧。"

1980年春，中科院在全国海洋科研院所和海军等部门开展海洋机器人课题的可行性调研工作。在南海军港、军舰和海上石油工作平台上，蒋新松一再听到这样的呼声：希望科学家立即研制我国自己的水下测量及作业机器人。为增强感性认识，使调研报告有理有据，他亲自和潜水员一起下潜，进行实地观测。通过观察他发现，不仅水下50米是一个伸手不见五指的黑暗世界，难以开展工作，而且潜水员下潜的深度也十分有限，根本无法满足大规模水下建设的需要。在海南榆林港，救捞大队的战士们说，潜水员用氦氧饱和法潜水，每呼吸一分钟所花的费用就相当于一克黄金；另外，潜水员每次潜水的时间不能超过20分钟，而且氮气所产生的麻醉还容易造成人体伤害。所以他们迫切希望中国科学院尽快研制出能代替人眼观察和人工作业的水下机器人。

不久，中国海洋机器人的研究工作正式启动，第一型机器人被命名为"海人一号"，并被列入"七五"海上石油攻关设备项目。1983年，这一课题被正式列为中国科学院重点研究项目。

世界上第一台公认的机器人，是美国在1954年研制成功的可编程机器人，它具有记忆功能，实现了点到点的控制，受到世人关注。

1983年夏，"水下机器人"研讨会在风景如画的杭州召开。会议要求水下机器人能下潜200米，并能将目标物取出水面。国家经委要求，不单要样机，还要产品，要拿出在工程上可以使用的、无人遥控的深潜机器人！最后，会议确定："HR-01海人一号"机器人最大工作水深200米，工作半径100米，工作海况4级，自重2000公斤，下潜速度和上浮速度0.5节，机械手五自由度六功能抓重5公斤。

水下机器人的研制工作是一项系统工程，它包括深潜技术、自动控制、机器人技术、电视、声呐、信息传递、流体控制等多个学科。在蒋新松的统一协调指挥下，各部门开始了自己开拓性的科研工作。同时，为满足国民经济建设的需要，在从事该项研究之外，蒋新松又调兵遣将，开展了实用型轻型水下机器人和中型水下机器人的研究工作。

1985年7月，"海人一号"机器人开始进行总装调试，11月在大连旅顺口海域进行试验，蒋新松亲自担任指挥。11月12日，"海人一号"首航下潜60米，一举获得成功，实现了我国水下机器人零的突破。《人民日报》、美联社等中外媒体相继报道了这个消息。不久，中国机器人打入国际市场，打破了国外高科技的封锁。

1986年12月18日，"海人一号"在南海进行了为期40天的试航，成功下潜199米，开创了中国无人遥控机器人事业的新篇章。这台中国自行设计制造的水下机器人，在波浪起伏的大海中，上浮、下潜、前进、后退，运动自如，接收和反馈工作人员的指令迅速并且准确。数据表明，该机器人的研制和试验是成功的。专家认定，"海人一号"的功能和控制系统均达到国际同类产品的先进水平，特别是在机械手控制、水下机器人航行控制、水下磁耦合电机三个方面具有国际领先水平。

鲜花和掌声是美好的，醉人的。然而，蒋新松为此付出的心血和牺牲又有多少人知晓？为了中国的机器人事业，他日夜奔波、操劳，几次累病、累倒。在每次出差的途中，同事们都能看见他在床铺上歪着脖子看书学习的身影。晚上十二点同事们睡觉时，他在看书；凌晨四点同事们醒来时，他还在看书。当同事们关切地劝他睡觉时，他却说："已经睡过了。"由于长期的艰苦生活和精神压力，他患有严重的糖尿病。出差时，他经常用试纸测试血糖，自己给自己打胰岛素。在20世纪90年代初，他曾因心脏病在高压舱连续治疗多日。治疗期间，他依然捧着书本，边治疗边工作。一次，在陪美国专家前往大连的路上，他晕倒在火车站。被送进医院后，他出现了高烧不退、心房纤颤、心电图异常、造血机能严重障碍等症状，而且又因服药导致了严重的毒性反应，医院发出病危通知书。张丽珠是一位有多年临床经验的医生，但她也没有见过像丈夫这么严重的病情。她焦急万分，心疼的泪水有如泉涌。

经手术抢救，蒋新松终于转危为安。"别这样，丽珠，"清醒过来的蒋新松望着妻子红肿的泪眼安慰道，"我这不是挺好的吗！人活着要有点精神，有点追求。所里的工作越做越好，我要和大家一道让自动化所走向世界。人吃五谷杂粮，哪有不生病的，过些天我陪你去公园……"

20世纪80年代，世界的政治、经济、军事和科技发生着巨大变化，中共中央深刻认识到世界范围的高科技竞赛的序幕正徐徐拉开，中央领导组织中国科技界开展了"新技术革命对我国的挑战及对策研究"的讨论。为此，党中央和国务院经常邀请各方面的专家进行研讨。蒋新松作为机电一体小组的副组长，多次提出发展智能机器人及加强基础元件研究的建议，并向中央作出书面报告。在报告和建议中，他提出中国应尽快建立机器人研究开发中心。不久，中国科学院正式向国家计委提出建立一个向全国开放的机器人研究开发基地，并命名为“机器人示范工程”，后又将其纳入国家重点工程项目。

“机器人示范工程”一列入国家重点工程项目，蒋新松就立即带领自动化所的同事们向中国科学院请缨，并于1984年完成“机器人示范工程可行性报告”。最终“机器人示范工程”在中科院沈阳自动化研究所安家落户。蒋新松走马上任，担任了沈阳机器人示范工程的负责人，并确定该工程的任务——发挥科学院有关科技领域的优势，以研究高级机器人的基础技术、开发特殊环境作业机器人和第二代机器人产品为起点，用科研成果为产业部门发展生产服务。

1986年7月9日，国务委员、国家科委主任宋健主持了沈阳机器人示范工程中心实验研究楼（简称中心实验楼）的开工典礼。在古朴宁静的浑河旁，沉睡千百年的土地在轰轰的马达声中苏醒。经过两年施工，一座投资5800万元、配发外汇590万美元、占地达7万平方米、建筑面积3.4万平方米的现代化科学城堡，在沈阳南郊拔地而起。

1990年8月31日，这是中心实验楼投入使用的日子。沈阳晴空万里，洁白的云朵飘浮在蓝天之中，而人们的目光都被身边这座模样怪异的大楼所吸引。

这是一座壮丽而奇妙、静谧而和谐的科学城堡，它的大门是一个长着“两只眼睛”和“八只脚”的“机器人”。中心实验楼是一座有着巨大透明天井的建筑，设有计算中心、学术报告厅、开放实验室。“城堡”像一位充满青春活力的母亲，为数百名科技儿女挑战国际高科技前沿提供了一展才华的平台。

望着这座崭新的科技中心，蒋新松不禁感慨万千：“只要从国家需求出发，以科学求实的态度，创造性地开展科技工作，没有什么办不到的事情，昨天的梦想可能是今天的希望和明天的现实。”事实也正如蒋新松所憧憬的那样，几年后，中国科学家培育造就的机器人从这里不断地走向工厂，走向中国，走向世界。

20世纪80年代，和平与发展成为世界的主流，大国间的竞争逐步转为综合国力特别是高科技实力的竞争。美国率先推出了“星球大战”计划，欧洲也推出了“尤里卡”计划。面对一浪高过一浪的科技浪潮，中国科学家不甘人后，王大珩、王淦昌、杨嘉墀、陈芳允四位中科院院士于1986年3月28日联名上书中央，建议国家开展高科技的跟踪和创新研究。他们的建议受到中央的高度重视。很快，中央批准了我国的“国家高科技研究发展计划”（又称“863”计划）。蒋新松参加了“863”计划的制订工作，并担任自动化技术领域的小组长。

4月下旬，首都的天空吹拂着温暖的春风，百花争奇斗艳，为京城披上七彩的盛装。作为自动化技术领域的主讲人，蒋新松精神抖擞地走进人民大会堂，向党中央、国务院、中央军委的领导和众多科学巨匠做汇报。他对国际高科技发展趋势和我国自动化科技的现状与发展目标做了深刻、透彻的分析介绍，提出了具有方向性、战略性的建议——将计算机集成制造系统（CIMS）和智能机器人这两大自动化领域的项目列入“863”计划，并将我国2000年自动化技术发展的最终目标确定如下：使CIMS成为经得起综合技术、经济评价的示范生产线；智能机器人分为三种型号的目标产品：智能型装置机器人、水深300米以下的无缆自治水下机器人和自治式移动机器人。

1987年春节前，人们喜气洋洋地置办着年货，京城到处张灯结彩，一派祥和景象。这一天，京西宾馆会议大厅里灯火辉煌，科星云集，人们的脸上流露着期待和喜悦的表情。专家们等待着国家科委宣布中国“863”计划中的生物技术、航天技术、信息技术、激光技术、自动化技术、能源技术和新材料七个领域的首席科学家名单。蒋新松在群星灿烂的科学家当中，显得那么坚毅、自谦和自信。55岁的他鬓发斑白，近视眼镜后边那双明亮的眼睛注视着主席台。令人激动的时刻来到了，当宣布自动化领域首席科学家时，人们的目光一齐投向了科技界小字辈蒋新松的身上，一时间，他成了新闻人物。

随着国际微电子科技和计算机技术、传感技术日新月异的发展，自动化技术也取得了突飞猛进的进步，逐渐成为提高劳动生产率的一张出奇制胜的王牌。中国要想成为工业强国，发展自动化技术是一个重要的机遇。

作为首席科学家，蒋新松自信而慎重地推动各项工作的全面展开。他以战略科学家的眼光，明确战略目标，制定实现战略目标的步骤，创造实现目标的环境，建立多层次技术覆盖的研究体系，组织技术攻关的队伍。

纵观近代产业革命，制造业始终是产业革命的先驱。20世纪六七十年代以来，随着电子设备在工业中的广泛应用，数控机床、数控加工、机器人等改变了人类的生产方式，提高了人民的生活质量。70年代中期，美国提出计算机集成制造系统（CIMS）的概念。80年代，这一概念被国际社会广泛接受，成为制造业的全新自动化模式。它把各个分散发展的自动化技术集成起来，从而实现信息互通、总体最优和准确性最优的目标。因此，这项技术将是21世纪工业化生产的组织模式，无疑将带来一次工业革命。

为此，蒋新松自然将第一个战略目标聚焦在CIMS上，他的理由是：1. 我国机械制造业的长远出路在于国际市场，而CIMS技术将在20世纪90年代中期逐渐成熟，在21世纪初开始广泛应用，为了赶上这场技术革命的头班车，中国首先要在外向型企业中率先采用这项技术，奠定21世纪参与国际竞争的高科技资本。2. 从技术跟踪的角度看，CIMS目前尚不成熟，存在大量的技术难点，各要素正趋于集成。而一旦完成集成，它将是一个十分庞大复杂的软件系统，到那时再起步追赶将是十分困难的，也是短时间内办不到的。在国际关系中，高技术一向是国家保持政治、经济、军事优势的王牌，靠金钱是买不来的，中国必须及早赶上。3. CIMS涉及面广，抓CIMS可以牵动整个制造业的相关技术及为之服务的自动化技术和计算技术的全面发展。4. 机械制造属于大型离散型生产过程，是当前自动化发展的前沿，一旦从实践与理论上有所突破，将极大地推动自动化的发展。

在自动化领域，蒋新松选择的第二个战略目标是智能机器人。在他看来，随着人工智能和传感技术的发展，现在的机器人不仅能感知环境，而且能在建立实时模型的基础上进行问题求解，做出决策，制定实施规划，还具有一定的学习功能和高度的自适应与自治功能。因此，发展智能机器人具有很好的“伞形辐射”作用，可以带动国内相关技术和产业的发展。该技术是国际竞争的热点项目，20世纪90年代中期开始实际应用，我国可以根据国力、科技水平、制造技术能力，采取两头跟踪的办法：一头是靠主战场把机器人迅速发展起来，迎头赶上；另一头是提高生产效率与产品品质，把人从危险、恶劣的环境中解放出来。从战略角度看，我国应着重发展单元技术，为迎接机器人时代的来临打下基础。同时也可为我国造就一批专业人才，建立起一个工程环境。

1987年年初，蒋新松开始在全国范围内分配和布置攻关任务，仅两年时间，便取得了可喜的成绩，得到国家科委、中国科学院的一致好评。在开拓性的工作实践中，他总结和提出了“献身、求实、协作、创新、公正”的十字方针，得到宋健同志肯定后，这十字方针成为“863”精神。

1988年夏，他担任“机器、系统与人”国际会议执行主席，并做了《飞速发展的自动化技术对社会的影响》的报告。回国后，在他的指挥下，自动化研究所研制的“瑞康4号”中型水下机器人交付我国南海二号石油钻井平台使用。这台100米水下机器人要对平台周围10 000平方米的地貌进行观察，确定井位落点，还要在钻机开始工作后观察钻杆下钻情况，完成剪断四根钢丝绳的操作。在4个多月的连续工作中，中型机器人工作正常，完全符合设计要求，受到美方专家的好评，开创了中国近海石油勘探中使用国产机器人的先河，其后续产品成功进军国际市场，美、英等国买家对其质量、功能、可靠性给予高度评价。在国内，中型机器人在水电站大坝、打捞沉船等重大工程作业中屡建奇功。1990年5月，日本一艘名为“迈阿密”的轮船在中国渤海被一艘英国轮船撞沉。事发后，中国海军有关部门要求把沉船清除出中国的领海。由于这艘轮船是在英国的保险公司上的险，所以，在清除活动开始之前，保险公司发起招标，要求提标单位使用水下机器人把沉船的地理位置周边地质状况，以及沉船姿态和破损程度探查清楚。该公司提出的条件是每天的预算为1020美元，全部工作要求在12天完成；如果12天不够，可再延长3天。

“所长，咱们干！”自动化所的同志们对蒋新松兴奋地说。

“对，咱们干，我们要给中国人争气！”望着跃跃欲试的同志们，蒋新松也坐不住了。

“这样吧，先用你们中国生产的机器人下潜抓把土上来，看看海底是泥地还是沙地。”在中国科学家的坚持下，英方专家半信半疑地说。在浪高2米、海流速度高3.5节的海况条件下，在天海相连的茫茫大海上，中国的“ROV”（“水下机器人”的英文缩写）潜入海底，第一天便测定出沉船的精确地理坐标，第二天又测定出船的倾斜角度和破坏、锈蚀程度，第三天将沉船所在位置的地貌和地质情况探测得清清楚楚。3天内，国产水下机器人共下潜18次，原定12天的任务仅用3天时间就顺利完成。在场的英方代表连声称赞：“Very good！ Very good！”

计算机集成制造系统攻关工作的部署完成后，蒋新松又开始酝酿产品的工业化生产工作，逐步形成了在重点应用工厂建设示范生产线的设想和工作方案，并将成都飞机公司作为我国第一个计算机集成制造系统项目的应用工厂。

“近现代史一再表明，世界发展是不平衡的，后来者居上之事，不断地重演，在高技术领域更是屡见不鲜，关键在于后者要把握时机，制定正确的技术路线并组织好队伍。我国工厂自动化装备发展较晚，但可以一开始即从上向下作总体战略规划，由下至上分步实施，抓好接口和连接的标准与协议，发展基层自动化设备，绕开自动化‘孤岛’阶段，实现后者居上是可能的。”蒋新松在《CIMS——信息时代新的工业革命及我们的对策》这份报告中，对中国高技术发展充满必胜的信念。

进入20世纪90年代，自动化领域取得了一系列的成果：在全国建成数千人的专业科技攻关队伍；建立起高技术管理程式和方法；初步建立起国际合作网络。“蒋新松对‘863’计划抓得紧，自动化领域两个主题有明确的战略目标和明确的阶段目标，技术路线可行，战略步骤清楚。他思想活跃，有战略眼光，有一定创新精神。”这是王大珩、陈芳允、杨嘉墀等老一代科学家对蒋新松工作的一致评价。

几年过去了，一支初具规模和实力的中国机器人研究队伍开始在国际自动化领域崭露头角，受到关注。国际交流与合作进一步促进了我国自动化科技的快速进步。在成绩和掌声面前，蒋新松又把目光投向更高的目标——1000米水下机器人和6000米水下机器人。

在“863”计划中，自动化技术领域最初制定的目标是水下300米。在当时，要实现水下300米这个目标对于中国自动化科技来说无疑是一场技术革命。作为时刻关注国际科技发展和我国国民经济建设需要的战略科学家，蒋新松认为，科研开发要服从服务于国民经济建设这个主战场。为了可持续发展，人类把目光投向了太空和海洋，21世纪被称为太空和海洋世纪。但从现实可能性来看，开发和利用海洋资源是更现实、可靠的。中国作为海洋大国，拥有18 000多千米长的大陆海岸线和300多万平方千米的海洋国土，然而在这300多万平方千米的海洋面积中，有相当一部分水深超过300米。这样，300米水下机器人的使用范围就很有限，不能完全满足国民经济建设的需要。对此，蒋新松心中很惭愧，认为自己作为科学家没有尽到科学家应尽的责任，于是他把水下机器人的目标深度转向水下1000米。研制1000米水下机器人，在当时是一个令人瞠目结舌的大胆想法。他的进军目标得到国家科委和中科院的全力支持。在“863”计划的支持下，蒋新松开始主持水下机器人“探索者1号”的研制工作，并亲自担任总设计师，直接主持航控及信号融合的设计，制作控制模型，并提出了动力定位的新概念。1994年，“探索者1号”机器人在南海深海区的试验一举成功。此举使中国水下机器人的制作水平跃上了一个令人称赞的高度。“探索者1号”机器人的投入使用，意味着我国对蓝色国土的科学研究和经济开发进入了现代化阶段。

1000米水下机器人的研制成功，并没有使蒋新松沉浸在胜利的喜悦中，他的科技思想轨迹仍在沿着我国国民经济建设的需要不断延伸：1000米水下机器人虽然可以满足我国海域探索的需要，但不能满足中国21世纪进军世界各大洋的需要。世界大洋的水深大多超过千米，很多地方深达5000米以上，甚至上万米。如果没有更先进的水下机器人，那么我们将无法参与大洋的探测和开发，而真正的海洋世纪对我们来说就只是一个美好的梦想！经过调研和科学论证，他认为，我国有条件实现从梦想到现实的飞跃。只要我们的战略、措施和方式科学、灵活，就可以研制出下潜深度超过水下5000米的机器人。于是，蒋新松提出了研制6000米水下机器人的建议。从此，6000米水下机器人成为日夜萦绕在他心头的奋斗目标。

1991年夏，蒋新松率领代表团访问苏联，在符拉迪沃斯托克（海参崴）远东科学院海洋研究所交流科研信息，探讨合作开发深潜机器人。该所所长阿格耶院士被蒋新松准备研制6000米水下机器人的计划震惊了，他半信半疑，但很快又被中国同行已取得的科研成果和蒋新松深厚的科技理论储备所折服。一天夜里，他激动地敲开蒋新松的房门，开门见山地说："我们合作研制6000米水下机器人是优势互补，这个目标一定能够实现。" 两位所长的手紧紧地握在了一起。

回到国内，蒋新松立即将中俄联合研制6000米水下机器人的事项向国家科委和中科院做了详细汇报，并申请尽早将该合作项目纳入国家科研重大攻关项目。"我们采取与俄罗斯合作的方式，在科技方面实现了强强联合，不仅科学技术水平跨上新台阶，而且我们自动化所拥有一支能打仗、善于攻关的'科技敢死队'。他们不仅能很好地贯彻我的思想，而且能透彻地执行我的技术路线。他们勇于吃苦，乐于奉献。"他在报告中这样写道。为了表达完成这项任务的信心和决心，蒋新松在国家科委、中国科学院领导面前多次立军令状。

研制6000米水下机器人的工作，被人们形象地比喻为发射一颗返回式“海洋卫星”：在水下6000米的深海中，仅蚕豆大小的面积竟要承受6000千克的强压；机器人的导航定位、指挥反馈等技术的难度要远远超过空中卫星；而且它无法利用太阳能，要靠“自生力量”来完成作业。因此，这项工作是许多国家想做而又做不到的高难度项目。这不仅需要科技实力，而且需要决策者的责任感和勇气。

1992年，蒋新松亲自参与和指导总体设计，提出了完整的动力学分析和匹配各种情况的航行控制设想。在攻坚阶段，他麾下的“科技敢死队”大显神威，一次次地攻坚克难，使各项工作按计划顺利进行。

1995年春，领先当代国际水平的、深潜6000米的无缆机器人在中俄两国科学家的目送下，开始缓缓地下潜，并最终取得了成功。两国科学家兴奋得紧紧地拥抱在一起。这个喜讯立即传遍了全球，很快联合国发出了测试太平洋深海区情况的请求。1995年5月，中俄共同研制的“CR-01号”6000米水下机器人随我国海底探测队开赴夏威夷东南洋面进行深潜探测。在15万平方千米的洋面上，6000米水下机器人对洋底矿藏资源进行了为期3个月的勘察、探测，成功地摄取到洋底锰核录像与照片。9月，中国测量队胜利返回祖国。

“CR-01号”6000米水下机器人的试验成功，不仅使我国跻身于世界机器人研制强国之列，而且使中国拥有了对除太平洋海沟以外的世界各大洋97%水域进行探测和开发的科技实力。同时，对于这15万平方千米的海底矿藏资源，中国具有了开采权，并进入了国际市场。蒋新松的科技梦想变成了美好的现实。

1997年《中国科学报》组织“两院”院士评选该年度的十大科技成果，“CR-01号”6000米水下自治机器人榜上有名。

## 圆我工业强国梦

“圆我工业强国梦”是几代炎黄子孙的梦想，也是蒋新松梦寐以求的理想。

在许多人的眼里，科学家和企业家是有质的差别的，两者的工作性质和价值目标截然不同。然而，一心要科学报国、科技强国的蒋新松，自觉地把自己的科研工作同“圆我工业强国梦”紧紧地统一起来。在建立社会主义市场经济的改革浪潮中，他始终把国家需要作为科学事业的出发点和落脚点。蒋新松强调：“爱国不但是具体的，而且是要讲究实力的。在未来的高科技领域，谁技高一筹，谁就将获得丰厚的利润。”

那么，中国的科研所应该选择什么样的发展方向？蒋新松胸有成竹：“我们应该面对世界当前高技术的发展，站在时代的高度，做出经得起历史考验的抉择，这才是科学的抉择。”

因此，蒋新松把科研战略重点聚焦在科技强国和工业强国的目标上。

专家预言，计算机集成制造（CIM）将是21世纪占主导地位的生产方式。西方工业大国已经开始了CIM高技术产业的研制。

但长期以来，我国却与CIM无缘。

凭借对科学的敏锐感知和自动化领域的渊博知识，蒋新松长期以来一直在关注和推动着我国制造业自动化的发展，不失时机地将机械工业推向全新的历史阶段。富有历史使命感的他，在1984年采取“两头在内，中间在外”的技术路线，筹措1500万元资金，开始了中国CIM工业革命的实践。他不断将科研成果和产品推向市场，沈阳自动化研究所研制的机器人的踪迹遍及大江南北，一个年产值5000万元的机器人产业区在自动化所形成。在这场全新的工业革命中，连西方人也没有想到，十几年后蒋新松会成为这场全球性新技术革命中的佼佼者。

“如果我国不及时参与CIM工业革命，我们与发达国家的差距将继续拉大。”强烈的使命感使蒋新松勇敢地迎难而上，去驾驭世界高科技革命的龙头！

他沉浸在CIM的研究事业中，努力探索一条发展中国CIM的光明大道。西方大国在工业自动化过程中，先建立起计算机辅助设计系统和计算机辅助工艺规划等一系列孤立的系统，然后将这些孤立的系统集成化，再进行反复磨合，付出了很大的代价。中国是发展中国家，经不起人力、物力和时间的浪费，必须借鉴国际上工业自动化的经验，做到高起点起步。只有这样，中国工业的自动化步伐才能加快，“圆我工业强国梦”的理想才有坚实的科技依托。20世纪80年代以后，科学技术呈现出超速发展的趋势，在CIM的基础上又出现了计算机集成制造系统（CIMS）。CIMS这一概念一出现，立即引起蒋新松的极大关注。

所谓CIMS，是将孤立的局部自动化技术和子系统，如数控、计算机辅助设计、计算机辅助制造等集成起来，实现对产品生命周期信息流、物质流、决策流的协调和控制，实现产品的短周期、高质量、低成本的最优化生产。CIMS将实现这样的梦想，输入的是订单，输出的是产品；工人们的工作将像梦幻一般神奇，像探囊取物一样简单。要圆我国工业强国梦的蒋新松在头脑中渐渐形成了中国CIMS发展的构想。他坚信，计算机集成制造系统将为中国企业插上理想的翅膀，帮助它们翱翔天宇，共同把中国塑造成一个令世界瞩目的工业强国。

1986年春，在“863”计划讨论会上，蒋新松强调，CIMS是我国大中型企业参与国际竞争的技术基础。从此，中国的CIMS事业在“863”计划自动化领域占有了一席之地。

多年来，一部分国有大中型企业长期亏损的问题一直得不到解决。“不改变国有大中型企业的困境，何谈工业强国！”为此，他走访了许多亏损企业，认为首要的问题是这些企业没有适销对路的产品，已有的陈旧产品早已被市场淘汰，而这些企业又缺乏新产品的开发能力。有些企业虽然引进了一些新技术、新产品，但是对现代化生产条件下产品周期大大缩短的现实认识不足，不能有效组织科技力量对引进技术和产品进行消化、吸收、改进、再创新，因此产品很快又被市场淘汰了。第二个问题是管理落后。我国从20世纪80年代改变金融管理政策以来，许多企业不懂得如何压缩流动资金、增加运营资金、加速资金周转、组织均衡生产。第三个问题是质量意识差，不懂得建立企业在市场中的信誉。第四个问题是没有在事关企业全局的问题——增强企业总体竞争能力方面下功夫。由于历史包袱沉重和受改革中某些误导因素的影响，这些企业过于偏重通过改革分配方法来调动职工积极性，搞层层承包，误认为通过调动个体积极性，追求局部优化，就能实现全局优化。那么，如何解决企业的困难呢？只有真正依靠科学技术，将CIMS引入企业，使企业的产品参与到国内外两个市场的竞争中去，才是正确的解决之道。

如何参与国际竞争，将中国的工业产品打入国际市场？蒋新松领导自动化所以CIMS高科技为基础，成功走出了一条通过“消化、提高、创新”来发展我国高技术产品的道路。他形象地说：“好比我们要吃馒头，难道非得先从种小麦做起吗？高起点才有高水平、高速度。”自动化研究所研发的“瑞康4号”中型机器人自20世纪80年代后期以来，长期被外国公司租用，连续10多次中标，使国产机器人打入国际市场并走向世界。1990年，专家鉴定认为，“瑞康4号”已达到并部分超过国际水平。1991年和1992年，“瑞康4号”分别获得中国科学院科技进步一等奖和国家科技进步二等奖。

国有大中型企业亏损问题始终是社会关注的热点、焦点和难点。蒋新松富有远见地指出：日新月异的科学技术进步将打开巨大的市场，促进经济繁荣。而生产的发展，又将进一步给旧的生产方式和企业文化造成严重的冲击，荡涤着一切与之不相适应的经营管理体制、组织结构及企业中人与人的关系等。这次技术革命的冲击不会限于个别国家，而是全球范围的现象，所以早改革早主动。

“当今世界，一场新的工业革命正波澜壮阔地在全世界展开，推动这场新的工业革命的原动力是科学，而直接动力则是市场竞争。我们能否抓住机遇、迎接挑战，实现快速发展，是一个至关重要的问题，它将决定我们国家和民族的前途与命运，决定我们能否在21世纪中叶赶上发达国家水平。第一步，也是关键性的一步，是能否在一个不太长的时间内将我国40万个企业和世界进行接轨，它们能否和发达国家的企业在世界竞争的大舞台上并驾齐驱，这是在新形势下的一场挑战。'863'计划CIMS主题的实践给了我们一个有益的启迪，我们要学毛主席当年领导中国革命那样，不要因眼前的困难及落后而无所作为，而是要走'星星之火，可以燎原'的道路，结合国情，用最新的思想和最新的科技改造传统企业，兴办新兴产业，培养起一支队伍，这样链式反应般地发展，一定能在不太长的时间（20–30年）内，使我国企业和世界接轨。"蒋新松在分析我国国有大中型企业存在的主要问题时反复强调，"一般说现代化企业应由三大部分组成，即设计开发、加工制造和市场开拓。高效的现代化企业应是'两头大'，而我国国有大中型企业的现状，则是'两头小，中间大'。企业应根据自身条件，如不具备独立设计开发最终产品的条件，则生产通用或专用部件，成为有特色、高效的部件生产厂。"

进入20世纪90年代，新产品成为竞争的新焦点，而这新焦点的核心是上市时间——"只有第一，没有第二"，第二就意味着失败。当前，生产正在走向更广泛的社会化，形成所谓"无墙壁的工厂"。在产品生产上，整机厂和部件厂之间采用动态联合的办法，既联合又竞争，在竞争基础上追求联合，从而达到高效。实现动态联盟的优点，可归纳为：1. 可以解决新产品的生产规模和市场开拓规模的矛盾和同步问题，把风险降到最低；2. 可以解决如何充分利用社会现有存量资金，发展新产业，特别是高新技术产业的问题；3. 实行动态联合，而不是刚性联盟，使得企业间的竞争和合作关系可以相互兼容，既可以保存竞争的活力，又可以避免过度的竞争导致宏观上的社会资源浪费；4. 由于动态联盟的组织者是根据新产品的方方面面来组织联盟的，而联盟又是建立在集成各方优势的基础上，因此动态联盟能够使企业抓住机遇快速响应市场，推出价格合适的高性能产品。

谁为盟主？这是动态联盟的一个核心问题。能抓住市场机遇的开发者为盟主，它可能是企业、大学、研究所，以及从这些机构中分离出来的开发者。纵观世界高技术企业中众多耀眼的明星，无一不是技术创新者。

我国企业如何从封建庄园式企业变革为动态联合企业以及全球化生产的敏捷制造企业？是他一直思考的问题。

“在今天，谁能把握市场竞争的动向，谁就能了解与把握住当前世界经济发展的方向，谁就能从社会需求的角度出发把握科学技术发展总方向，取得经济发展的主动权。一个国家、一个地区、一个城市、一个企业都是这样。”在1995年北京先进制造技术发展战略研讨会上，蒋新松院士特别强调市场对科学技术和国家经济发展的引领作用。

中国工程院院士、清华大学教授吴澄介绍了蒋新松的战略思想：促进CIMS高技术产业化，是我国“863”计划CIMS课题的目标。到2000年，我国CIMS项目的发展可以获得一系列的科技成果，其中不乏处于国际先进水平的成果，但若不能形成我国的

CIMS高技术产业，我们的成果就很难得到继承和发展。

身为“863”计划自动化领域的首席科学家，蒋新松为推进我国CIMS事业的发展，多次前往有关部委，商讨推广CIMS的规划，并多次上书党中央、国务院，他的建议得到了国家领导人的关注和支持。在他的领导下，CIMS工程紧张有序地全面展开，犹如一部交响乐，奏响了振兴中华工业的雄伟乐章。

清华大学的CIMS实验工程，是“863”计划自动化技术的一部分，也是蒋新松亲自领导的项目之一。他提出将CIMS方法用于连续生产过程，即CIPS，并建议将其列为“八五”攻关项目。这个建议得到了国家批准，作为我国自动化总体技术立项。他出任这一项目的总负责人，指导并参与完成总体设计。

在推广CIMS的过程中，蒋新松针对选点企业出现的“两层皮”、进展缓慢的现象，提出“效益驱动、总体规划、重点突破、分步实施”的十六字方针，受到企业的欢迎并迅速打开局面。如成都飞机工业公司利用三C（CAD/CAPP/CAM，即计算机辅助设计、计算机辅助工艺规划、辅助加工）完成飞机整体框架的加工，比传统方法缩短上万小时。沈阳鼓风机厂实施CIMS后，缩短了大型空分压缩机50%的设计及准备时间，该厂在世界同行企业的排名从十几位上升到第六位。1993年与1992年相比，该厂产值增长56%，突破2亿元大关；劳动生产率提高57%；出口创汇增长3.8倍。

1994年11月14日晚，美国制造工程师学会总部大厅灯火辉煌。在目光和掌声中，被国际誉为“制造业诺贝尔奖”的“大学领先奖”，被中国国家CIMS工程中心摘取。

“大学领先奖”是由国际权威性学术机构美国制造工程师学会所设，每年在全球范围内授予在工业自动化领域成就突出的单位，中国是第四个获得此项殊荣的国家，意味着我国的CIMS工程技术已跻身世界先进行列。

“从清华大学的CIMS中心可以看出，中国已作为新的工业强国登上世界的历史舞台。”国际权威的美国《制造工程》杂志高度称赞。

“CIMS技术为我国展现了一个无比美好的制造工业的明天，沿着这条只有起点、永无终点的发展大道不断进取，中国今天的‘大学领先’将是明天的‘工业领先’，祖国成为工业强国将不是梦。”蒋新松很兴奋，也很自信。

1997年3月，清华大学的CIMS实验工程在国家科委的鉴定会和八个部委组织的验收会上获得通过。与会专家认为：“我国CIMS实验工程已达到国际先进水平。”该工程先后接待了1000多位来访学者，他们一致予以高度评价。

1997年是蒋新松生命历程的最后岁月。在这一年的2月23日，他上书国家科委领导，提出《关于开展海外研究开发的建议》。建议中谈道：“去年我率团访美期间，惊人地发现制造业的全球化，即全球化敏捷生产体系，比人们想象中发展还要快。其实，只要我们稍一留意就会发现，一切都发生在我们周围。今天你打开任何一台计算机，都会惊讶地发现计算机公司几乎什么部件都不做。”

如何将20世纪形成的大规模生产线，变成适合于多品种、小批量生产的柔性生产线？目前还有很多因素制约着企业对机遇做出快速响应，此时，灵捷制造（敏捷制造，Agile manufacturing）企业概念应运而生。灵捷制造企业的主要特征是“拟实制造”，即利用计算机实现建模、仿真、“拟实”加工，以减少甚至取消做原型制作。灵捷制造企业始于1991年，已取得很多实质性的进展，是值得我们今后关注的又一方向。

1997年3月，蒋新松再次上书国家科委，提出了《关于快速重组制造系统的若干意见》。他写道：“我认为在已经到来的世界经济繁荣期，其重要特征就是全球化生产体系的形成和发展。我们应该果断地对企业进行重组，大力推广CIMS，迅速降低成本，提高质量，增强设计能力，参与到全球化生产体系中去。我认为这是搞活国有大中型企业、发展新兴产业的一次极好的机遇。”

1997年3月29日，蒋新松准备前往鞍钢商讨“九五”科技攻关课题和如何使国有大中型企业走出困境，在他的提包里装着一份刚刚打印出来的报告——《敏捷制造企业》。报告从什么是敏捷制造、实施敏捷制造的基本方法、动态联盟和动态联合公司等方面对敏捷制造问题做了全面的论述。在敏捷制造对社会的影响这一部分，他写道：“随着产品越来越复杂，在抢先进入市场的竞争下，任何一个企业再也没有可能在较短的时间内，制造一个产品的全部甚至独立完成一个产品的全部设计，因此敏捷制造将从根本上改变工业竞争的内容和意义。为了抓住快速响应市场的机遇，在敏捷制造企业间，竞争对手、合作方、供货方、买方的关系是随着项目经常变化的，这将使得竞争和合作变得兼容。”

在领导面前，蒋新松总是谈工作中的问题，不谈成绩。他在对中科院高技术与发展局局长桂文庄谈到自动化所的工作时曾说：“我们自动化所的工作在自动化领域仅仅建立了一个桥头堡，以后的路还很长，很长！”带着“圆我工业强国梦”的理想，蒋新松院士倒在了计算机旁……

## 青少年时代

人称“江海门户”的江苏省江阴市，山清水秀，人杰地灵。1931年8月3日，蒋新松出生在距离长江北岸数百米的一个店员家中。在他出生之前，母亲陆素文已生育多个子女，但仅活了两个女儿。蒋新松出世时，她为儿子起了个吉祥的名字：新松。父亲蒋振庭出身贫寒，少年时便在药店当学徒，而且常年奔波于外地。

母亲出身书香门第，把希望寄托在儿子身上。新松两岁时便开始接受“看图识字”的启蒙教育，三岁时又开始诵读《三字经》《百家姓》……每当傍晚来临，母亲在房檐下穿针引线，两个姐姐便教弟弟识字，做算术。母亲的针线活忙完后，还常给孩子们讲《山海经》和《世说新语》中的故事。

父亲一年回家两次，每次都要认真过问儿子的学业，希望儿子学有所成，将来能为国家干大事。

家乡的山是美的，花是艳的，这一切都引起蒋新松的好奇和美好的想象。然而在他眼里，家乡最神奇的还是滚滚东去的长江。每当夜晚降临，万籁俱寂，在漆黑的房屋里，他能依稀听到大江东去的涛声。白天，他常常来到长江边，望着船帆点点的江面，总有一种欲乘船而观天下的冲动。

20世纪30年代，中华民族多灾多难，在他出生的那年，日本帝国主义发动了“九一八”事变，悍然侵占了我国东北。在他7岁正准备上小学时，日本帝国主义又发动了全面侵华的“七七”卢沟桥事变。日本的飞机对江阴进行了狂轰滥炸，美丽的家乡变成了火海，同胞的鲜血染红了江水。

父亲慌忙从汉口赶回来想接全家人去武汉，这时，母亲正怀着身孕，行动不便，而且还有年迈的外祖母，搬家谈何容易。

“那好，我先走，在汉口等你们！”父亲走时嘱咐。

谁愿做亡国奴？谁愿离开眷恋的家园？母亲心情很矛盾。然而，战火已近在咫尺，不容迟缓，母亲变卖了家产，雇了一条西去的木船。

这时他还不清楚背井离乡、流落异地的含义，但从背着抱着大大小小包裹的姐姐们的泪眼中，从背着弟弟的母亲那悲凉的神情上，他感到了莫名的哀怨。“我们为什么要走？我们还回得来吗？”蒋新松的脑海里不断浮现出这样的问题。

经过一天的颠簸，蒋新松在深夜里睡着了。

睡梦中的他隐约觉得船停了，他听到船板上传来表姑、表姨和母亲同船主的争吵声，一脸横肉的船主让船上的十几个人快滚蛋。原来这是一条“黑”船。无奈之下，他们十几个老弱病残只得暂时投奔到外祖父在泰州的一个朋友家。从此，一家人辗转于泰州、如皋 、泾县等地，靠母亲、表姑、表姨打短工来维持饥寒交迫的流浪生活。

在侵略者的铁蹄下，年幼的蒋新松目睹了日军劈死老人、挑死婴儿、奸杀妇女，开始懂得祖国的含义。

1938年，母亲拉扯着五个子女浪迹苏北，夏末终于收到父亲的来信，汉口已被日军包围。汉口是不能去了，她只好带着孩子们返回江阴。

江阴笼罩在恐怖之中，人们惶惶不可终日。但母亲懂得知识的重要性，不管生活多困难多艰险，也要让孩子们读书。

不久，蒋新松走进了城北小学。他如鱼得水，特别是对算术情有独钟。终日操劳的母亲常常对他说："一年之计在于春，一日之计在于晨，要做到早早起来读书，读书要朗朗有声。吃得苦中苦，方为人上人。"

因为学习勤奋刻苦，蒋新松在小学始终是最优秀的，三年级时他破格升入五年级。1941年夏，他小学毕业，考入当时县里最好的中学。

小学毕业时，蒋新松照了一张标准照，也是他第一张照片。他觉得好神奇，也很激动，还特意放大了一张相片，并在背面写下一行小字：一个伟人在成长。

强烈的求知欲使他报考了江阴最有名气的南菁中学。在这里，蒋新松对化学、物理和实验课兴趣浓厚，并渐渐萌发了科学救国的思想。

一本《哥白尼传》曾让他爱不释手，里面的故事启发了他。那个从童年到初中长期困扰他的问题，终于有了朦胧的答案：长大后要做一位科学家、一位发明家，像牛顿、爱迪生、哥白尼一样。同时，他也开始思考：人的一生应该如何度过？人生的意义和价值是什么？母亲说应该做“人上人”，到底什么样的人才是“人上人”呢？当时，他非常关注苏北新四军的消息，盼望新四军早一天来到江阴。

1945年，中国人民取得了抗日战争的伟大胜利。正在读高一的蒋新松对国共重庆谈判的时局变化极为关心，希望中国出现一个和平建国的社会环境。但国民党却把全国人民推向了内战深渊。江阴变成了内战的前线，又处于兵荒马乱中。

内战使物价飞涨，百业萧条，父亲贫困潦倒失业在家。1946年年底，父亲为了维持一家人的生计，把他和二姐送到一家纱厂当学徒。中途辍学是蒋新松人生中遇到的第一次挫折。但为了家庭，为了父母，他在工厂每天都工作10多个小时。当学徒的经历让他深深感受到了人生的艰难，他不愿放弃求学机会，仍然坚持自学。

那时，蒋新松的大姐在上海工作，姐夫是工程师。姐夫把数学书、科学杂志和《电工实践》等书籍借给他看。

于是，他一边摸索着修理电机，一边请教《电工实践》这本无言的老师。久而久之，他竟学会了自己动手制作电机。

由于物价扶摇直上，加上老板压低工人工资，纱厂的工人奋起罢工。16岁的蒋新松勇敢地加入罢工的队伍，第一次感受到集体的力量。

1948年，在洋纱的冲击下，工厂倒闭了。蒋新松回到家中。辍学、失业这两种人世间的不幸，都被他这位少年经历了。在母亲的力争下，1949年年初蒋新松又回到了课堂，边学习边参加“反饥饿、反内战”的学生运动。在大炮轰鸣声中，他盼来了黎明的曙光。

1950年，朝鲜战争爆发，美帝国主义把战火烧到了鸭绿江边，对新中国构成严重的威胁。当学校动员报名参军时，蒋新松第一个站了出来，要求参加志愿军。但因为身体瘦弱，体检没过关，他未能如愿，这是他遭遇的人生第二个挫折。

“高中时期应该说是决定一个人一生的最重要的时期，因为人进入高中，刚刚脱离儿童时期的顽皮、淘气，开始探索人生之路。从我自己的经历来说，我的世界观与人生观都是在这个时期形成的。虽然我的高中时代跨越新中国成立前后，但我从那时的语文、英语、历史等课程中，吸取了丰富的营养，汲取了历代‘士’的榜样的力量，从中懂得做人的道理，开始懂得祖国、人民的含义；开始探讨人生的目的，探讨人应该为什么而活，从而进一步探讨人生的价值。至今，我仍深深地怀念着教育我的老师，无法忘记他们所讲解的古今中外的历史名人。多少年来，我把他们视为榜样，他们帮助我沿着正确的航向前进。在1957年那样沉重的打击下，我始终能自强不息地顽强努力，取得今天的成绩，应该归功于我的中学教育。今天，看看我们的孩子们，虽然他们有名目繁多的政治课程和政治活动，但是他们并没有像我们那样在中学时代奠定如何做人的基础，他们除了‘考大学’以外，很少再有其他崇高的目标。为数不少的中学生可以说没有祖国和人民的概念，甚至没有是非和曲直的道德观念。当前，大学中考试作弊之风甚重，就是明证。”蒋新松抚今追昔，发出这样的感慨。

“谈到数理化课程的设置，我认为中学时代主要应该培养学生学会思考自然界各种问题的方法及处理问题的能力。”在关于高中课程设置及远期发展的发言中，蒋新松讲了这段意味深长的话。

1951年高中毕业后，蒋新松信心十足来到上海，在大姐家准备参加高考。

“新松，你准备考哪所大学？”姐夫关心地问。

“要考就考上海最好的大学！”

“要说上海最好的大学自然是交通大学了。”

“那我就报考交大。”

“交大的分数可高啊！”姐夫笑了笑，“考交大可不容易，竞争激烈，压力大。”

他深知姐夫的话是好意，但还是觉得自尊心受到了伤害。几天后，他把交大电机系作为第一志愿填在报考单上。

“好样的，有志气！”姐夫很高兴，并给他讲了讲如何调整高考的心理状态。

清爽的秋风吹散了夏日里的潮热，令人精神为之一振。蒋新松沿着华山路走进了古香古色的东正门，怀着美好的憧憬迈进了交大校园。

虽是尖子生，但他不喜欢死抠书本、死记硬背，他喜欢在理解的基础上触类旁通、灵活运用。由于有报名参加志愿军但因体检不合格而被刷下来的经历，所以蒋新松经常出现在体育馆、运动场，他不仅体质明显增强，精力也更加充沛了。

随着我国国民经济的恢复和发展，本来就短缺的科技人才更难以满足建设事业快速发展的需要。于是，国家决定选择部分优秀学生到苏联留学。消息传来，蒋新松心里泛起层层涟漪。由于学习成绩优异，他被学校选派参加华东地区留苏预备生考试并被录取。1952年秋，他来到北京，在预备部进行强化学习。

同学们争分夺秒地学习，宿舍里的灯常常亮到天明。在北京的几个月，蒋新松一门心思扑在学习上，没有游览任何名胜古迹，各门功课的成绩都名列前茅。

1953年年初，蒋新松经历了人生道路上第三次挫折。在体检中他被确诊为浸润性肺结核，被强制卧床休息，这对满怀憧憬要去苏联留学的他来说，犹如晴天霹雳。住院治疗半年后，他被送回交大继续完成学业。

刚回上海时，蒋新松然因为无法圆留苏梦而闷闷不乐，甚至有些自暴自弃，他认为如果身体不好，学业再好也没有用武之地，一度对学业得过且过，对未来的人生道路也感到迷茫。学校和亲属及时在学习上、生活上、治疗上给予蒋新松关爱和帮助。特别是在母亲的开导、教诲和鼓舞下，蒋新松恢复了对人生理想的向往和追求，他边学习，边治疗，边健体，不久，身体康复了，学业也跟上了。

交大机电系历来注重理论联系实际，崇尚学以致用。从大二下半学期开始，学校就组织蒋新松他们到上海电机厂和山东济南机床厂实习，他被安排在金属加工车间，加工的材料多是金属管材。当时工人们的劳动强度很大，而且安全保护措施不完善，工作中经常出现工伤事故。面对高强度和高风险的劳动，蒋新松的心被刺痛了，觉得自己有责任改变这种落后的生产条件，他第一次产生了将书本知识同生产实际相结合、设计自动化设备的念头。

1956年，蒋新松的《多刀自动车床电器驱动系统》一文被评为优等毕业设计，开启了自动化研究的先河。同年，他以优异的成绩毕业于交大电机系。

## 自强自立　默默奉献

作为科技人员，为祖国富强奉献自己的聪明才智是蒋新松少年时树立的理想。1956年，蒋新松被分配到中国科学院自动控制与远距离控制研究所，兴高采烈地来到北京中关村，在著名科学家屠善澄领导的科研小组从事数字计算机储存器的研究工作。

“知无不言，言无不尽，言者无罪。”1957年，在百花齐放、百家争鸣的舆论形势引领下，科学院组织科研人员大鸣大放，蒋新松参加了几次座谈会，说了几句心里话、大实话，以问题为导向提了一些建议。不久，在反右运动中，蒋新松莫名其妙地被当作“典型”揪了出来，大字报铺天盖地。“蒋新松传播‘胡风不是反革命’的言论，公然为他鸣冤叫屈，这不是偶然的，是阶级立场问题。”“蒋新松经常鼓吹奋发图强、十年寒窗、个人奋斗的思想，暴露了他骨子里资产阶级的本质。”

一夜之间，蒋新松被调离工作岗位，不仅被剥夺了搞科研的权利，而且被强制进行劳动改造。1957年年底，他头上“右派分子”的帽子被坐实了。

“面对不幸不能潦倒，要在科学的道路上继续奋进，历史是公正的，终将做出客观公正的结论。”他身处逆境，但“科学报国”的理想不曾泯灭。

1958年，蒋新松来到河北省藁城县茅庄接受贫下中农再教育。年底，他返回研究所，从事控制理论及生产过程自动化研究，但“右派分子”和被改造对象的身份没有变。不久，组织上安排他前往天津东亚毛织厂，开展染色升温程序自动控制方面的研究工作。

能继续从事科研工作，令他异常兴奋，早把被打成“右派分子”这个不愉快的事情抛到脑后。他专注于研究事业，废寝忘食，经过反复试验，终于找出染色高温变化与绒染色质量之间的非线性规律。只用4个多月的时间，染色升温采样控制器便正式投入生产运行。接着，《绒线染色升温程序控制》一文在《自动化》上发表。

侧吹转炉炼钢终吹点的确定，是决定钢质优劣的关键之一，长期以来国际上也没有攻克这个技术难关。所以领导决定让蒋新松这位拼命三郎同冶金所共同完成侧吹转炉炼钢终吹点观测仪器的研究任务，于是他又一头扎进了石景山钢铁厂的研究工作中。

终吹点的确定，关键在于掌握炉内燃烧的温度，但在1800℃的高温下，这是不可能直接测定的。在实验中，他们把解决问题的突破口定在通过观察火焰光谱的变化来确定终吹点。一年后，蒋新松用汗水和智慧换来了《双色比值仪在确定转炉炼钢终吹点的作用》这篇学术论文，并在上海召开的“全国转炉炼钢仪表会议”上宣读了论文。论文得出“以火焰光谱变化来确定转炉炼钢终吹点是不可能的”的结论。

生产过程中存在着大量的动态最佳点可以达到最高的效率，这是一个普遍性的问题。如果有个调节器，能够在不断变化的变量中自寻最优点，得到最优构成，那将是多么理想的情况啊！

蒋新松十分关注国际自动化领域对这个问题的研究和应用，并开始研制“自寻最佳调节器”的工作。在研制中，他制定了一台步进式最佳调节器。该仪器通过测试微量的电讯号，在零点附近叠加讯号，追踪漂移的最佳点。他日夜思考这个令他兴奋的课题，灵感的火花不断地在脑海中闪现，汇集成新的思路。冬去春来，新的科学思想冲破传统思维的束缚，迎来了百花盛开的季节。一年后，他撰写了《在强干扰及最佳点随机漂移下步进式最佳调节器的综合》一文，该文成为1963年中国自动化学会年会论文。在此基础上，蒋新松又写出了《极值搜索原理在测量设备中的应用》。在国际著名的自动控制专家杨嘉墀的推荐下，该文在1964年的国际计量学会年会上被公开宣读，受到好评。但是由于他的“右派”身份，他不能出国参加会议。1963年，蒋新松又被派驻兰州炼油厂，从事常减压分馏装置自动化试点的科研攻关工作。两年后，他和同事们成功完成了用伪随机码讯号测试常减压分馏装置中的动态特性的研究。蒋新松和大家一起将研究成果升华为理论，撰写了《用伪随机码（M序列）讯号测试工业对象的动态特征的研究》一文。这项研究成果开创了国际大型工业对象中使用伪随机码进行工作的历史的先河。

1965年秋，蒋新松奉调前往中国科学院东北工业自动化研究所（后改名为中科院沈阳自动化研究所）工作，该所坐落在沈阳市风景秀丽的南湖之畔。当时，研究所正准备参加鞍钢型号为

1200可逆冷轧机的自动化研究攻关工作，于是他又被派往鞍钢。从此，蒋新松在鞍山工作了10年，与鞍钢结下了不解之缘。

鞍山钢铁公司冷轧钢铁厂是我国第一座大型冷轧钢板厂。厂里的主要设备1200可逆冷轧机是苏联设计和制造的，原设计用途主要是加工冷轧带钢，生产镀锡用品马口铁、变压器钢。投产后，该设备根据国家建设需要开始轧制汽车板和国防所需的合金高强度冷轧钢板，但仍然满足不了国家的需要。

经过对1200可逆冷轧机的解剖分析，蒋新松提出了总体整修改进的设计方案。当时国内只有一台1200可逆冷轧机，联试中一旦出现技术问题，在以“阶级斗争为纲”的“文革”时代，那将被视为“现行反革命”，是会立即进牢房的。科研工作本身是一个不断探索的过程，失误或失败都是有可能的。蒋新松身为技术负责人，又是“右派分子”，万一机器发生不测，后果可想而知。但他心底无私天地宽，一心一意搞设计。试机前，一个年轻人找到蒋新松说：“蒋老师，你有家，上有老下有小，我是光棍，还是让我干吧……”蒋新松拍着年轻人的肩膀说：“我是右派，工作出问题，那可就老账新账一起算，所以只能成功。你放心，我在技术上是有把握的。”他知道试验有很大的风险，但是他认为科学研究应该无所畏惧。蒋新松以科学的态度又对自己的设计和技术方案进行了细致分析，并和工人师傅一起采取了一系列的安全措施，然后在1968年3月18日进行了现场联机试验，并一举获得了成功。在人们的掌声中，他紧绷的神经才松弛下来，但他的心还在怦怦地跳。

这次试验成功，使1200可逆冷轧机的准停控制、复合张力调节和自适应厚度控制三个自动化系统，接近或达到国际领先水平。1978年，这三项成果获中国科学院重大科技成果奖和全国科学大会重大成果奖。

然而，胜利归来的蒋新松刚刚迈进沈阳自动化研究所的大门，就成了“文革”中批斗的对象，被押上了批判会场。在批判台上，他要连续几个小时九十度弯腰。在肉体上受到折磨的时候，他心里却在庆幸1200可逆冷轧机的试验取得成功。

一年后，他又被安排到“三结合”小组，重返鞍钢。他对冷轧机电气传动系统进行了改造，提出了与轧速无关的电势调节器和综合补偿的电流调节器总体构造方案，亲自开展了具有创新功能的无环流快速可逆可控硅磁系统的设计和研制工作。在研究中，蒋新松发现环流可控硅方案造成的等价整流特性在零位的微商为零，从而造成系统的开环增益为零、加工磁带回线等问题。他改进了零位的等价整流特性，巧妙利用磁场并接合适的电容来解决这类问题，并在此基础上建立了一套参数设计指标，从而确保了整个系统的刚性。仅试验一次，便取得创新性的成果。

1974年9月30日，数学模拟式复合张调节系统进行接机试验。为了这一天，他已经连续几昼夜不停地工作。试验结果表明，这台电势调节器不仅具有中国的特点，而且在技术指标和运行状况方面，其性能已达到国际先进水平。

在研制轧机数字模拟复合张力调节系统的工作进入收尾阶段时，鞍钢再次找到蒋新松，要求他承担可逆冷轧机的厚度控系统（AAGC）的研制工作，该系统被列为1975年鞍钢技改项目的代表性项目。蒋新松因此得以继续在鞍钢工作。

“文革”期间，有人来鞍钢调查蒋新松的“反动言行”，结果被工程技术人员和工人师傅轰出大门。当时，有不少人被下放到农村，研究所里也有不少人连老婆孩子一齐搬到了农村。像蒋新松这样的“右派分子”自然是下放改造的人选。有人曾到鞍钢办理他下放农村的手续，但工人们坚决不同意，并对来人讲：“蒋新松如果需要改造的话，那他就在鞍钢接受工人阶级的改造。他哪儿也不能去！”

在鞍钢摸爬滚打多年，凭着科技人员的智慧和目光，蒋新松通过阅读有关自动化报刊，敏锐地捕捉到各国机器人及人工智能研究的信息，预见到机器人的应用将是国家实力和科技水平的象征。于是，他默默地关注着、研究着，为国家未来自动化科技的研究和应用，积蓄知识和储备技术。

1976年春，AAGC装置开始联机试验，成功轧制出3200吨成品钢板。试验表明，中国首套厚调系统自动化设备的性能和质量均达到国际上20世纪70年代的先进水平。1980年，在中美控制系统研讨会上，蒋新松的《可逆冷轧机自适应厚度控制系统》一文，被收入了《中美控制系统讨论会文集》。

## 工作追求　生活依恋

1976年10月，中国迎来了科学的春天，蒋新松被调回沈阳自动化研究所工作，摘掉了“右派分子”的帽子，获得了新的政治生命。

1979年，蒋新松研究制定的“智能机器在海洋中的应用”方案被国家列入“六五”重大科技项目，他被任命为该项目总设计师，负责组织制定总体实施方案。他主持并参加了控制系统总体和控制算法的设计工作，提出了基于微分分析器原理的轨迹算法的快速实现方法，掌握了一系列关键技术。

1980年，蒋新松担任沈阳自动化研究所所长，启动了我国机器人学研究和产业化建设及产品系列化等工作。

根据社会需求和科技创新特点，蒋新松提出了创建国家机器人技术研究开发工程中心和机器人学开放实验室的战略性建议和实施措施。

1981年7月，步入50岁的蒋新松如愿以偿地加入了中国共产党。“加入中国共产党是我的理性选择，在头顶着‘右派分子’帽子的20年中，我要加入中国共产党的初心始终没有动摇过！”入党当天晚上回到家，他兴致勃勃地与家人一起喝酒，庆祝自己获得了新的政治生命。“在我的记忆中，老蒋无论是当所长还是当院士时，都没有这么高兴，更没有饮酒庆祝过！”蒋新松的爱人张丽珠这样告诉我，“他不仅是从组织上入党，而且是从思想上入党，思想上入党远远早于从组织上入党。当他思想上入党和组织上入党交相辉映时，幸福、自豪是难以言表的。”

1983年，蒋新松提出的“机器人示范工程”方案被列为“七五”国家重大工程项目，他被聘为机器人示范工程总经理，直接领导并参加了项目的可行性论证、总体设计与实施。他用两年多时间建成了11个实验室、一个例行实验室、一个计算中心和一个样机工厂，并确保该厂投入正常运行。

1985年12月，“海人一号”样机首航成功，深潜199米，能灵活自如地抓取海底指定物，技术达到了同类型产品的世界水平。此外，他还领导并参加了“七五”攻关项目工业机器人的心脏——控制器的研制任务，提出采用“两头在内，中间在外”的现代化动态联合公司方式，要求在自主技术的基础上走消化、吸收、创新的技术路线，与美国PERRY建立了技术转让及合作关系，研制出中型水下机器人RECON-IV并实现了外销。

在他的领导下，该中心完成了科研课题76项，逐渐发展为我国机器人开发工程转化基地、高级人才培养基地和学术交流基地。

20世纪80年代，科技体制、运行方式、管理模式等出现变化和调整，科研的组织形式越来越趋向散、小、杂，科研单位全面实行层层承包的责任制，出现了“第二职业”“星期天工程师”“夫妻店”等名词，有的领导也开始鼓吹“放开鸟笼子”。这些“新”事物一时间似乎成为普遍的社会现象，对所里形成很大压力，研究所人心开始溃散，科研工作难以形成合力。蒋新松身为所长，虽然看重经济效益，却坚决反对靠牺牲研究所利益来换取个人利益。蒋新松曾在大会上严肃地说：“谁要搞第二职业我就让他的第二职业变成第一职业——走人。一个研究所的所长如果热衷搞承包，我认为他是一个不负责任和无能的领导。”为此，他曾同国家科委主任争论过两个小时。不论别人有什么看法，只要他认为有利于工作的事，他就坚持下来。很快，全所人心稳定，各项工作蒸蒸日上。

面对世界新技术革命的挑战和机遇，面对国内经济体制、科技体制的调整，蒋新松作为一所之长，紧迫感、压力感和危机感并存，在担任所长期间，他坚持不懈地探索在新形势下开拓自动化研究所新局面的途径。他把“不断追求研究所存在的社会价值，快速增强经济实力”作为研究所改革与发展的方针，他指出：研究所的改革，应尽快克服建立在科学家自由确定选题基础上分散研究的现状，应有组织地围绕我国四个现代化及经济建设进行“主题式”研究，努力把每一位知识分子的聪明才智都凝聚到国家需要的科研事业上。为此，在改革中，需要遵循技术科学发展目标，确立学科主攻方向，制定研究所长远发展目标和所长任期目标。针对以往自成体系、课题分散的局面，他坚持采取集中管理的模式，积极倡导“献身、求实、协作、创新、公正”十字方针，增强研究所的凝聚力。

他富有战略家的管理思想，使科研工作紧紧围绕国民经济建设主战场展开，使研究所承担国家任务的能力大幅提高，形成了自己的特色，成为在国民经济建设中能打硬仗的“国家队”，使中国的科学技术向世界水平看齐。

蒋新松参加制订我国“863”计划，领导了装配型动态跟踪移动机器人系统、高压水切割机器人、核电站检查维修机器人等研制工作。作为“863”计划自动化领域的首席科学家，他指挥了CIMS领域的技术攻关，使我国在该领域从一无所有发展到在国际上占有一席之地；我国的特种机器人研制也在一片空白的基础上达到了令人瞩目的水平。

20世纪80年代初，他走马上任成为沈阳自动化研究所所长，对科研工作和后勤工作他同等重视，认真对待。当时，全所科技人员的住房困难问题十分突出，有的一家三代同住在一间十几平方米的房子里。因此，在他的议事日程上，住房建设成为经常议论的主题和决策的重点。几年后，全所的实验设施和职工住宅面积，比建所以来前几十年的总和还要多，全所职工有了一个优美舒适的工作生活空间。

不论当所长还是当首席科学家，取得成果时，他总是把荣誉让给同志们。所里的“动态光学观测及测量技术”获国家科技进步特等奖，“中型水下机器人”获中国科学院科技进步一等奖。在申报这两项成果时，同事们都把他列在第一位，但蒋新松每次都把自己的名字划掉。中型水下机器人项目组的同事们拿到奖金时，一致认为所长理应拿一份，而他却谢绝了。每次他从中国科学院机关前往清华大学，蒋新松总是乘坐“面的”，从不坐高档的出租车。

然而，在自动化研究所的工作区和生活区，人们又常常能看到这样的现象：每当同事、朋友、学生在路上碰到蒋新松时，总要主动同他打招呼，但有时蒋新松竟毫无反应地擦肩而过。所里人知道，他们的蒋所长常常在走路时思考问题，很投入，所以往往“看不见”来人。

作为科学工作者，蒋新松历来是敢作敢为，在科研工作中不以领导的脸色行事，敢于坚持原则，体现出无私无畏的责任感；作为行政领导，他以理服人，从不搞一言堂、家天下。在自动化研究所，有人幽默地将研究所称为“蒋管区”，把蒋新松称为“蒋总裁”，然而这里却充满自由和民主的空气。在讨论中，蒋新松喜欢听不同意见，不怕别人拍桌子，欣赏实话实说的精神。

他以大海的胸怀、坦荡无私的人格力量，打造出一支无私无畏、战无不胜的科技军团。

身为学生敬爱、领导器重、同事信服的一代科技大师，蒋新松在生活中是位富有诗情画意的男子汉，他经常将情感记在稿纸上。

“四十年前的今天，我童年时期的愿望终于实现了，我被分配到科学的最高殿堂——中国科学院工作。我清楚地记得当我接到分配通知的一刹那的情景，掩饰不住的喜悦，发自内心的、天真而淳朴的笑容不时洋溢在我的脸上。同学们说：看！蒋新松高兴得变傻了。我赶快拿起笔把这欢乐的消息告诉日夜关怀我成长的妈妈。记得我第一次上学回来，妈妈告诉我，读书、做事最重要的是持之以恒，就是要有长心。我傻乎乎地看着妈妈慈祥的脸，妈妈似乎看出我不懂，和蔼地说：‘你不懂，慢慢你会明白的。’（四十年前的）今天我能以优异的成绩读完大学，即将进入中国科学院工作，哪一件不是妈妈教诲的结果呢。

“四十年的经验使我深深地体会到，科学事业是一种永恒探索的事业，它既没有起点，也没有终点。成功的快乐，永远只是一刹那，无穷的探索、无穷的苦恼，才是它本身的魅力所在。从事科研工作四十年了，我又进入新的一轮无穷的探索和无穷的苦恼中……”

这是1996年蒋新松工作40年时，他在《祖国和科学在我心中的依恋和追求》这篇抒情散文中写下的两段话。1996年8月的一天，晚上9点多钟，他给中科院沈阳分院党组书记王景川（曾任自动化研究所副所长）打电话，在贝多芬《英雄交响曲》的背景乐中，蒋新松满怀激情地朗诵起这篇文章，完了之后问王景川有什么感觉。“情深意切志远”，王景川归纳为6个字。在充满真情实感的字里行间，体现出科学家对祖国、对人民、对科学事业的诚挚之心，这也正是蒋新松的人格魅力所在。

“美丽、浩瀚而雄壮的长江，有时显得非常宁静、非常温和，你可以舒坦地躺在她宽阔的胸怀中，犹如在妈妈的怀抱中一样，仰望着耀眼的蓝天，倾听着她内心深处的搏动，犹如倾听妈妈的摇篮曲；有时她显得烦躁不安，掀起了阵阵波涛；有时她甚至愤怒起来，这时的她一反常态，从望不见天边的西方到东方，一阵狂风巨浪，她愤怒地想吞噬人世间的一切不平，荡涤掉强加给她的一切耻辱。这就是伟大的长江，长江和母亲一样，共同赋予了我的人格，培育了我的性格。”这是蒋新松在一篇文章开头写下的第一段文字。

1996年8月9日，蒋新松为庆祝岳母的76岁大寿，亲自执笔书写并朗读了《祝寿贺词》。

今天我们阖家欢聚在这里，隆重庆祝我们亲爱的妈妈七十六大寿，首先我代表大家向我们亲爱的妈妈说一声生日快乐，祝福我们亲爱的妈妈和爸爸福寿无疆！

在我们的队伍中，有老一代知名的中医专家、老教授；有知名的科学家、中国工程院院士；有大学教授；有中国科学院的研究员；有做出了巨大贡献的政府官员们；有以优异成绩毕业的年轻的博士；有日夜战斗在茫茫信号中的年轻的军官；有正在成长中的、我们未来的科学家、政治家、企业家、将军……

我们这一群人，无一不得益于妈妈的教诲，得益于妈妈无微不至的关怀，母爱是世界上最无私的爱，最真诚的爱，还有什么比母爱更伟大呢！我们之所以有今天，我们由衷地感谢我们亲爱的妈妈，感谢您对我们的教诲，感谢您对我们无微不至的关怀，感谢您对我们的每一项成就、每一个成功的鼓舞，感谢您对我们的鞭策……妈妈，您是我们力量的源泉。

亲爱的妈妈，您是一位伟大的母亲！让我们再一次为我们伟大的妈妈祝福，祝妈妈生日快乐，祝妈妈和爸爸福寿无疆！

从《贺词》中，我们不难看出蒋新松火一样的心，感受到他的深情、志远、意切。

1982年，蒋新松出差路过老家，找到一张他年轻时的黑白照片，望着照片上那位英俊的少年，他的心飞回了沈阳，飞到了爱人张丽珠的身边，他将照片翻过来，提笔写道：

亲爱的丽珠：

认识他吗？这是二十二年前的我，爱他吗？

写完后，蒋新松把照片寄给了千里之外的张丽珠。

时间对他来说，总是以分秒为单位计算的。但每年春暖花开和秋高气爽的时节，蒋新松总要挤出时间陪家人到附近的公园春游、赏秋。

“他喜欢游泳、摄影、划船和做饭，特别是当家中有客人时，他总要到厨房做一两样拿手的好菜，他做出的菜，色、香、味俱全，很受大家欢迎。”夫人说，“他非常喜欢听交响曲，特别是贝多芬的《英雄交响曲》，百听不厌。雄浑的旋律，不仅陶冶了老蒋的情操，也给了他胜利的信心。”

攻关阶段，他又变成另一个样子：有时回家连门都没关，便匆匆来到计算机旁；有时浑身带水、穿着短裤便从浴室出来直接奔向计算机；有时他工作到半夜会趴在计算机键盘上入睡；有时刚吃两口饭，又钻进工作室；有时正在扫地就突然扔掉扫把，打开计算机……

有这种情况下，为了收拾残局，他总是指着自己的脑袋对张丽珠说：“对不起，夫人，我又走神了。”

1994年，已过花甲之年的蒋新松把年轻人推上了所长的岗位，伴随他一起“下岗”的还有心脏病和糖尿病这两位“老朋友”。但他“下岗”后比当所长时还忙，他对爱人说：“我虽然不是所长，但还是首席科学家，是共产党员，要在科技与工业结合这个国家级的‘课题’上有所创新。”1995年和1996年，忧国忧民的蒋新松又在东奔西跑，为科技与产品喜结良缘而充当“红娘”。

作为我国机器人高技术领域的开拓者和我国“863”计划自动化领域的首席科学家，蒋新松凭借令世人瞩目的科研成就被评为辽宁省劳动模范，获得全国五一劳动奖章，被评为国家有突出贡献的优秀科学家，并于1994年5月当选为中国工程院院士。他先后被聘为西安交通大学、北京航空航天大学、清华大学、上海交通大学、中国科技大学、哈尔滨工业大学兼职教授，国家自然科学基金会第二组组长；还被选为中国人工智能协会副理事长、中国自动化学会副理事长、机器人专业委员会主任、辽宁省自动化学会理事长，《信息与控制》《机器人》杂志的主编，等等。

在中国股市中，以人名命名的上市公司屈指可数，如隆平高科（以“杂交水稻之父”袁隆平命名）、登海种业（以“中国紧凑型杂交玉米之父”李登海命名）。2009年10月30日，沈阳新松机器人自动化股份有限公司登上了创业板，它是以“中国机器人之父”蒋新松的名字命名的。遗憾的是，股票简称的字数不能超过四个，所以这只股票简称为：机器人。我认为冠名为“新松机器人”更确切，这可以让更多的人了解“中国机器人之父”——蒋新松。

“能在多大程度上占据机器人研究和制造的顶峰，取决于我们的科技力量！”蒋新松院士始终这么认为。

从现在起，我开始谨慎地选择我的生活，我不再轻易让自己迷失在各种诱惑里。我心中已经听到来自远方的呼唤，再不需要回过头去关心身后的种种是非与议论。我已无暇顾及过去，我要向前走。

——米兰·昆德拉

# 我所了解的陈景润院士

——纪念中国科学院院士陈景润八十五周年诞辰

2018年5月22日是中国科学院院士、国际著名数学家陈景润先生八十五周年诞辰，本文力图通过回忆其生活片段勾勒出他不平凡的一生。

## 花甲人生

1996年的春分已过，北京本不该飘雪，但天空阴沉，雪如杨花在天地间飘飘洒洒。

1996年3月19日上午，因帕金森综合征引发脏器衰竭，中国科学院院士陈景润的生命体征出现异常。13点05分，他的心脏跳动骤然加快，5分钟后跳动停止了。19点，我接到由昆大夫的电话，得知陈景润院士与世长辞。

客厅里，由昆与儿子陈由伟坐在沙发上，看着鲜花映衬下陈景润身穿红色羊绒衫的大幅彩照，这张照片是我携摄影师在他去世前三个月拍下的。陈景润看到这幅照片时曾上下左右反复端详，连声称赞："好，照得好，我很满意，谢谢你们！多年没去香山了，等春暖花开，想全家去香山，那时请你们再给我们拍全家福。"于是我们约定去香山赏花、照相。

## "好，这组照片拍得好"

1995年11月4日16点，我与摄影师张新学等人按时赶到北京市海淀区中关村医院二层七号病房，由昆大夫和护工季师傅正陪着陈景润看电视。他坐在床头，身边摆放着一摞博士论文稿子。因患有帕金森综合征等疾病，他不能行走，双眼难以睁开，全身肌肉萎缩，手指弯曲变形，言语表达困难，但思维仍然敏捷。

"听说你们要来，先生精神焕发，不肯躺下，询问几次你们几点来。"陈景润的妻子由昆念叨着。

听到我们的问候，陈景润艰难而缓慢地睁开双眼，看见我后，微笑着吃力地伸出僵硬的右手。

摄影师张新学带来了一套上面有科学家和文艺家的彩色照片，陈景润饶有兴趣地翻看起来，当看到贾兰坡院士的照片时，他说："我认识贾先生，他是古人类学家，这张照片拍出了他的精气神！"过了片刻，他抬头看看我，又看看张新学，问道："我现在的身体状况和精神状态，能拍出这个效果吗？"

张新学看看我和由昆，俯身对陈景润承诺："能，一定能，请您放心！"

陈景润笑了，笑得很开心。夕阳西下，病房里的阳光暗了，习惯用自然光拍摄的张新学有些纠结：拍照吧，担心照片效果不佳；不拍吧，已经来了。善解人意的由昆同意我们次日再来为陈景润拍照。

第二天上午，陈景润特意穿上红色毛衣，和妻儿一起等待我们的到来。为确保丈夫能睁开双眼，由昆为丈夫做了头部按摩。几天后，我们把一组彩色照片送到病房，陈景润缓缓睁开眼睛，看了良久，称赞道："好，这组照片拍得好！比我预期的效果好！谢谢！"他深情地抚摸着照片上的妻子和儿子，欣慰地说："由伟长大了，长得像妈妈，以后肯定是高个儿，现在就比我高了。"

## 倾心数学

陈景润在堂兄弟中排行第九，故称"九哥"。在他的家乡，"富裕"这个词在方言里叫"滋润"，所以在邮政局工作的父亲陈元俊为新出生的儿子起名"景润"。

在他记事时，日本侵略者已经把战火烧到了福建，他的家境因此变得更加困难，景润小小年纪便开始帮母亲照看弟弟，做家务。母亲见他常跟哥哥学认字和做算术题，感到很欣慰，便在1939年把他送到城关小学读书。

他勤奋好学，成绩优秀，引起了大户子弟的嫉妒，他们经常找他的茬儿，欺负他，甚至拳脚相加。他感到恐惧，想退学，母亲抚摸着他的头安慰说："好好学，有了本事，以后就没人欺负你了！"

后来，父亲出任三明市郊区某邮局的局长，陈景润全家搬到了偏远的山乡。这里曾是红色根据地，树木已经被国民党烧光，人烟稀少。皖南事变中被俘的一部分新四军战士被关押在此。夜幕中，不时传来惨叫声和枪击声，这让陈景润感到困惑，使他的性格变得更加内向。

在福州三一小学和三元县小学就读时，他最大的乐趣就是学习，并以全校第一名的成绩考入了三元县立初级中学。

身材瘦小、性格孤僻的陈景润坚信，人的强壮与弱小、美丽与丑陋不在于身体的好坏，而在于品德的高下、能力的强弱、贡献的大小。由于战争频仍，沦陷区的学校和老师纷纷搬到山区避难，在他遇见的老师中有两位对他的影响至为深远，成为帮他奠定人生观和带他进入数学领域的启蒙导师。

一位是年逾花甲的国文老师，他对日本法西斯的暴行痛心疾首，常常教导学生们要为中华民族的复兴而努力学习。他见陈景润聪明勤奋，尊敬师长，爱护同学，便常与他交谈，给他讲中华民族的文明史，激励他好好学习，将来好肩负起拯救国家和民族的重任。“在世界四大文明古国中，只有我们中华文明始终一脉相承地延续着，这是人类文明史上的奇迹。但是，如果日本帝国主义灭亡了我们，中华文明便会被割断。”讲到痛心之处，老师满眼泪花。陈景润含泪表示，一定努力学习，传承中华文化，报效祖国！

另一位是数学老师沈元（后来成为中国科学院院士）。他发现陈景润喜欢数学，就借给他一本数学书，陈景润仅用两周时间便把题目全部做完了。当陈景润还书时，沈老师循循善诱地说：“一个国家要想摆脱被侵略和奴役的悲惨命运，一个民族要想实现独立和复兴，就必须大力发展自然科学，而数学是自然科学的基础。”

听沈元讲课时，连喜好文科的同学都能聚精会神，目不转睛。一次，沈老师告诉同学们，1742年，德国中学老师哥德巴赫发现，任一大于2的整数都可以写成三个素数的和；另一位科学家对众多偶数进行了验算，一直验算至3.3亿，结果和哥德巴赫的猜想一致。但如何证明这个猜想呢？哥德巴赫自己证明不了，于是他向数学家欧拉求助，请欧拉来证明。但欧拉至死也没有完成这个证明。此后二百多年，一代又一代的数学家都在试图证明它。

“同学们，”沈老师说，“你们小学就学了偶数和奇数、素数和合数。这对我们来说既是常识，又是难以跨越的科学高峰。谁要是能证明这个猜想，那可真是了不得。我希望你们能证明这个令世界瞩目的猜想！”

同学们交头接耳，课堂气氛变得热烈起来。“沈老师，我们来证明这个猜想！”有同学大声地说。

“好！”沈老师继续开导他们说，“昨夜我做了一个梦，梦见咱们班的同学证明了哥德巴赫猜想。一觉醒来，我很兴奋。同学们，我的美梦能实现吗？我把实现这个美梦的理想寄托在你们身上啦！”

顿时，同学们七嘴八舌地讨论起来。只有陈景润默默无语地坐着，将哥德巴赫猜想牢记于心。

当听到日本帝国主义投降的喜讯时，陈景润特意找到国文老师问：“中国取得了抗日战争的胜利，是不是我们中华文明就可以发扬光大了？”

“你既然这么问，一定是有了自己的想法。”国文老师说道。陈景润点了点头，师生二人相谈甚欢。

次年秋天，陈景润考入福州英华书院高中部。他之所以报考该校，是因为沈元老师担任了该校的数学和英语教师。

一天，沈老师出了一道“韩信点兵”的题目。正当大家闷头解题时，陈景润已算出了结果：“53人。”同学们都投去了敬佩的目光，沈老师问他，这个结果是怎么得出来的？陈景润脸红了，支支吾吾半天说不出话来。在老师的鼓励下，他走上讲台用粉笔在黑板上进行演算。

“陈景润算得又快又准确，只是不善表达，我帮他讲吧！”沈老师讲解后又介绍了中国古代几位数学家的一些成就：祖冲之对圆周率的研究成果早于西欧1000年；秦九韶对“联合一次方程式”的解法，也比瑞士数学家欧拉的解法早了500多年；《孙子算经》中一条余数定理是中国首创，令西方国家十分推崇，被誉为“孙子定理”。

“作为中华民族的子孙，我们决不能停步，希望你们将来能取得世界性的科学成就，比如哥德巴赫猜想，人们称它是皇冠上的明珠，我希望你们当中有人能摘取它！”沈老师充满期待地说。

课后，沈老师问陈景润的感受和想法，对方表示：“我想试试，但不知道能不能做到。”

“你能解出‘韩信点兵’这道题，说明数学基础扎实，通过不懈努力，你就能实现梦想。天下无难事，只怕有心人！”沈老师鼓励他说，“你具有很大的潜质，认准的目标不管遇到什么困难和挫折，都要坚持不懈，这样就能实现理想。”

那一夜，陈景润失眠了，在床上辗转反侧，毫无困意，决定将一生献给数学事业，不论结果如何，都要持之以恒，永不言弃。

1947年，积劳成疾的母亲辞世，这使他的家境更加窘迫。为了继续读书，他在学习之余开始打短工。

1949年11月，正当陈景润因家庭经济困难准备休学时，八一军旗和五星红旗漫卷福州城，他才得以安心读书。1950年春夏之交，他以“同等学力”资格填报了厦门大学。

家人力劝陈景润在福州上大学，但他不改初衷。因为厦门大学数理系的教师队伍强大。

当年，厦门大学数理系的招生人数是20名，陈景润排名第十。他头戴学生帽，身着学生装，脚穿解放鞋，手提一个旧藤箱和一个小铺盖卷儿出现在厦大校园。

鼓浪屿与厦大近在咫尺，陈景润却从未去游玩过；南国名寺南普陀金碧辉煌，他只去过一次；校园中的东膳厅周末放电影，门票只要5分钱，他却没看过；为了减轻家庭负担，他只吃馒头加咸菜。

陈景润除了完成老师布置的作业，还自选几十道题来做。傍晚，夕阳映红大海。每逢潮汛，海滨充满欢声笑语，但这里从未出现过他的身影。

1953年，陈景润提前毕业，被分配到北京四中任教。但由于口音浓重、神情木讷、性格内向等原因，他的教学效果不佳，因此受到批评，被安排负责批改学生作业。后来他又患上肺结核和腹膜炎，一年住院6次，这期间手术动了3次。

1954年，学校以养病的名义让陈景润停薪回到福州养病。为了生存下去，他无奈地在街头摆起了书摊儿，但卖书无法支撑他搞数学研究。他于是产生了要多挣钱的念头，因为没有钱就无法生活，更无法从事数学研究。

有一次，厦门大学校长王亚南教授来北京开会，听到陈景润的情况后，感到十分惋惜，便给厦门大学人事部门打了电话，要求尽快将陈景润调到本校图书馆工作。

王亚南教授安排陈景润担任图书馆管理员，但却没有给他布置具体工作，为他专心研究数学创造了良好的条件。

教工宿舍“勤业斋”背靠青山，面朝大海，陈景润住在106室。早晨，教师们纷纷去爬山；中午，他们又三五成群到海滨畅玩。他却独自研究数论，对组合数学与现代经济管理、科学实验、尖端技术、人类生活等问题也进行了研究。

他孜孜不倦地学习和工作，为创新研究奠定了基础。一天，陈景润请教厦大数理系李文清教授该读什么书。李教授建议他研读华罗庚的《堆垒素数论》。于是，他将华罗庚的这本书读了近30遍。他回忆道：“《堆垒素数论》的重要章节我阅读了40多遍，著作中的每一个定理我都记在脑子里。我读书不仅要读懂，还要背得滚瓜烂熟，因为熟能生巧。”

读书读到滚瓜烂熟和倒背如流，绝非易事，尤其是数学书，没有故事情节，只有抽象的公式和符号。不少数学书大而厚，携带不便，陈景润便一页页拆开取下，带在身上，走到哪儿读到哪儿。

1956年年初，他发表了首篇论文《他利问题》，得到了厦门大学教授、数学家李文清的欣赏。论文被推荐给中国科学院数学研究所数学家关肇直，关教授又推荐给数学家华罗庚。华老对论文十分欣赏，对文章中修正了自己著作中的一些不足之处这一点儿更是赞赏有加。

1956年8月24日，《人民日报》报道："大学毕业才三年的陈景润，在两年的业余时间里，阅读了华罗庚的大部分著作，写出了一篇关于'他利问题'的论文，对华罗庚的研究结果有了一些推进。"

1957年，陈景润的第二篇论文《关于三角和一个不等式》在《厦门大学学报》第一期上发表。华罗庚院士再次被他的学术成果所吸引，决定将陈景润调入中国科学院数学研究所工作。

1957年9月，陈景润来到北京工作和生活。数学研究所为他提供了施展数学才华的广阔舞台。

"我从大学图书馆来到大师云集的数学殿堂，眼界大开，如鱼得水。在华罗庚教授的指导下，我领略了世界上先进的数论研究成果，感到耳目一新，就像发现了新大陆。"陈景润深有体会地说，"华老指导学生的方法是让他们以自学为主，指定必读书，让他们参加一些讨论班，每两周和学生谈一次专业问题。让不同学科的人共同探讨同一个课题，是华老从事研究和培养人才的特点。"

陈景润积极参加数学研究所举办的数论讨论活动，先后写出了华林问题、圆内整点问题等论文，他一再强调："华老亲自为我修改论文，我在华老的教导下，逐步走到解析数论的前沿。"

一天，刚吃完中饭，陈景润下意识地摸摸脑袋，忽然意识到头发长了，于是去了理发店。

陈景润拿的牌号是38，他觉得轮到自己理发还早着呢，不应白白浪费时间。于是他走出理发店，坐在树下，从口袋里掏出个小本子，开始背外语单词。过了一会儿，他忽然想起上午读外文时，有段文字没看懂。他抬起手腕看看手表，12点半，于是就去了图书馆。不久，轮到他理发了，理发员大声喊："38号！谁是38号？38号快来理发！"

当他在图书馆将那段外文弄明白之后，才想起去理发店，但路过外文阅览室时，他发现了一批新书，又被吸引住了。就这样一次又一次地把理发之事抛在脑后。

## 痴迷哥德巴赫猜想

数学符号、公式是人类文明最奇妙的成果之一，其逻辑力量指导着人类去探索宏观宇宙和微观世界。自然科学的"皇后"是数学，数学的"皇冠"是数论，而哥德巴赫猜想则是"皇冠之明珠"。

1920年，挪威数学家布朗变革了筛法，首先证明了每一个大偶数都是两个"素因子不超过九的数"之和，即证明了（9+9）；1924年，拉德马哈尔证明了（7+7）；1932年，爱斯特曼证明了（6+6）；1938年和1940年，布赫斯塔勃证明了（5+5）和（4+4）；1956年，维诺格拉多夫证明了（3+3）；1958年，我国数学家王元（后当选为中国科学院院士）证明了（2+3）。

20世纪40年代，匈牙利数学家兰恩易开辟了第二战场——提出每个大偶数都是一个素数和一个"素因子都不超过六个的数"

之和。之后，他顺利地证明了（1+6）；1962年，我国数学家潘承洞（后当选为中国科学院院士）证明了（1+5），王元、潘承洞证明了（1+4）；1965年，布赫斯塔勃、维诺格拉多夫和庞皮艾黎证明了（1+3）。

中国科学院数学研究所决定向哥德巴赫猜想进军。位于北京西苑旅社的数学研究所俱乐部气氛活跃，大家自由而充分地交流学术理论和科学的最新成果。

“不到数学研究所就不知道哥德巴赫猜想的重要性。”陈景润在轻松、舒缓的音乐中感叹道。

1958年，全国科教系统开展了“拔白旗”运动，华罗庚、张宗燧等著名专家被斥为“大白旗”；华罗庚被扣上资产阶级学术思想的大帽子；陈景润也成为“拔白旗”的对象，并于1960年9月被发配到中科院大连化学物理所，从事刷瓶子、打扫卫生等工作，接受思想改造。

数学的基本要求是正确和简洁。为了证明（1+2），陈景润自学了德、法、日、西班牙、意大利语，查阅了很多外文资料。

不久，他的身体开始出现问题，只能长期开病假条。“人们用异样的目光瞧着我，不愿同我住在一起，这正好方便我看书学习和演算。半年后，我的身体支撑不住了，就对领导说可不可以让我回老家福州去养病。领导说你自己看着办。于是，1961年3月，我又回到老家。”陈景润回忆道，“一年中，我住院好几次，觉得自己性格也有缺陷，且难以改变。”

1962年5月，在华罗庚的帮助下，健康状况日益好转的陈景润得以重返中国科学院数学研究所工作。

陈景润喜食米饭，但人们很少见他吃米饭。“买馒头方便，早上买几个馒头放在衣袋中，饿了就吃几口，一天买一次就行了；买米饭还得用饭盒，带着麻烦。”这是他的经验之谈。

集体宿舍是4个人住一间，陈景润为了深夜不影响同事休息，主动搬进了废弃的厕所。冬天的厕所滴水成冰，于是他用报纸糊上窗户，靠着100度的电灯取暖。他用棉衣棉鞋全副武装，把身体围在棉被套里读书。墨水结冰了，他就用铅笔计算。看他身体不好，领导将他调到病号房，按那里的规定，晚上10点必须熄灯。于是，每天晚上10点以后，陈景润便出现在楼道公共卫生间的门厅下，背靠墙壁，手拿纸笔，借着昏暗的灯光算题。直到人们开始吃早饭，陈景润才摇摇晃晃地回到房间继续工作。不久，他又病倒了，待病稍好一些，每天晚上10点钟，他又会准时出现在卫生间的门厅下。再后来，陈景润搬到了紧靠暖气锅炉烟囱的6平方米的小屋，除了打开水、吃饭，很少走出这间小屋。

## “书记，我被锁在图书馆里了”

图书馆对于陈景润来说是百花园。他去得最早，走得最晚。一天早上，陈景润带上两个馒头、一块咸菜，不到8点便来到图书馆门口等候开门。

门开了，他进去找好位置，埋头看书。中午，他觉得饥饿，就从口袋里掏出馒头，一面啃着，一面看书。

下班的铃声响了，管理员催促道：“下班了，请同志们离开图书馆！”看书的人都走光了，可陈景润还在全神贯注地看书。

管理员以为空馆了，便锁上大门下班回家了。

天渐渐黑了，陈景润朝窗外一看，纳闷地自言自语道：今天真奇怪！一会儿阳光灿烂，一会儿天又阴了。他拉亮电灯，继续看书。忽然，他觉得顿悟了多日未解的难题，便立即站了起来，准备赶回宿舍，把数日来难以推进的演算尽快完成。

图书馆里静悄悄的。哎，管理员上哪儿去了呢？看书的人们去哪儿了？他看了看手表，已经晚上8点了。他推了推大门，大门已经上锁，便焦急地朝门外喊："同志，请开门！同志，请开门！"

若在平时，陈景润会选择继续看书。但今天不行，他要赶回宿舍，完成那道多日未解的难题！

他找到电话，拨给数学研究所办公室，但听筒里只有嘟嘟的声音。他意识到，同事们都下班了。于是他拨通了数学研究所党委书记家的电话，不好意思地说："书记，我被锁在图书馆里了……"

党委书记在电话中安慰他说："你的精神可嘉！辛苦了！我立即派人去接你。"

图书馆的大门开了，陈景润内疚地对工作人员说："对不起！我给你们添麻烦了！谢谢你们！"

## （1+2）被证明

1965年年底，陈景润终于在证明（1+2）的征程中取得了重要进展。

1966年年初，他证明了（1+2）。为了慎重起见，他请北京大学数学系教授闵嗣鹤审定。有人以不够成熟或以外国专家不一定承认为由，阻挠论文的发表。数学家关肇直声援道：“如果（1+2）不能尽快发表，我们就是历史的罪人。”

1966年5月，《科学通报》第17期发表了陈景润《大偶数表为一个素数及一个不超过二个素数的乘积之和》的论文，标志着（1+2）的正式问世。论文科学证明了“任何一个充分大的偶数都是一个素数与一个自然数之和，而后者仅仅是两个素数的乘积，即（1+2）”，这距离哥德巴赫猜想研究的主峰（1+1）仅有一步之遥。

论文发表后，王元称他为“吃进去的是草，挤出来的是最优秀、品质最高的奶”。中国科学院院士林群评价道：“陈景润做哥德巴赫猜想是不要命的，他这一生就是在不要命地工作。”英国数学家哈勃斯坦和德国数学家黎希特将论文誉为“陈氏定理”，是“筛法”的“光辉的顶点”。英国数学家赫胥黎在给陈景润的贺信中赞叹道：“啊，你移动了群山！”法国数学大师安德烈·韦伊称赞道：“陈景润先生做的每一项工作，都好像是在喜马拉雅山的山巅上行走，危险，但一旦成功，必定影响世人。”

## “李书记，晚上好”

1971年，在“九一三”事件后，中国政治生态发生了一些积极变化。李尚杰同志担任了数学研究所五学科研究室党支部书记，他主动为陈景润解决工作和生活难题。一天晚上，陈景润登门感谢，声音虽小却很真挚：“李书记，晚上好。”

“消瘦和憔悴的脸庞上架副白边儿近视镜，头戴蓝灰色棉帽，下翻的帽檐儿盖住了耳朵，军大衣把全身裹得严严实实，黑色棉裤，黑色回力鞋，双手交叉伸进棉大衣的袖管里，进屋后始终不肯坐。”李尚杰的儿子李小凝回忆起当时见到陈景润的情景，如是说。

“小陈，把棉大衣脱了坐会儿。”李书记亲切地对陈景润说。

“谢谢，李书记，谢谢您派人接通我宿舍的电线，安装了电灯，配上了桌子。几年没电灯也挺好的，省电，一样能工作。谢谢李书记，我一定好好工作，谢谢……”他说完转身要走。

李小凝跟着父母送他出门，陈景润在楼道里主动打招呼道：“小朋友晚上好，听毛主席的话，好好学习，天天向上。小朋友，再见！”

“叔叔好，再见！”

这个回应令陈景润很兴奋，他停住脚步说：“小朋友好，好多年没人叫我叔叔了，叫我陈景润，再见，小朋友！”

## “我要进一步加强政治学习”

1972年2月21日，美国总统尼克松访问中国。不久，数学研究所五学科研究室召开学习讨论会，陈景润被点名做发言，他习惯地说“美帝国主义狼子野心不死，它的侵略扩张本质是不会改变的，我们要时刻保持高度警惕”。这时，身旁的同事拉他的衣角儿，低声提醒道：“陈老师，中国跟美国关系开始解冻，毛主席还接见了美国总统尼克松，这说明中国和美国还要建立外交关系。”陈景润表情惊讶，喃喃地说道：“没人告诉我，我要进一步加强政治学习。”

## 主要科研成果

（1+2）的证明是陈景润一生中最杰出的工作成果，令国际数学界刮目相看，在中国更是家喻户晓。其实，陈景润在诸多领域都取得了傲人的成就。比如在高斯圆内格点问题、球内格点问题、殆素数分布问题、华林问题、算术级数中的最小素数问题、筛法及其有关重要问题以及组合数学与现代经济管理的关系、尖端技术和人类发展的密切关系等一系列重要数论问题上均取得了重要成果。

1979年，他发表了论文《算术级数中的最小素数》，将最小素数从原来的80推进到16，引起了国际数学界的关注，并赢得了好评。在数学研究所工作期间，陈景润在国内外先后发表了科研论文70余篇，出版了《数学趣味谈》《组合数学》等专著。

## “我不要车送，这不好”

1979年2月，在全国人大会议人员报到的这一天，数学研究所定好了早晨7点派车去接陈景润。他却乘坐公交车，辗转两个多小时去报到。他强调说：“我不要车送，这不好。”开会期间，服务员问他饮食上有何要求，他说：“谢谢！我只要一小碗米饭，半碗肉沫儿烧豆腐，多了吃不了，倒掉太可惜。”

会议期间，陈景润与赵朴初先生同住一屋。为了不影响赵先生休息，他晚上搬凳子到卫生间去看书、演算。这件事传开之后，会务组每次都特意给陈景润安排一个单间。

## 难忘的大会

1979年3月，全国科学大会开幕。在一个春意盎然的日子里，全国6000名代表昂首挺胸走进了人民大会堂。陈景润和恩师华罗庚都在主席台上就座。他日后多次说道："这个大会令我终生难忘。"

华国锋做了《提高整个中华民族的科学文化水平》的讲话。邓小平第一次提出了"科学技术是生产力"的重要观点并强调说："一个人，如果爱我们社会主义祖国，自觉自愿为社会主义服务，为工农兵服务，应该说这就是初步确立了无产阶级世界观，按政治标准来说，就不能说他们是白，而应该说是红了。……"陈景润抑制不住激动的心情，连夜写下一首小诗："革命加拼命，拼命干革命，有命不革命，要命有何用？"

会上，陈景润受到了党中央领导的接见，他双手紧握邓小平同志的手，一边鞠躬一边说道："谢谢邓副主席，谢谢……"

## "小屋挺好，先不搬了"

陈景润被评为研究员后，数学研究所分给他一套新房。1979年6月，党委书记来到陈景润的小屋问："你怎么还不搬家！哪天搬？我安排人来帮你。"

"谢谢领导的照顾！大家住房都紧张，不能只照顾我一个人。"陈景润如是说，"我现在单身，小屋挺好，先不搬了。还是分给更需要房子的同志吧。"

## “感谢邓副主席的关心”

陈景润成名后，头脑清醒地说：“现在社会活动太多了，占据了我的大部分时间和精力，从事理论研究的时间越来越少，这对科技工作者来说是本末倒置，应该尽快改变这种状况。我现在很想静下来念书和演算，参加学术交流。不然就要落后了，就辜负了党和人民的信任。”

应接不暇的社会活动、讲学、报告令他身心疲惫。1981年，陈景润在给邓小平同志的信中提及，众多的社会活动和大量的群众来信，让他难以把主要时间和精力投入到科研工作上。邓小平做了批示：可否为其配秘书，以分其劳?

不久，数学研究所决定让李小凝同志担任陈景润的秘书，协助他处理大量的群众来信、来稿等工作。“感谢邓副主席的关心，感谢邓副主席为我配备秘书。我要进一步努力工作。”陈景润发自内心地感激道。

## “科普工作同样重要”

很多读者来信称自己如何痴迷哥德巴赫猜想，甚至宣称自己已经证明了（1+1），显然这些“证明”都是主观臆想。

“这说明我们的科普工作没做好，因为这些人缺乏基本的数学基础。”陈景润心情沉重地说，“依靠锤子和改锥这种工具是造不出宇宙飞船的，更不可能登上月球。”从此，惜时如命的他主动花精力和时间，撰写了大量的数学科普文章，在《中学生数理化》等刊物上登载。

“中科院数学研究所是科研单位，陈景润热衷科普工作是不务正业的表现。”有人对此冷嘲热讽。

陈景润认为科研和科普并不矛盾，他说：“现在学生们关注我，我写一些数学方面的科普文章，对培养青少年的数学兴趣和爱好会起到引导作用。科普工作同样重要，这有助于推动中国早日成为世界数学大国、数学强国！”

## “党和国家给我的荣誉太多了”

改革开放以后，陈景润被评为中国科学院数学研究所研究员，成为国家科委数学学科组成员，担任中国数学界权威刊物《数学季刊》主编，在贵州民族学院、河南大学、厦门大学、青岛大学、华中科技大学、福建师范大学等高校任兼职教授，并当选为第四、五、六届全国人民代表大会代表。“党和国家给我的荣誉太多了。”他多次这样感慨道，“这既是鼓励又是鞭策，是压力也是动力。”

1978年和1982年，他两次受邀到国际数学家大会上做报告，这是国际数学界最高规格的待遇，是至高无上的荣誉；

1978年，他荣获国家自然科学奖一等奖；

1980年，他当选为中国科学院物理学数学部委员（后改名为院士）；

1991年，他荣获第一届华罗庚数学奖；

1994年，他荣获首届“何梁何利基金”；

1999年，中国发行纪念陈景润的邮票；

1999年10月，经国际小天体命名委员会批准，中国科学院北京天文观测中心施密特CCD小行星项目组发现的国际永久编号是“7681”的小行星被命名为“陈景润星”；

2009年9月14日，他被评为100位新中国成立以来感动中国人物之一。

日本出版的《一百个有挑战性的数学问题》登了两位中国数学家的肖像，分别是古代数学家祖冲之和当代数学家陈景润。

## “只要能工作，就要全力以赴”

陈景润为了攻克哥德巴赫猜想的主峰（1+1），开展了被喻为“搭梯子”的准备工作。然而，“搭梯子”谈何容易！

1983年，数学家林群院士问陈景润：“证明（1+1）有没有希望？”他沉吟片刻用浓重的家乡口音说：“要拼命。现在步子太小，仅仅是第一步，还要走一百步。”陈景润进一步解释道，“要想问鼎哥德巴赫猜想的主峰，必须首先要突破‘函数的零点分布问题’的难关，其前提是进行大量阅读和演算，才能找到攀登的道路和方法。”

正当陈景润全力攻克（1+1）之际，灾难却连续降临。1984年11月，他去魏公村新华书店购书，过马路时被自行车撞倒，头部触地陷入昏迷。住院期间，他被确诊患上了帕金森综合征。

次年，他挤公交车去友谊宾馆开会，被人群挤下车，摔倒在地再度昏厥。在中日友好医院住院期间，他仍工作到凌晨。深夜，为躲避医生查房，他用手电照着看书。

1992年，陈景润摔倒，导致骨折。

陈景润最后10年是在病床上度过的。虽然身体状况每况愈下，但他一直没有停止搭建攻克“主峰”梯子的工作，他写下的文字、公式和数字清晰准确，他依然在科学的道路上努力奋进。他一边从事科研工作，一边带学生，培养了3个博士、1个硕士。1996年年初，他在去世前不久，还在审读学生的论文。家人和同事劝他多休息，他却说：“时间对我来说不多了，只要能工作，就要全力以赴。”

## 家喻户晓的数学家

陈景润喜欢数学并以之作为终生的事业，名誉、地位、享乐等都从未被他放在心上。

1977年秋，主持《人民文学》杂志社工作的周明向中科院院长方毅请示，该杂志拟为陈景润采写报告文学。方毅表示支持并回复道：“我们国家要有更多像陈景润这样的科学家就好了。”

1978年1月，《人民文学》发表了报告文学《哥德巴赫猜想》。2月17日，《人民日报》《光明日报》转载了《哥德巴赫猜想》。当天上午，陈景润在天津做完报告后，与李尚杰路过一家邮局，见人们争相购报，便好奇地挤了过去，原来人们在购买刊登《哥德巴赫猜想》的报纸。他从人群中退出来，对李书记说：“这么宣传我不好，把我当作典型不好……”

### 如期回国

1979年，陈景润在美国讲学期间，每天仅仅吃菠菜、鸡蛋煮面条，却把节约的外汇全部交给了国家。

此前，美国普林斯顿高级研究所所长伍尔夫教授分别给他和著名拓扑学家吴文俊写信，邀请他们前去参观访问。他们于1979年1月6日到达普林斯顿。该所是著名研究中心，经常有各国知名学者到此访问。这里的图书馆藏书很多，24小时开放。

“我还是喜欢一个人在图书馆里看书，有时也会参加茶会，交流学术思想。”陈景润告诉我，“在交流中，看到大家在黑板上演算各种题目，我会感到自己的思想和心情在自由飞翔。”

陈景润在普林斯顿的演讲结束后，美、英、法、德等国的大学和研究所也曾邀请他前去讲学或工作，均被他婉言谢绝。

## 人民代表为人民

在他成为全民明星和全国人大代表之后，许多单位和群众找陈景润反映情况，希望他能帮忙解决问题，包括住房问题、夫妻两地分居问题、孩子“接班”问题等。当时，中关村的道路拥挤逼仄，生活配套设施落后，人们长期受乘车难、看病难、换煤气难、买菜难、洗澡难、理发难的困扰。陈景润认为人民代表就必须为人民办实事，因此，他常在中关村地区走访，将老百姓反映的问题记在本子上。

在六届人大二次会议上，他在与其他代表一起联名递交的提案里呼吁尽快解决中关村的“六难”问题。不久，群众反对最强烈的屠宰场搬走了，日夜扰民的五金厂搬走了，302路公共汽车开通了，菜场、超市营业了。身为人大代表期间，陈景润先后递交了90多条提案。

## “老同学，帮帮忙，借我一块手表”

20世纪80年代，母校厦门大学邀请陈景润参加校庆并为他购买了软卧火车票。他在电话里强调：“这不好，太浪费了。”于是将软卧车票退了，改成硬卧票。

陈景润颠簸两天一夜，到站后对接站的同学说：“老同学，帮帮忙，借我一块手表。”

这话令对方感到疑惑不解，陈景润手腕上明明戴着欧米茄牌的手表，为什么还要借表？看着满脸狐疑的老同学他突然意识到了自己的唐突，便立即解释说：“我戴的这块手表是出国进行学术交流时买的，戴名贵的手表参加母校校庆可能影响不好。”说完，他将手表取下来装进上衣口袋中。

## 科学与技术

“陈院士，您研究哥德巴赫猜想取得了举世瞩目的成果。但我不清楚这些研究成果与人们的思想进步和社会发展有什么关系？”一天，见陈景润的精神状态较好，我在他的病房里和他聊天。

陈景润迟疑了一会儿，回答说：“这个问题我没有想过。但现实中我的工作与人们的生产和生活没有什么直接的因果关系。”

“那您为什么要全身心地投入？”我又进一步问，“为什么国内外数学界对您的工作成果这么认可？为什么党和国家对您这么重视？”

“这个问题挺有意思，我一时也说不好。我想，可能是我们混淆了科学和技术这两个概念，若混为一谈，会导致认知的误区。”陈景润若有所思，娓娓道来。

“科学分为应用科学和基础科学。有些科学能转化为生产力；有些暂时不能转化为生产力，将来可能会转化为生产力；还有些永远都无法转化为生产力。比如，数论研究的很多问题，如果从实用角度看没有价值。像‘哥德巴赫猜想’或‘孪生素数猜想’即便被证明了，也不会直接转化为生产力。但这些数论研究是科学，是为了揭示自然规律，探索自然奥秘，并非以促进生产力为目的，也不可能转化成生产力。开展这些科学研究是为了满足认知的需求，为技术创新提供理论保障。”

我请陈景润院士进一步说明科学和技术的不同作用和表现形式。

他沉思了一会儿，说道：“事实上，促进生产力只是科学发展的派生效应。如果只是从生产力的视角审视科学，是对科学的矮化。比如，公元 5 世纪到15世纪，中世纪的欧洲贫困、落后、愚昧，把自然界无法理解、不可控制的事情，归于上帝等超自然的力量，在迷信中感到焦虑、恐惧和不安。文艺复兴以后，欧洲爆发了启蒙运动。启蒙运动的核心是理性主义，科学随之兴起。科学可以破除迷信，理性解释世界，帮助人类掌握自己的命运。

“社会倡导尊重人才，尊重知识。其实，更重要的是尊重科学。你尊重了科学，就会尊重人才和知识。这是本和标的关系。”陈景润提高了声音，“应该注意和把握两点：一是科学精神不能和科学成果画等号。从历史发展过程来看，科学精神和科学成果肯定是正相关的，但短期却不一定。缺乏科学精神，你或许可以暂时取得一些科学成果，但注定走不远。二是科学精神不能时时和科学家画等号。即便是院士，也不能视其为是科学精神的化身，他们有时也会误入歧途。”

# 恋爱　结婚　家庭

陈景润专注于数学事业的同时，也对爱情充满美好的信念。他的事业取得了举世瞩目的成就，家庭生活也同样令人羡慕。

## “我有对象了”

1978年，陈景润又被送到京西的解放军309医院进行疗养。

309医院依山傍水，医疗设备先进，医生技艺精湛。

陈景润情感丰富、细腻，对美好生活充满了期待，渴望自己早日拥有温馨的家庭。

她身着白大褂，头戴白布帽，面戴白口罩，身材苗条，姿态优雅，性格阳光。她是陈景润病区的医生，在不知不觉中拨动了他情感的心弦。

“姑娘好，谢谢你的精心照顾，现在感觉好多了。请问尊姓芳名？”陈景润问。

“免贵姓由，单字名昆。”她嫣然一笑。

“由昆，由昆，姓好，名更好。”陈景润重复道，“好的，好的，我记住了！”

由昆出生在辽宁，随父亲的部队到了武汉，1969年如愿以偿成为解放军战士。1977年11月，身为武汉军区156医院的医生，她到309医院进修。在检查高干病房的伙食情况时，由昆发现陈景润只吃面条和荷包蛋，便建议道：“陈教授，食物多样化有助于营养平衡……”

“谢谢由大夫，面条鸡蛋有营养又好消化。”陈景润解释说，“这样的伙食让我非常满意。”

高干病房后边有个幽静的平台，适合读书和赏景。上午10点半是英语课广播时间，由昆每天准时出现在那里学习英语。

一天，陈景润借到平台晾衣之际走近由昆，以巧遇的口气说：“由大夫，你在学《英语900句》？”

“是的，陈先生。”由昆礼貌地点点头。

“我也在学英语，我们一起学好吗？”陈景润建议。

“不……我不能打扰你，这是医院的规定。”

陈景润愣了片刻，一步一回头地返回病房。

次日，陈景润又在平台上提议：“我们一起学习英语吧！互教互学效果好，进步快。”

“你学你的，我学我的，干吗一起学？这样违反医院规定，请不要影响我学习。”

第三天，起风了。陈景润不失时机地又出现了，再次邀请她到自己病房一起学习，他强调：“是我邀请你的，不是你违反医院规定。”

由昆望着固执的数学家，最终点了点头。在英语方面，陈景润可以当由昆的老师，一节课下来，由昆深有感触。

“由大夫，明天我在这儿等你，我们以后就一起学好吗？”由昆告辞时，陈景润很期待地说。

第四天，上午不到10点，陈景润就到门口向楼道里张望。

“由大夫，听到脚步声我就知道是你来了！”陈景润神态异样地问，“你……爱……人在哪儿工作？”

“什么爱人？”由大夫愣了片刻，实话实说，“我还没结婚。”

“好！好……”他打破砂锅问到底，“那你对象在哪儿工作？”

“对象？”她脱口而出，“还没对上呢。”

陈景润笑了，笑得很开心，话题一转，没头没脑地说道：“你喜欢吃米，我喜欢吃面，我们正好互补。”

“我爱吃什么跟你有什么关系？再说，你是南方人，肯定喜欢吃米。”

“我想和你生活一辈子！”陈景润直白地说。

“不可能！”由昆觉得不可思议，严肃地说，“别开玩笑了！”

“我知道，这对你不公平，但我是真心的。如果你不答应，我将独身一辈子！”陈景润如是说。

由昆无语了，匆匆离开病房，次日未来学习。

“我们还是一起学吧？”又过了一天，陈景润早早守在平台口，一见由昆便笑道，“由大夫，心眼儿好，有志向，爱学习，工作好，我要和你一起生活！”

由昆崇拜陈景润对科学献身的忘我精神和杰出贡献，同情他的遭遇，但仍称这是不可能的。

《英语900句》中有句“I love you！”。从此，陈景润见到由昆，便用英语重复这句话。他决心像破译“哥德巴赫猜想”一样，争取到由昆的芳心。

数学家的执着让姑娘乱了思绪，夜深人静时，她写信请父亲指点迷津。

这时，陈景润又做了一件令由昆意想不到的事情。他向数学研究所领导汇报自己有中意的对象了，并希望组织出面尽快确认双方的关系。所党委立即派他所在的党支部书记李尚杰秘密前往医院考察——除了看见口罩外的那双明亮的大眼睛，别无所获。

父亲的回信长达十几页，信中写道：“你们的年龄、名望差距很大，谨慎对待是对的。他能向你表白情感很不易，应理解……看来，陈景润同志是认真的，你不要拒绝他，不要伤他的心。”

看罢家书，她哭了，心结顿时解开。由昆回忆起这段“奇缘”，感觉陈景润很真诚，值得信赖。

“你是大数学家，很多人崇拜你，什么样的女孩找不到？为什么偏偏选中我？”由昆问。

“我想过了，如果你不同意，我将终身不娶。”陈景润所答非所问，却让她感到暖心。

“虽然我的要求对你不公平，但我非你不娶。”陈景润又进攻了。

“我被父母惯坏了，脾气不好。”由昆说。

“我没脾气，会对你好的。你不会做饭，我们就去吃食堂。”陈景润笑了，“我也不会做饭。”

“我也不会做衣服。”

“你穿军装，我的衣服买点儿就行。”陈景润认为这些都不是问题。

由昆的芳心终于被打动了，一天，陈景润兴高采烈地回所里宣布：“我有对象了！”

## “姑娘们还要嫁人”

知识分子的感情是丰富、细腻的，表现形式却是抽象、理性的，陈景润可谓这方面的典型代表。

在厦门大学工作时，有人为陈景润介绍对象，被他谢绝了。在中国科学院数学研究所工作时，同事们也为陈景润提过亲，又被他谢绝了。1973年，他在309医院疗养时，一位首长表示：“鉴于你的身体状况，组织拟为你物色一名医护人员作为终身伴侣……”陈景润立即摇头摆手。

陈景润何尝不想有个能遮风避雨的家，但他从未有过谈情说爱的经历。改革开放以后，他成了社会名人，来自全国的求爱信像雪片般地飞向数学研究所，堆满了小屋一角。一天，由昆大夫见到这些信便想清理掉，刚拿起一封信，被陈景润劝阻道：“由，所有的来信我都不看，你也不要看，更不能给别人看，姑娘们还要嫁人！我们要尊重和保护人家的隐私。回头我请组织来统一处理这些来信。”

通过这件事儿，由昆更觉得陈景润是一位有责任感的男子汉，值得托付终身！

## “以后我们要经常来”

“由，我不喜欢逛街，但喜欢青山绿水。香山、八大处、北京植物园能让人放松心情。以后我们经常到这些地方去爬山赏景好吗？”陈景润第一次和由昆在游香山时便滔滔不绝，“我从小就喜欢爬山，喜欢观看花草树木，以前太忙很少来，以后我们要经常来。”

这是一个星期天的早上，陈景润和由昆又登上了前往八大处的公交车。车上只剩下一个空位，他坚持让妻子坐，由昆却要陈景润坐：“先生体质弱，应该您来坐。”一时间，两个人僵持不下，引得乘客纷纷看过来。

最后，陈景润将由昆按在座位上，自己的一只手紧紧地扶着把手，另一只手轻轻搭在妻子的肩头，笑道：“由，我这样站着挺好，不累。只要我们一起去爬山，我就很高兴。以后，我们要把爬山作为我们家的长期活动项目，坚持下来。以后有了孩子，就带着孩子一起来。”

## “由，你说得对，听你的”

1980年6月，陈景润从北美和欧洲载誉归来，一到北京，立即给在武汉师范学院学习的由昆打电话，请求结婚。由昆向组织递交了结婚申请。这立即成了学校的爆炸性新闻，师生们纷纷向由昆送上祝福。

人们期待着家喻户晓的陈景润有一个热烈隆重的婚礼。但他追求简单朴实，不愿为婚礼花费过多的时间和金钱。在刚分给自己的两居室中，他与由昆协商："床，我有现成的，桌椅，就用单位发的，家具不买了。喜糖要多买些，我要让大家知道我结婚了。"

身为军人的由昆养成了简朴的习惯，对成家没有特殊要求，表示同意陈景润的提议，并建议道："为了方便接待客人，最好买一套沙发。你觉得如何？"

"听你的。"陈景润接着又解释道，"我不是怕花钱，关键看是否需要。我觉得沙发的价格、样式是次要的，关键是大小与房间的面积要协调。"

"挑选沙发，还应该考虑材质、色彩及样式，要与整个家庭环境协调一致。"由昆补充道。

"由，你说得对，听你的。"

## "你以为你是陈景润"

"由，我太高兴了，我们终于成为夫妻啦！我们要多买点儿糖，有多少种就买多少种，要把快乐和幸福与同事们分享。"1980年8月25日，陈景润与由昆领取了结婚证。

当天，他拉着由昆去商店买糖，因买的花样和品种太多，营业员心算不过来，只好先用笔在本子上一笔笔记下来，然后再用算盘算出总额。

糖选齐了，当营业员拿起算盘开始算时，陈景润已把有零有整的钱递了过去："同志，您辛苦了！我算好了，请您核查一下。"

营业员看也未看陈景润一眼便回了一句："你以为你是陈

景润！”

“同志，我算的钱数儿错不了。”陈景润很自信，看了由昆一眼，俩人惬意一笑。

“怎么可能，我工作这么多年，用算盘还没算出来，你以为自己是神仙是陈景润哪！”营业员边计算边说道。

“同志，我算得对吗？”陈景润过了一会儿问道。

“真是神了！”营业员看着算盘上的数额与陈景润递过来的钱数儿，有些惊异，“真是不可思议！像你这样的人，应该到中科院数学研究所去工作。”

由昆捂着嘴笑了。

## “我结婚啦”

新婚第二天，新郎背着书包喜气洋洋地走进数学研究所，逢人便说：“我结婚啦！”他心花怒放地发着喜糖。当晚，他哼唱着“我是一个兵……”赶到友谊宾馆，向出席国际数学学术会议的专家们发喜糖，亲自为华罗庚、陈省身等人剥开糖纸，递到他们手上。华罗庚院士还到陈景润的新房贺喜，送新人一对茶杯。新郎特意携新娘来到北京大学闵嗣鹤教授家报喜，感谢他们的知遇之恩。

## “其妙无限、其乐无穷”

陈景润习惯于晚睡早起，一旦进入“灵感状态”，便要一鼓作气干到底，甚至通宵达旦，这往往能让他取得意想不到的收获；若脱离这种状态，往往会收获平平。对他而言，这种“灵感状态”在夜间出现的概率最高。新娘半夜醒来，见书房还亮着灯，常忍不住轻声提醒新郎早点休息，他往往连头也不抬，答非所问地说：“安静，不要让我分散注意力。我现在进入了其妙无限、其乐无穷的状态。”

由昆尽量适应丈夫的习惯，每当陈景润进入书房工作，自己便在别的房间学习，或轻手轻脚地做家务。尽管十分小心仍不免发出声响，陈景润这时会加重语气地说：“安静，由，安静！”

“由，生活上的事情我都听你安排。我在工作上一旦取得进展，便爽快得像吃了槟榔果似的，愉悦的心情难以形容。”陈景润畅谈自己的工作感受和希望，“见我进入工作状态，最好别理我！这不是主观意识所决定的，在这种工作状态中，困惑豁然开朗，难题迎刃而解，这种状态可遇不可求，一旦被打断，便无法挽回。这种状态表现为久久发愣或埋头演算。你见我处于这种状态时，最好别理我！《国际歌》唱得好：‘趁热打铁才能成功！’进入状态不仅事半功倍，往往还伴随着取得突破性进展。所以，我一旦进入状态，就要一鼓作气，力争取得实效。”

由昆每次回武汉前，都会再三叮嘱他，一定要注意按时饮食和休息，好好照顾自己。陈景润总是不停地点头，但工作起来，便把妻子的嘱咐忘得一干二净。

## “由，好好休息”

次年下半年，望着身体越来越丰满的妻子，陈景润喜形于色。

“由，你喜欢男孩还是女孩？”陈景润问。

“你喜欢男孩还是女孩？”由昆反问道。

“男孩女孩都喜欢。不管男孩女孩，我都希望长得像你。”陈景润说出了心里话。

“为什么？”由昆明知故问。

“好看！希望我们的孩子，都像你一样好看。”陈景润不无担心，“如果像我，就难看了。”

“我陪你去商店，该给孩子准备婴儿用品了吧？”他转移话题。

“想吃什么？”他主动去商店选购食材，亲自下厨。

“可口吗？慢慢吃，还有，多吃点儿。”他问寒问暖，关怀备至。

“如果是女孩，起什么名字好？如果是男孩，叫什么名字好？”他问。

“你是科学家，有学问，有水平，你起名字吧。”她答。

“不管女孩男孩，乳名都叫欢欢。”他说。

“为什么？”她又问。

“我希望孩子永远幸福，一生一世欢乐！”陈景润回答说。

1981年12月，由昆住院待产。

“陈教授，您爱人难产，需要剖宫产。”医生要求陈景润在手术单上签字。

“医生，剖宫产对大人身体有伤害吗？”陈景润关切地追问。

“当然不如自然分娩，剖宫产是没有办法的办法。”医生解释道。

“你们能保证由绝对安全吗？”陈景润焦急地问，“如果不能保证绝对安全，我不签字。”

“我们会尽力的。”医生强调说，“正常情况下不会发生危险，你爱人身体好，应该不会有问题。”

陈景润不情愿地签了字。

“恭喜陈教授，是男孩儿，7斤4两。”医生抱起陈景润的儿子说，“您抱抱，看看您儿子长得像谁？”

“肯定像由！听说儿子长得像妈，而且像妈的儿子更聪明。”陈景润很自信，笑得合不拢嘴。

“由，儿子长得像你。你辛苦了，受罪了，我给你买鸡去。”他看到妻子脸色苍白，爱怜之情涌上心头，“由，好好休息，一定要好好休息！”

“由生了，是男孩儿，7斤4两。”陈景润兴高采烈地回到所里，逢人便说。

夜深了，母子俩入睡了。他却兴奋得失眠了，一会儿给爱人、孩子盖盖被角，一会看看孩子是否被压着了。

次日早晨，他与由昆商量：“由，剖宫产很痛苦，你很伟大，不能让儿子忘了这些，我看就管欢欢叫‘由伟’吧。”

“这不妥当，我不同意。还是叫‘陈由伟’吧。希望他将来能为国家做出伟大贡献……”

## “由，在我心目中，你是最好的厨师”

婚后，由昆主动学习做饭和烧菜，下班后风尘仆仆回到家便撸起袖子，走进厨房，奏响“锅碗瓢盆交响曲”。这令陈景润感到温暖和幸福。

“由，你饭做得很好，菜烧得更香，辛苦了！”他每次都夸奖妻子。这既是对妻子劳动成果的肯定，也是鼓励。

“由，需要我帮忙吗？”有时陈景润会走进厨房说，“我摘菜和洗菜还是可以的。”

有一次，陈景润的哥哥来家里吃饭，他即兴评论道：“弟妹做的菜形色都挺好，只是觉得鱼和肉都一个味儿。”

陈景润看了由昆一眼，立即回应道：“这个菜是我做的，你知道我从不做饭，更不会烧菜。刚才我做鱼时，加了肉汤。”

“哥哥很幽默，和你开玩笑呢。如果你能把鱼和肉做出一个味道，肯定是国际厨艺大师！”由昆打圆场说。

“由，在我心目中，你是最好的厨师。”事后，陈景润安慰妻子说。

## “由，快来看，苹果核发芽啦”

儿子欢欢长得虎头虎脑，给家庭带来了无穷乐趣。陈景润常抱着欢欢在屋子里高兴地转来转去， 有时转得头昏眼花便求援道：“由， 我已经转晕了， 你快来帮忙。”

美好的生活、开心的工作令陈景润感到十分惬意。他们喜欢到香山、植物园和颐和园等地爬山赏景。一家人其乐融融，常常流连忘返。

在这充满幸福的日子里，陈景润开始喜欢听音乐，并在天籁般的音响效果中得到灵感。他喜欢边工作边听轻音乐。动听的旋律有时像镇静剂，有时似兴奋剂，帮助这位数学家进入奇妙的“工作状态”。

陈景润也开始喜欢花草，而且很快成为养花种草的高手。除了摆弄花草，还在阳台的花盆中种白菜、土豆、萝卜、西红柿、大葱等，而且种什么活什么，收获颇丰。

有一次，陈景润把吃剩下的苹果核埋入花盆中，并对妻子说：“我希望这个苹果核能生根、发芽、结果。”由昆附和说：“你的手气好，种什么活什么，说不定真能生根发芽。”

不久，这个苹果核果然生根发芽了，他兴奋地指着苹果树苗儿呼唤着：“由，快来看，苹果核发芽啦！”

这件事儿让陈景润数日沉浸在快乐之中，也成了全家的热点话题。

## “由，回来了”

自从决定与陈景润白头到老，由昆就做好了照顾他一辈子的思想准备。对他的好奇、敬仰和同情，或许是她决定与这位数学家白头到老的原因之一。婚后，丈夫的优秀品格一再得到验证，她更是无怨无悔地照顾体弱多病的丈夫。

1983年，由昆被调到北京解放军309医院工作，异地生活的难题得到了解决。同时，他们从两居室搬到了四室两厅，知天命之年的他开始真正享受到家庭生活带来的幸福。她晚上一到家便开始做饭，饭后陪同丈夫散散步，这不仅增强了数学家的体质，还有助于他保持其清醒的神志和愉悦的精神状态。

“由，你既要工作，又要做家务，还要带孩子，太辛苦了。”看着总是忙碌的妻子，陈景润动情地说，“由，是你让我享受到家庭的幸福，我感到很充实、很快乐。”

妻子的默默奉献和无微不至的照顾，令陈景润感激不尽。由昆下班回来一开门，总会听到他孩子般的欢呼声：“由，回来了，辛苦啦！”

《十五的月亮》是陈景润的最爱，每当他唱起这首歌曲的时候，都会情不自禁地用双手打着拍子，眼睛深情地望着由昆。

## “由，我在锻炼身体”

陈景润长期被疾病缠身，在每天的晚饭后，由昆都会拉着丈夫到楼下散步。有了儿子后，由昆请表妹来帮助料理家务，有时候自己照看孩子无法分身，就请表妹陪着陈景润到楼下去散步。起初，表妹有些不情愿，总是找理由推辞，由昆开玩笑说：“不要嫌你姐夫长得丑，其实他挺耐看的，看惯了就好了。”由昆的话逗得大家哈哈大笑。“老汉我这副模样有点影响市容。”陈景润的自嘲又引起哄堂大笑。

由昆根据陈景润的性格和体质特点，有针对性地购置了一些健身器材，安装在书房里，并约法三章，要求丈夫每天进行操练。起初陈景润按计划练了几天，随后便开始敷衍，傍晚算着时间，在夫人快到家时，赶紧骑上健身器，等待夫人检查。“由，我在锻炼身体。”待由昆下班回家一进门，他便汇报道。

陈景润一贯疏于打理个人形象，再加上去理发店和公共澡堂都要排队，而他又舍不得花时间去排队，所以头发往往留得比较长。为此，由昆自己学会了理发手艺，亲自帮他理发，并在家里安装了洗浴设施。

## “由，我在等你”

陈景润在住院期间，每天最开心的时刻有两个：一是静静地思考工作；二是看见妻子现身。每当妻子出现在病房门口时，陈景润都欢喜地打招呼：“由，我在等你。”他希望看到妻子，因为由昆已经成为他的精神支柱，他喜欢她一身军装的样子。他总是长时间紧紧地握住她的手，听她说话，他也用只有她听得懂的话，倾诉内心的感受。

“我该回家照看欢欢去了。”听到由昆的话，他才缓缓松开手，恋恋不舍地目送妻子离去。

“由，辛苦你啦！”这成了陈景润告别妻子的专用语。

在陈景润的最后岁月里，由昆白天工作，晚上还要去护理他。他吞嚼食物困难，由昆就耐心地一口口地喂他，长达数年。

由昆每次去病房，都要为身体发硬的丈夫做按摩，特别是按摩头部，边按摩边讲些风趣幽默的故事和社会新闻，令陈景润身心舒畅。

## “由，别生气”

做名人的妻子难，做焦点名人的妻子更难。由昆青春靓丽，活泼开朗，陈景润其貌不扬，性格内向。“他们一定各有所图，一个图年轻貌美，一个图名利地位！”有人议论道。

一天早上，在她上班等车时，一位老太太问由昆住哪栋楼，由昆如实相告。“那可是院士、所长楼啊！”老太太酸溜溜地说。不久，她们又同乘一辆公交车，她凑近由昆饶有兴趣地说：“喂，你听说了吗？陈景润疯了，他媳妇儿正在闹离婚呢！”

“你听谁说的？”由昆问。

“你爸爸不是所长吗？你爸爸没跟你说过吗？”老太太眉飞色舞地说。

“我就是陈景润的爱人。”由昆义正词严地说，“劝你别信谣言，陈景润身心健康，不可能疯，我们更不会离婚！”

“专心学习和工作，是避免烦恼和生气的最佳办法。这是我的经验。”陈景润用现身说法宽慰妻子说，“由，别生气。”

## “由，孩子有好奇心是好事”

“文艺家、政治家、科学家都有个性和好奇心。”陈景润提倡家庭民主，主张培养孩子的好奇心，尊重个性，因材施教。

父亲的书房是儿子捣蛋后的“避风港”。当母亲批评教育孩子时，他却乐呵呵地和稀泥：“由，孩子有好奇心是好事儿。拆玩具说明他有求知欲，他在思考，在探索。我们要以鼓励为主，保护孩子的好奇心，培养孩子的个性。”当儿子把3+2的结果写成6时，陈景润反而笑得很开心。

儿子上小学后，喜欢与父亲交流学习体会和同学关系。陈景润总是认真地聆听，或表扬或分析或建议。他和儿子成了无话不谈的知心朋友。

在欢欢上小学五年级时，望子成龙的陈景润和由昆为儿子报了数学班，但他仅仅上了几堂课就不上了。“孩子无法靠父母打造成材，只有靠他自己。”陈景润并未斥责儿子。后来，他得知欢欢喜好吹小号，便表示鼓励和支持，欢欢如愿以偿地成了学校管乐队的小号手。

## “由……不要提前退休”

盛夏，她为丈夫送来凉爽的西瓜；严冬，她为丈夫端上热乎儿的鸡汤。如果食物大了，硬了，凉了，都会刺激食道，引起痉挛。所以，就连熬粥的米都需要精选。由昆有事业心，工作很出色，但为了更好地照顾丈夫，她产生了提前退休的念头。

“由，你正处在事业的黄金期，千万不要提前退休。你如果想提前退休，我坚决不同意。”陈景润深知妻子钟爱自己的事业，深知自己的身体不会因由昆提前退休就能得到改善。因此，他坚决不让爱人为了照顾自己而告别心爱的事业。

此后，每当陈景润发现爱人在上班时间过来照顾自己，便不安地叮嘱她：“由，我在医院有医生、护士、护工照顾，你放心好了，上班时间不要来，更不能提前退休。你知道你什么时候最美丽吗？是一身戎装时。你是医生，更是军人，永远别脱掉军装。所以，不要提前退休。”

每次照相、录像时，陈景润都希望妻子穿军装。他透露道：“我有解放军的情结，妻子是军医，让我很自豪。所以，我不同意她提前退休。”

## “你们受累啦”

在陈由伟的记忆中，有白色的墙壁和床单，有高高悬挂的药瓶，有一滴滴的药液……这些都是父亲生活中的组成部分。他每天在晚饭后陪母亲到医院为父亲做按摩，一家人有说有笑，这是一天中最开心的时候。

陈景润对妻子说："由，医生的按摩虽然专业，但不如你们，你和儿子按摩的手法让我感觉比专业医师还要好！"他还开玩笑说，"由，你和儿子为了给我按摩，都成了按摩师，你们受累了。"

医生护士在查房时，常开玩笑地问："陈院士，我们和您的儿子相比，谁服务得好？"他都脱口而出道："当然是欢欢了。"

"欢欢辛苦了。"陈由伟记得，每次为父亲做完按摩，他都会这么说。

## "我一定坚持"

1996年3月18日，在陈景润弥留之际，由昆泪如雨下："先生，先生啊！你不能走，你一定要看着欢欢长大，看着他上大学，看着他成家立业。"

"我一定坚持，一定。我……"陈景润的声音越来越微弱。

一个多月前，他还在哼唱《我是一个兵》，对这个世界充满眷恋之情；他还在哼唱《小草》，在人们的掌声中露出甜蜜的笑容。

陈景润生前曾嘱咐妻子："将我的遗体捐给医院做医学解剖。"由昆遵照他的遗愿，将遗体捐献给了医院。

事后，由昆将丈夫的骨灰取回，将一半骨灰安放在书房里，让逝者与家人永世相伴，将另一半骨灰埋进墓地。墓地位于山清水秀的万佛华侨陵园。陈景润生前热爱自然，但难得享受自然，如今终于如愿了。他的墓碑为“1+2”造型，“1”是白色，代表洁白人生；“2”是红色，代表赤诚之心。在黑色大理石基座上刻着：大偶数表为一个素数及一个不超过二个素数的乘积之和——陈景润。

## 子承父业

母亲希望子承父业，但儿子对父亲的数学事业没有“感觉”，而是偏好音乐和体育，尤其钟情于小号。

1996年初春，陈景润在弥留之际，用儿子才明白的眼神托付他：“你要代替爸爸，照顾好你妈妈！”

上了高中之后，陈由伟的身高已经到了1.8米，他成为校篮球队队员。高三时，他收到厦门大学的来函，学校承诺，如果陈由伟到厦大上大学，母亲可以陪读，毕业后负责安排工作。由昆希望儿子自己做决定，由伟的意见是：“我想成为父亲的校友，但不想生活在其光环之下。我不去厦门大学。”

2003年，陈由伟赴加拿大留学，次年，他申请从国际商务专业转到应用数学专业。他在电话中对母亲说：“妈妈，我做的这个决定是理智的，我要用实际行动继承父亲的遗志，把数学作为毕生的事业，也许一辈子默默无闻，但努力了就会问心无愧！”

刚转系时，陈由伟吃了一些苦，但他有思想准备，最终坚持下来了。他曾经半开玩笑地问母亲：“您认为我主动申请转入数学系，算不算浪子回头啊？”

在浩瀚的太空中，“陈景润星”注视和守卫着他的亲人，这位数学家用他高尚的品质引导着热爱他的人们不断前进。

历史承认那些为共同目标劳动因而自己变得高尚的人是伟大人物；经常赞美那些为大多数人带来幸福的人是最幸福的人。

——马克思

# 不忘初心　鞠躬尽瘁

## ——记人民军队兵工事业的开拓者刘鼎

刘鼎是科学家、实业家、革命家，还是出色的地下工作者，在历次革命战争以及社会主义建设中做出了重要贡献。

## 勤奋好学　追求光明

1902年1月8日，刘鼎[①]出生于四川南溪县城一个知识分子家庭，家境小康，母亲慈祥勤勉，父亲严肃传统，全家读书尊礼氛围浓厚。

### 心灵手巧　心手合一

刘鼎自幼喜好锯子、刨子、凿子等工具，在他心目中，这些不仅是心爱的玩具，更是寄托童心与实现梦想的工具。他最喜欢的玩具是一个破闹钟，经常反复拆装，乐此不疲。一天晚上，父

① 刘鼎：本名阚思俊，字尊民，曾化名阚泽民、甘作明、戴忠、戴良等。

亲正扇着扇子与家人聊天，扇子不断发出“哗啦哗啦”的声音。这是一把旧扇子，大家都觉得它发出的声音令人心烦。于是，父亲把扇子递给刘鼎，让他把扇子扔掉。

“爸爸，天热吧？扇子修好了，给您。”第二天晚上，刘鼎把修好的扇子递到了父亲的手上。父亲高兴地接过扇子，试了试，扇子已经完好如初，不破也不响了。

6岁时，他进了县城一家有名的私塾，开始接受中国传统文化教育。在书法、诗歌、琴棋、国画之中，他最倾心于国画。良好的启蒙教育，奠定了他良好的国文基础， 中国文化的基因从此便植根于他的血液和心灵之中，滋养着他的思维方式，引导着他的人文追求。

上小学时，图画、手工、算术是他的兴趣所在，他还养成了善于思考、勤于动手的良好习惯。一天，刘鼎就读的县立高等小学忽然驻扎了一支军队。这支由朱德率领的护国军纪律严明，给刘鼎留下了深刻的印象，朱德成为他心目中的偶像。好奇的刘鼎常常围着部队转，眼睛盯着步枪，期待摸一摸，幻想自己能设计和生产这样的枪。

中学时期，他对数理化、无线电、手工、图画等功课很感兴趣，尤其喜欢做物理和化学实验，总是心到、眼到、手到，心眼手合一。

## 人生道路 萌发初心

1917年秋，刘鼎考入四川省立第三中学，接受南溪著名学者、社会活动家、革命家孙炳文的启蒙教育。在这个时期，他开始关注社会问题，萌发了变革图强的革命思想。他认为自然科学与社会科学是促进人类社会文明不断发展的动力，两者密切相关，相辅相成。他在学生中组织了“劳工团”，积极宣传“劳工神圣”的思想并当选为学生会会长。

刘鼎在江安第三中学和宜宾联合中学读高中时，受俄国十月革命和我国五四运动的影响，和郭伯和、徐韵华、李硕勋、阳翰笙、李一氓等同学一起组织学生会，阅读研讨《新青年》《向导》上发表的进步文章，开展爱国宣传，提倡新文化，反对旧礼教，成为宜宾地区五四新文化运动的骨干。

1923年，刘鼎成为上海大学的首届学生。该大学是由国共两党共同创办的，虽然为合作办学，但国共双方始终在激烈地争夺着学生，都想把他们培养成为本党的骨干。经过慎重考虑，刘鼎申请加入了中国社会主义青年团，确定了人生的奋斗目标。后来，他了解到中国学生纷纷前往法国“半工半读”，便对这种既能参加专业学习又能参加社会实践的方式既羡慕又向往。通过理论学习和社会调查，刘鼎进一步理性地认识到，民族要独立，国家要富强，唯有以马克思主义为指导才能实现，因此在理论上、思想上、行动上更加坚定了社会主义和共产主义理想信念。同年年底，经党组织审核，他光荣地成为中共预备党员。

1924年12月，刘鼎在德国勤工俭学期间，经朱德、孙炳文介绍，在中共旅德支部转为中共正式党员，担任旅德中国社会主义青年团书记。此时，他真正成了一名理论自觉和实践自觉的马克思主义者，实现了人生的飞跃。

## 跳出夔门　飞龙在天

1920年，刘鼎只身登上轮船挥手与家人告别。一阵鸣笛后，轮船缓缓离开码头，沿江而下，两天后抵达千里之外的汉口。他在火车站首次见到了铁轨与火车，感到十分新奇。他报考了心仪的南洋大学，但名落孙山。一天，他在报纸上看到浙江高等工业学校（浙江大学前身）要补招4名学生的消息，立即前往应试，被电机科录取。

浙江高等工业学校创办于1902年，教员为美、英、日等国的专家和留学归来的中国学者，除国文课外，其余各门课程均用英语讲课，学生一律用英文书写作业和考卷，物理和化学实验仪器完备、先进，还有供学生实习的锻工、铸工、机械加工等车间。

寒暑假期间，学校不让学生住校，刘鼎为了补习英语，便寄宿在西湖灵隐寺的四川籍和尚那里，一边补习英语一边打工。毕业时，他有17门课程成绩优异，并熟练地掌握了英语和德语。他对实验课和技能课兴趣极大，掌握了木工、铸工、锻工、钳工、车工等技术。因为他实验做得好，又爱护仪器，实验管理人员经常请他帮助维护和调试仪器，使他进一步了解和掌握了各种仪器的性能和维修技能。

1922年暑期，刘鼎回到南溪渡，大妹说孙炳文先生从北京来过信，表示要带他出国留学。他兴奋不已，立即与孙先生取得了联系，决定前去上海。

## 胸怀祖国　放眼世界

1924年年初，孙炳文从德国回国探亲。同年春，刘鼎跟随孙炳文乘火车前往法国，途经莫斯科时，党组织要求他参加一个月的培训，并将他编入东方大学（全称为莫斯科东方劳动者共产主义大学）学生支部学习马克思主义。在那里，他有幸见到了中国共产党创始人李大钊，并聆听了斯大林做的《论列宁主义问题》报告。

完成培训后，刘鼎与孙炳文等人乘火车前往德国。到达柏林后，孙炳文对他说："你有德文基础，在德国学习、工作和生活没有语言障碍，而且德国是马克思、恩格斯的故乡，是社会主义理论和革命的大课堂，在德国学习和工作一定会收获更大。如果你去法国，首先要花费很多时间学习法语，你还不如就留在德国。"于是，他改变了前去法国勤工俭学的计划，到中共旅德支部报到了，并先后进入哥廷根大学与柏林大学学习。在哥廷根大学，刘鼎主要学习了金属材料、机械加工、枪炮制造等课程，结识了少年时期心目中的偶像、川军名将朱德。

1925年，中国爆发了五卅运动，国内急需党政干部，因此组织决定从旅欧总支部抽调50名党员回国，其中就有刘鼎。党指派他在柏林负责组织、接待工作。他参加了中国旅欧留学生进驻北洋政府驻德国大使馆的行动，要求北洋政府驻德大使签字并致电国内，反对帝国主义侵略中国，声援五卅运动。但公使魏宸祖避而不见，刘鼎便跟随朱德等人冲进公使馆，逼迫其签字。事后，魏宸祖勾结德国政府，将刘鼎等人逮捕并驱逐出境。在他们途经莫斯科时，党组织决定让刘鼎留在苏联进一步学习深造。

1926年，他进入彼得格勒空军机械学校学习航空专业，同时担任中国留学生的政治指导员。1928年，他进入东方大学学习，担任中国留学生军事班的俄文翻译，翻译了《兵器结构》《爆破原理》《无线电技术》等教材，同时掌握了兵器构造、爆破原理、无线电技术、电报电话等专业知识，担任了中共东方大学总支委员和军事班支部书记等职。

1929年，刘鼎奉调回国，途中因“中长路事件”受阻。在滞留的几个月中，他研读了苏联出版的《迫击炮学》书籍，加入了刘伯承指挥的远东游击队，担任指导员和武器教员。

## 出生入死　特科生涯

1927年“四一二”反革命政变后，中共中央特科成立，并成为我党最早的情报和保卫机构。中央特科藏龙卧虎，传奇人物比比皆是，有声震中外的名将陈赓，有党的电讯事业创始人李强，有战斗在国民党核心特务机构的“龙潭三杰”——李克农、钱壮飞、胡底，有打入国民党淞沪警备司令部的“大宋”（宋启荣）、“小宋”（宋启华），有活跃在社会各界的济世名医柯麟，有潜伏在敌人心脏的“福将”陈养山，有神出鬼没的“大块头”欧阳新，有血染沙场的陈寿昌……他们是一群出生入死面不改色的赤胆英雄。

## 联络保卫工作

1930年春，刘鼎从苏联回到上海，被安排在中央特科工作，任二科副科长（科长为陈赓），陈赓把重要情报关系人杨登瀛和杨度交给刘鼎进行单线联络，由他负责情报收集和中华苏维埃区域代表大会安全保卫等工作。

杨登瀛和杨度是清末和民国时期的重磅人物，经历复杂的他们最后走上了革命道路，自觉接受了马克思主义，在白色恐怖之中努力工作，为党和人民做出了不可替代的贡献。

## 借枪锄奸

有一次，特科红队（锄奸队）要执行惩办叛徒的任务却没有手枪，怎么办？上海滩有三教九流，人员组成很复杂。刘鼎想到有个警察晚上常到一个地方巡逻，心想："何不就地取材呢？"经过侦察，他们摸清了情况，在晚上突然发动袭击，堵住了这个警察，几个人扭住警察的胳膊，用笤帚疙瘩顶住腰，厉声道："不老实就打死你。"警察吓得魂不附体，连声求饶："有什么事儿好商量，千万不要开枪。"刘鼎迅速缴了他的手枪，用枪口顶着警察的脑门儿警告："如果你去报告，就枪毙你。我们只是借你的家伙玩玩儿，三天后这个时间在这儿还给你，还有赏钱。"这个警察知道自己惹不起各路神仙，不愿自找麻烦，所以不敢报告。在刘鼎他们完成锄奸任务之后，租界的巡捕房查来查去也没查出结果。

## 收集情况　准备起义

1930年春，中共中央负责人李立三要在上海进行武装起义，要求中央特科调查帝国主义和国民党在上海的军事、政治、经济等情况。刘鼎的任务之一是摸清帝国主义列强每艘军舰上有多少门炮。这些军舰不准中国船只在附近来往，擅自闯入的随时可能被击沉，只有进港的航船经批准后可借路通行。刘鼎设法搞到一条船，伪装成进港的船只办理了入港手续，对各国军舰和火炮的数量进行了摸底，并设法得到了吴淞炮台的地图；另外，为了掌握外国兵营的情况，他又到兵营门口摆摊儿，观察每日进出人员和物资往来情况，并推算出人数；在调查监狱和街道分布及建筑物时，他连建筑物的层数、结构和质量，街道如何交叉，以及外滩的每幢大楼有多高，楼间距有多大等，都摸排得清清楚楚；为了在起义后能控制上海经济局势和金融市场，他还对各大银行、商号做了详细调查。

## 与爱人并肩战斗

1930年夏，刘鼎的爱人吴先清调到中央特科工作，负责保管、传送中央文件和情报。她的弟弟吴全源从浙江陆军监狱获得保释后，到上海来找她。吴先清了解到弟弟被释是因为得到了国民党上海市党部委员、国民党社会调查处专员陈宝骅的担保。当得知陈宝骅推荐弟弟任当局发行的《新生命》月刊总务主任时，她灵机一动，计上心来，报经陈赓同意后，把秘密联络站设在该刊发行处的楼上，从而获得大量情报，包括一些被捕人员在狱中的情况。

## 清除叛徒

1930年4月，党组织指示黄埔军校一期毕业生黄第洪从莫斯科回到上海，参加第一次全国苏维埃代表会议，随后派他去苏北游击区工作。不久，他却擅自潜回上海闸北区，给周恩来写信谎称自己在苏北暴露了身份，被敌人追捕得很紧，因此回上海避避风头，请组织安排自己到中央机关工作。周恩来在回信中约定了面谈的时间和地点。

接到周恩来回信后，黄第洪给蒋介石写信，以学生身份告诉“蒋校长”自己要“洗心革面，重新做人”，并将与周恩来会面的时间和地点告诉了蒋介石，表示要配合国民党政府抓捕周恩来等人，请求向“蒋校长”当面汇报。

蒋介石将信转给了陈立夫，陈批给了党务调查科主任徐恩曾，任务最后落到了驻沪特派员杨登瀛的手上。他立即约黄第洪见面并强调：“我以南京特派员的身份确保你的安全，但你怎样证明你的自首是真的？”

黄第洪立即和盘托出了自己与周恩来在黄埔军校的师生关系，保证再见面时把周恩来的回信带来，并协助军警当场抓捕周恩来。

杨登瀛与黄第洪分手后，立即把黄第洪的情况告知刘鼎，刘鼎找到陈赓，共同制订了锄奸计划，报周恩来审批。

7月26日，在周恩来约定面谈之日的早上8点，黄第洪接到杨登瀛的指令：“11点，城隍庙西街口，务必将家伯亲笔信带来。

堂兄。”黄第洪见指令喜出望外，认为升官发财的机会到了，于是提前赴约。他刚到城隍庙西街口道边的树荫下，就见一队人骑着自行车由远而近向他冲过来，还没等他看清骑车人，就听到两声枪响，便一命呜呼。

## 营救关向应

1931年夏，中共中央政治局候补委员关向应在英租界被捕，同时还有一箱文件被扣压。杨登瀛去巡捕房了解情况后得知，英方不清楚关向应（化名李世珍）的真实身份，而且他们不懂中文，那箱文件暂时被搁置一旁。

国民党当局对这箱文件很感兴趣，于是派人索要。英方认为，人和箱子是在租界被抓捕和收缴的，应该由巡捕房来处置。陈赓得知此事后，安排杨登瀛找到英国巡捕房探长兰普逊，表示愿意帮助鉴别。根据周恩来的指示，陈赓派刘鼎前去“鉴别”。于是，杨登瀛便把刘鼎作为“专家”介绍给了兰普逊，这样刘鼎就有机会进入英方的保密室，独自对文件逐一进行检查。他把重要文件抽出来藏在身上，分批带出了巡捕房。

经过一番“鉴别”，刘鼎请杨登瀛告诉兰普逊，被捕人是学者，从他家抄的文件都是学术资料。于是兰普逊将“犯人”转交给龙华淞沪警备司令部，国民党当局也未能发现任何破绽。1931年年底，关向应获释，之后奔赴湘鄂西苏区。

# 两次被捕

在第二次国内革命战争中，身为党的地下工作者和红军干部，刘鼎两次被捕入狱，经历了血与火的考验，表现出了大智大勇的革命英雄主义气概。

## 第一次被捕

1931年4月，中共中央政治局候补委员、主持中央特科日常工作的顾顺章在湖北汉口被捕，继而叛变。周恩来立即报请中共中央批准，对中央特别委员会及中央特科进行组织调整。将与顾顺章有过工作关系的陈赓、李强、陈养山、李克农、钱壮飞、胡底等同志进行了秘密转移。

中央特科改组后，潘汉年担任二科科长，刘鼎仍任副科长，负责联系国民党改组派的接头人“高先生”。“九一八”事变后，国民党派系矛盾进一步激化，改组派掀起“倒蒋”运动，中共中央高度重视并密切关注，积极工作。

1931年10月10日，刘鼎按约定准时前往上海外滩与“高先生”秘密接头，一到接头地点便感觉情况异常，为了保护相关人员的安全，他立即发出了警示信号，因此被捕。

刘鼎被捕后化名甘作明，先在龙华监狱被关押十余天，后被南京宪兵司令部判刑两年，送到南京陆军监狱服刑。一天，顾顺章到监狱巡视时发现了他，便走进牢房劝解道：“你既然也被抓了，就赶紧把自己干过的事情都交代清楚，保命要紧。”刘鼎分析顾顺章话的意思，判断他对自己的工作内容并不清楚，便附和着回应道："你是我们的大领导，我在你手下干的那点事儿瞒谁也瞒不了你，都交代清楚了。"顾顺章为了向国民党当局表明自己的诚意，曾反复表示，已把中共特科的全部情况交代完了，所以，听刘鼎这么说，认为间接地证明了自己的说法，感到挺得意。

不久，刘鼎通过秘密通信方式，与党组织取得联系，报告了有关情况。为了营救他出狱，党组织采取了多种方式进行疏通，潘汉年派吴先清和刘鼎的嫂子孙儒珍以亲属探监的方式，向刘鼎传达了党组织要求"随机应变，争取早点出狱"的指示，让他在不危及党的利益的前提下进行灵活应对。

20世纪20年代，孙儒珍在北京读书时，与河北保定军校的同乡关系密切；30年代，这些同乡有的已经成了国民党军警要员。为营救刘鼎出狱，吴先清请嫂子出面活动，寻求他们的帮助。孙儒珍找到了国民党南京警察厅督察处长李进德，他了解来意后，担心她们的人身安全，便留她们住在自己家里，然后亲自找到国民党空军司令周至柔，让他帮助疏通搭救。吴先清与周至柔是同乡，她哥哥吴全清曾任周至柔的机要文书，双方关系一向紧密。所以，周至柔一见吴先清便哈哈大笑道："绿客婆（临海方言，意即土匪婆）来了。"吴先清坦言道："是的，我来了就没想再从这里走出去，要么请你想办法把刘鼎放出来，要么把我也关起来，请周司令看着办。"周至柔没有为难吴先清，他通过疏通关系，为她找到了探监的机会。

1933年年初，刘鼎由康泽等人作保获释。在出狱之日，他先找到南京地下交通站，然后连夜乘火车到达上海，向组织汇报了自己的被捕经过，表示将配合组织审查，等候组织安排工作。

## 第二次被捕

1934年4月，中央红军在第五次反围剿的“广昌战役”中失利，被迫开始进行战略转移——长征。11月下旬，闽浙赣苏区的中心葛源失陷，方志敏率领红十军团以“北上抗日先遣队”的名义向皖南挺进，策应中央红军的西进，刘鼎率领兵工厂的员工和游击队在仙霞岭一带坚持打游击。1935年5月底，刘鼎等人在弋阳南山与国民党军队遭遇，在与敌人的肉搏战中刘鼎被捕，被关押于江西九江俘虏营。

刘鼎面对物质利诱和残酷刑讯，始终坚称自己是技工，一口咬定自己是途经苏区时被红军俘虏的。敌人问他：“你会修汽车、收音机吗？”他连连点头称：“会，会，会。”他给敌人修好了收音机，又修好了汽车，于是敌人放松了警惕。后来每次修好汽车，他还被允许驾车到俘虏营外边去试车，有时还能外出买菜、购置工具，这样一来，刘鼎几乎成了俘虏营中的修理工和勤务兵。他通过外出试车和购物的机会，对俘虏营周围的地形、环境、道路等进行仔细观察，掌握了公交汽车和轮船的相关信息，在头脑中反复酝酿如何重获自由的行动方案。

1935年秋，借俘虏营食堂管理员叫他外出买菜之机，刘鼎到江边码头上了一艘驶往上海的轮船，他把买菜的钱给了水手，然后躲进货舱随船到了上海。他到上海后一时未能接上组织关系，便找到曾在中共中央特科工作、后来在共产国际中国组工作的蔡叔厚。蔡叔厚安顿好刘鼎，立即找到美国共产党员、著名记者史沫特莱，请她帮助寻找中共上海地下党组织，在此过程中，刘鼎与史沫特莱成了好朋友。

# 人民军工泰斗

“子弹和炮弹能有效覆盖的范围是有限的，而科学技术所能覆盖的范围是无限的。”刘鼎始终这么认为。

## 开启我军火炮研制先河

1933年春，刘鼎化名戴良，根据党组织的指示，从上海秘密潜往中央苏区。途经赣东北时，秘密交通线遭到破坏，他只能伺机而行。独具慧眼的赣东北苏区领导人方志敏立即向党中央请示并得到批准，任命刘鼎为赣东北苏区军区组织部部长、红军第五分校政委。

方志敏领导的闽浙赣苏区工农红军的武器装备十分简陋，很多红军战士的作战武器仍是冷兵器。虽然红军指战员的战斗意志顽强，一不怕苦，二不怕死，但因武器落后，导致作战效率低下，战损率惊人。方志敏视刘鼎为无价之宝，反复强调说：“你有武器方面的专业知识和生产经验，帮助红军生产枪炮是你目前最迫切的工作，这项工作对于我们的革命事业功德无量。国民党反动派在我们根据地周边修了大量碉堡，我们作战时，因为没有火炮，难以摧毁敌人的坚固碉堡，经常处于被动挨打的局面，造成大量伤亡。所以，请你为我们红军制造火炮，打破碉堡对我们的封锁。”

很快，刘鼎兼任洋源兵工厂的政委，主要负责火炮的设计、研制。该厂没有技术人员，工人由铁匠、木匠和石匠等组成，只能手工生产地雷、手榴弹，修理枪械。他与老工人反复设计，利用手摇车床和简易工具，经过数月试验，造出了三门35毫米口径的迫击炮和一批炮弹，开创了中国工农红军火炮制造事业的先河。方志敏闻讯后，特意赶到兵工厂慰问大家，并鼓励刘鼎尽快组建一支炮兵队。

有一次，在进行火炮实弹射击时，炮弹发生爆炸，弹片嵌入刘鼎的腿部，顿时血流如注。如不及时手术，他将有生命危险，但是当时却没有麻药。

“请立即手术，没麻药我也能挺得住！”刘鼎说完，在嘴里咬住一根树棍，几个人扶住他的身体便开始进行手术。手术中他强忍剧痛，咬断了树棍，牙齿咬得吱吱作响，额头不停地冒出黄豆粒大的汗珠。

手术后，他一边养伤一边从中国工农红军学校第五分校中挑选人员组成了炮兵队，进行实战培训。在一次突围战斗中，他亲自带领炮兵队利用红军制造的火炮摧毁了敌人的碉堡，红军士气大振，成功突围。

## 创我军制式步枪研制先例

1938年10月，中共六届六中全会决议强调：“游击战争的军火接济是一个极其重要的问题，每个游击战争根据地都必须尽量设法建立小的兵工厂，办到能自制弹药、步枪、手榴弹的程度，使游击战争无军火缺乏之虞。”刘鼎在晋冀鲁豫抗日根据地认真贯彻落实会议精神，因地制宜建设兵工厂，到1939年6月，即八路军总部成立军工部时，他已经组建成了七个兵工厂，为根据地的巩固和壮大发挥了不可替代的重要作用。

1940年4月，刘鼎被任命为八路军总部军工部部长。他以抗战需求为导向，针对根据地三家步枪厂产品规格、性能、零件各异且生产效率低、质量差、成本高等问题，决定实施标准化、制式化建设和生产。他根据八路军山地作战的特点，以及根据地设备、技术与物资等条件，吸收国内外各种步枪的优点，组织协调科技人员共同研究、设计和生产了枪身短、刺刀长、重量轻的步枪。

该制式步枪重3.36公斤，口径7.9毫米，具有枪体轻巧、外形美观的特点，枪的准星被彭德怀将军誉为“天下第一准星”。该枪的三棱刺刀能自动展开和便捷固定，不用时刺刀反贴在枪管上，肉搏时按动键钮一甩刺刀即可自行固定，对争取时间和格斗胜利至关重要。刺刀三面开槽，凹槽易导血，刺中易拔出，刀身经淬火硬度倍增。行军时，刀刃反光弱，便于隐蔽。

1940年6月，该枪被送到延安，参加第一届“五一”工业展览会。当时，枪还没有取名，暂称“无名式”马步枪。毛泽东主席在参观时，亲手拿起这支枪，拉动枪栓，瞄了瞄准，高兴地对陕北工业局长李强说：“我们自己也能造枪了！这个枪使用方便，造得好！很漂亮啊！要创造条件多生产，支援前线。”该枪在展览会上获得甲等产品奖。

1940年7月，八路军总部军工部部长刘鼎带着新枪来到八路军总部汇报，受到彭德怀、左权的赞扬。这一年的8月1日，八路军总司令朱德建议将“无名式”马步枪命名为“八一式”马步枪。

从此，广大指战员们无论是在射击还是在拼刺刀上，都有了与日本“三八式”步枪相抗衡的利器，作战能力大幅提高，伤亡率大幅下降。

## 研制掷弹筒

因武器装备落后，近战、夜战成了八路军战术战法的主要选择，但日军常常使用掷弹筒来化解八路军的这一战术优势。掷弹筒是日军步兵装备的单兵火炮，口径50毫米，射程500米，适于山地作战，便于携带和操作。

为了贯彻落实彭德怀将军关于“敌人有掷弹筒，我们也必须有”的要求，刘鼎立即组织开展研制掷弹筒。要研制掷弹筒和弹药，必须先解决原材料和加工问题，这必须满足三个条件。

首先，掷弹筒筒身需要用优质的钢材。根据地没有这种钢材，刘鼎使用敌占区的铁轨来代替粗钢材，以保障生产需求。

其次，炮弹对钢材的需求量大，光靠铁轨难以为继，因此炮弹生产只能采用太行白口生铁，但白口生铁加工难度大，辅线需专用设备加工，根据地没有这个技术条件。刘鼎经过论证后决定采用滑膛筒身方案，同时增加掷弹筒长度，以确保射击精度。

第三，白口生铁是土法冶炼的，含碳量高，质硬而脆，机床无法加工。当时唯一可行的办法是将白口生铁处理成能够加工的铸铁。为此，刘鼎指导实验小组，把国外铸铁韧化处理工艺与太行烟火技术相结合，研制出火焰反射加热炉，对白口铸铁弹体实施焖火处理，使弹体表面软而韧，从而便于加工。

1941年4月，八路军的掷弹筒研制获得成功，射程700米。从此，八路军有了能与日军掷弹筒相抗衡的武器。而且，其射程优势还为八路军赢得了先机，使之掌握了战斗的主动权。

## 研制无烟炸药

太行山地区八路军兵工厂生产的黑色火药，既可作为炸药使用，又能当作发射药使用，但其杀伤力和安全性较差。为满足掷弹筒弹、地雷、手榴弹、炸药包和复装枪弹等对更好性能火药的需求，刘鼎开始组织研制新型无烟炸药。

研制无烟炸药的必备原料是硫酸。硫酸有“火药之母”的美名，制造方法有铅室法和接触法两种。太行革命根据地不具备上述生产条件，必须另想办法。经过调研和反复试验，刘鼎他们按铅室法原理，将陶制大缸垒成蒸馏塔以代替铅室，就这样，八路军兵工厂掌握了生产硫酸的技术流程。

刘鼎组织兵工厂土法上马，反复试验，以硫酸为主要原料，研制出了枪弹用无烟炸药和发射药，并自行设计制造了无烟炸药打浆机、胶化机、辗片机、切片机等一系列生产设备，生产出了可以满足枪弹、炮弹需要的无烟发射药和炸药，提高了部队战斗力。

1941年年初，刘鼎按照中央军委“关于普遍设立炸弹制造厂”的要求，向中央建议每个军分区成立一个手榴弹厂，所需的技术骨干由军工部选派；根据地以县为单位组织地雷生产，军工部负责供应雷管、培训技术骨干。3月，军工部开办“地雷训练班”，分批分期培训武委会主任和民兵队长。刘鼎亲自讲授地雷制造和爆破知识，并针对培训需求，亲自撰写了《地雷制造与使用法》《各种地雷触发装置法》等小册子，在太行革命根据地掀起了“村村造地雷，户户有地雷”的运动。

为了贯彻执行“敌进我进”的作战方针，八路军向敌占区派遣了大量的“敌后武工队”。为了适应武工队的斗争需要和提高作战效果，刘鼎组织太行军工部研制了武工队专用的短枪和弹药，满足了武工队的作战要求，充分发挥了武工队的特长，谱写了抗日战争的新篇章。

抗战期间，刘鼎领导的太行军工部先后生产掷弹筒2500门，修炮千余门，复装和新制枪弹223万发、掷弹筒弹19.8万发、迫击炮弹3.8万发、手榴弹58万枚，协助地方生产手榴弹、地雷上千万个。

1941年5月，他根据八路军军工事业的需要，创办了我军第一所兵工学校——太行工业学校（现为中北大学）。1944年1月，刘鼎奉命回到延安，任陕甘宁军工局副局长、延安摩托学校校长、延安抗日军政大学特科大队大队长兼政委。1945年冬，他率队前往东北，在热河被任命为晋察冀解放区军工局副局长，负责接收张家口、宣化等地的重工业部门。

1946年 5 月，他在宣化建成82毫米迫击炮弹生产线并成立了引信技术小组，研究试制苏式、美式及自造的引信。他取长补短，吸收美苏技术长处，绘制成引信制作标准图发往晋察冀和晋冀鲁豫各军工厂用于改装新引信，提高了炮弹质量。此后他又在河北灵丘等地，建成了发电厂、枪弹厂、炮弹厂、手榴弹厂等，为解放战争的胜利做了必要的物质准备。

## “土飞机”“土坦克”

在解放战争中，朱德总司令要求刘鼎尽快研制攻坚战所需的武器装备，即能够摧毁碉堡、城墙的大炮和炸药包。刘鼎迅速成立了技术与机械研究所，开始进行研制生产。

刘鼎根据要求和技术指标，因陋就简、就地取材，亲自设计和生产了形状各异、实效明显的“炸药包投掷器”和“圆盘炸药包”。比如，将废旧氧气瓶改作“炮筒”，给它配备支架和摇架，又设计了长尾杆、带尾翅、挂炸药包的“圆盘”炮弹。经过反复试验、不断改进，这个“炸药包投掷器”可以把一二十公斤重的炸药包投掷二三百米远，能够有效地摧毁敌人的碉堡、城墙。

1947年秋，刘鼎把“炸药包投掷器”和“圆盘药包弹”的标准图纸、说明书和样机发往各兵工厂，用于扩大生产，从此这种武器就源源不断地装备解放军，在解放太原的战斗中特别是在平津、淮海战役中大显神威，使我军的炮火威力首次压倒了国民党军队。这种其貌不扬的“炸药包投掷器”和“圆盘药包弹”，被毛泽东主席赞为“土飞机”“土坦克”。

## 描绘新中国兵工发展蓝图

1949年10月1日，新中国成立了。在开国大典上，刘鼎受邀登上了天安门城楼主席台。之后，刘鼎出任中央重工业部副部长、重工业部兵工办首任主任，分管兵工、机器、汽车、船舶及电子等行业，成为我国兵器工业的创始者、奠基人、组织者。

“新中国不仅需要用枪炮来保卫和巩固，更需要用科学技术来强筋壮骨。”历经战火考验的刘鼎认为，“国家要富强，民族要复兴，必须实现工业化，特别是实现科学技术现代化。”

1949年9月下旬，中央财政经济委员会组织了一个以刘鼎为团长、沈鸿为副团长、各大行政区重工业部门负责人和专家参加的重工业考察团。在考察团中，东北区有吕东、周建南、程明升、顾敬心等；华东区有汪道涵、郓震、褚应璜、吴恕三等；华北区有崔中、郭栋材等；中南区有曾志等。

10月3日，重工业考察团从北京出发前往东北，在沈阳铁西区参观了机床厂、重机厂、变压器厂、有色金属冶炼厂等，而后又参观了鞍钢、本钢、抚顺露天煤矿、大连造船厂、吉林小丰满水电站等；在天津，考察团参观了新港造船厂、塘沽碱厂；在上海，他们参观了江南造船厂、上海钢厂、虬江机床厂等。

同年12月，刘鼎赴重庆考察了第21兵工厂及鹅公岩分厂、第10兵工厂、第20兵工厂及磁器口分厂、第50兵工厂等。1950年1月，他对山西兵工厂和太原钢铁公司进行了考察。同年7月，他与原总后勤部杨立三部长联名向中央军委建议：制定中国制式武器系列型谱；建立兵工科研机构，开展新型武器研制；制定更新兵器工业生产纲领，改造生产技术条件；等等。

1950年10月，美国把战火烧到鸭绿江畔，严重威胁新中国的安全，刘鼎适时地把正在召开的全国第一届兵工会改为战备动员会，将兵工生产转为战时状态。抗美援朝战争初期，武器装备落后的志愿军无奈之下只能靠手榴弹、爆破筒和炸药包与敌人的装甲部队作战。刘鼎以志愿军需求为导向，立即组织研制了90反坦克火箭筒和配用的两种火箭弹、57毫米和75毫米无后坐力炮、反坦克手榴弹和反坦克地雷等武器装备。

1951年年初，中央军委兵工委员会制定了提早建设兵器工业的方针。同年4月，兵工总局成立，刘鼎兼任局长。5月，刘鼎随同以总参谋长徐向前为团长的中国兵工代表团赴苏联谈判，讨论苏联援助我国兵工建设事宜。这次谈判的主题是争取苏联提供武器弹药制造的技术。10月，中苏两国签订了《关于中国工厂获得制造苏联型式枪炮弹药特许权和交付苏式枪炮弹药样品、生产技术资料及必要时派遣苏联专家给予技术援助的协定》。

回国后，刘鼎组织兵工总局根据我国实际情况和中央军委总参谋部对战备的要求，经过反复分析研究，提出了《兵工工厂调整计划纲要》和《新兵工厂五年建设大纲》。同时，他对从苏联带回来的有关专业技术（例如电火花切割、钻小孔、金刚石模具、新刀具等）的书籍进行了翻译。

新中国成立初期，我国还不具备制造汽车的能力，汽车工业领域处于空白状态。1951年他去苏联参观高尔基汽车制造厂时，开始筹划中国汽车工业的蓝图。同年年底，刘鼎主持专题会议，研究制定我国汽车工业的发展战略和工作规划。1952年3月，重工业部成立了汽车工业筹备组，郭力任组长、孟少农任副组长。经中央财政委员会批准，第一汽车制造厂建设项目被列入国家第一个五年计划。

1952年5月，中央军委兵工委员会印发了《关于兵工问题的决定》，确定了中国第一批18种陆军制式武器的型谱（其中仿苏武器15种，自行设计3种）以及配套弹药；批准了兵工总局上报的工厂调整计划纲要和新建工厂大纲，并明确了按专业化分工调整老厂的生产纲领和技术改造的原则。为落实该项决议精神，刘鼎组织制定了《兵器工业调整和建设大纲》，决定将41个兵工厂调整为38个，新建9个。

1952年8月，政务院进行机构调整，我国成立第二机械工业部，统一管理兵工、航空、电子等工业部门。兵工总局改成该部第二局，刘鼎担任副部长兼二局局长。为迎接制式化武器的试制，推进国防工业建设正规化、专业化，刘鼎根据需求和形势，力主创立了工厂设计所、技术推广情报研究所、火炸药研究所、弹药研究所、技术资料翻译所等科研技术部门。这批兵工研究机构为提高兵器研制的科学技术水平、培养军工专业技术人才奠定了基础，成为我国发展常规兵器的基石。

在此期间，刘鼎开始筹划建设太原重型机器厂。该厂由华北兵工局负责筹建，从图纸设计、土建施工、设备采购到物资调拨以及非标准设备制造，全部由我国独立完成。刘鼎既是该工程的策划人，又是组织领导者。

为了发展我国造船工业，针对大连、上海、天津、广州、武汉等地造船厂各自为政的情况，刘鼎建议在船舶工业基础较好的上海设立船舶工业局，作为中央重工业部的派出机构。他的建议得到了中央的支持。

## 平战结合　军民结合

1957年，刘鼎根据中央提出的国防工业“平战结合、军民结合”的方针，总结新中国国防工业建设的经验教训，组织制定了《在和平时期发挥国防工业的生产能力，组织生产民用产品的办法》，积极组织兵工企业发挥自身优势开发国民经济所急需的重大装备，如拖拉机、汽轮机、发电机、大型压缩机等，以填补我国机械工业的空白。比如，他指导工厂瞄准国家急需的民用设备，成功研制了氮肥厂急需的大型气体压缩机，得到了周恩来总理的夸奖。

1958年年初，一机部、二机部与电机部合并成为新的一机部，刘鼎出任一机部副部长，继续分管兵器研制等工作。他组织东北军工力量，在齐齐哈尔富拉尔基区第一重型机器厂研制了12 600吨水压机，使我国重装备制造跨上了新台阶。该装备为生产大口径岸炮、舰炮等创造了条件。

1960年9月，国防工业从一机部分分出，组成第三机械工业部，刘鼎被任命为三机部副部长，主管科技工作和兵工生产等。他深入基层广泛调研，理性分析论述了中国国防工业技术水平与国外先进水平的“十大差距”，提出了“加强技术基础建设，重点扶植精密机械加工、电子技术、新工艺、新材料以及大力培养人才”等建议，推广了电解加工、机夹刀具、组合夹具、金刚石工具、喷丸强化、滚压加工、高能成型等一系列新技术、新工艺。

## 组织研制歼八战机

1963年，刘鼎担任三机部党组副书记、常务副部长，兼航空研究院院长，负责组织几种型号飞机的设计、研制和批量生产工作。

他的工作重点是组织设计和研制歼-8战斗机。该机是歼-7战斗机的升级版，属于第二代高空高速战斗机。该机装备有两台涡喷-7甲（WP-7A）发动机，最大马赫数为2.2。机上装备有一门23毫米双管机炮，全机7个外挂点，可以使用霹雳-2、霹雳-5、霹雳-8短程空对空导弹和霹雳-11中程雷达制导空对空导弹及无制导航弹与火箭弹。

20世纪50年代，台湾海峡气氛紧张，国民党当局持续派出U-2高空侦察机和无人驾驶侦察机窜入大陆上空，美军也派高空侦察机入侵中国领空，企图获取军事情报；核试验和火箭试验基地更成为敌机侦察的热点地区。而解放军歼击机的高空性能有局限，难以击落敌高空侦察机。为了应对这种情况，1958年，我国开始了东风107歼击机和东风113高速歼击机的研制工作。

东风107是沈阳第一飞机设计室设计的超音速全天候歼击机，该机的主要指标是：最大速度为音速的1.8倍，升限2万米，装备两台发动机。该机从1958年8月开始设计；1959年5月投入试制；一个月后，原设计出现重大修改；11月，研制中止，科研力量转而投入东风113飞机的研制。东风113是一型由军事工程学院设计的高空高速歼击机，设计指标是：最大速度为音速的2.5倍，升限2.5万米。由于设计指标过高，所需材料、零部件、武器及发动机都是全新的，需要从头开始研制，脱离了当时中国科技水平和工业基础的实际，该研制项目在1961年宣告下马。

新型歼击机项目的失败带来的教训很深刻。刘鼎认为，高指标歼击机研制失败的原因主要有两个：一是尚未建立专业配套的科研设计机构，不具备成熟的科研试验条件；二是设计队伍本身缺乏足够的经验和必要的储备。

痛定思痛，刘鼎认识到下一步研制工作必须以问题为导向，从需求和技术可能性两个方面来分析、研究和决策。经过调研论证，刘鼎提议并组建了航空研究院，建立了一系列研究和试验机构，全面系统地开展从飞机整体设计到发动机、仪表、电器、附件等零部件和武器装备的研制以及空气动力、结构强度、救生、光学机械、自动控制等方面的研究工作。其中，沈阳飞机设计研究所建立了总体、气动力、强度等13个设计室、3个实验室、1个试验工厂，为自行设计歼击机做好了组织安排和技术准备。

早在1961年，刘鼎便前瞻性地组织了飞机设计技术人员对米格-21飞机进行系统的“技术摸透”工作，主要步骤为：一是根据仿制需要，摸清主要的生产技术问题，包括技术关键和材料；二是结合仿制活动，通过必要的试验研究，摸透设计思想、技术路线。

1962年5月，航空研究院和航空工业局决定，正式启动摸透米格-21飞机的工作。在对米格-21飞机的“技术摸透”工作中，完成了飞机强度计算报告的校核、机头锥强度计算、机翼的强度与刚度计算、飞机战斗性能分析、空气动力特性校验计算等工作。这些计算和试验工作，既补充和校核了我国飞机设计的技术资料，又帮助科研技术人员学习和掌握了原设计的方法。

1964年5月，刘鼎在新机改进改型方案会议上提出，在米格-21的基础上设计性能更好的歼击机，方案在同年10月进行了论证。在论证会上，沈阳飞机设计研究所提出了单台和双台发动机两种方案。前者需要新研制大推力发动机，后者则使用成熟发动机（涡喷7甲）改进型。

当时，在使用单台发动机还是使用两台发动机问题上，两种意见僵持不下，双方都来找刘鼎，希望他能支持采纳自己这一方的工作方案。刘鼎认为，要大力支持、鼓励科研工作的创新发展，特别是在基础性科研方面。因为只有持续创新，才能不断缩小与国外先进水平的差距，我们不可能永远走模仿的道路。在研制新型号飞机的工作中，必须把握好科学性、可行性、操作性和可靠性的辩证关系，同时要考虑到技术、材料、工艺、试验设备等方面的条件是否相互匹配，把主观意识与客观实际协调统一起来。通过论证，刘鼎认为采用双发动机方案具有可行性和操作性，支持该方案，为新飞机研制成功打下了良好的基础。

1965年5月17日，沈阳飞机制造厂启动了新型歼击机的研制工作，并且确定了这款歼击机的名字：歼-8。

“文革”初期，刘鼎力排干扰，使歼-8的研制工作按计划推进。1968年7月，首批两架歼-8飞机完成总装。1969年7月5日，歼-8飞机进行首次试飞，一飞冲天。

# “西安事变，刘鼎同志是有功的”

“我的一生，主要做了两件事，参与‘西安事变’的和平解决和人民军工的建设。”刘鼎认为。

## 潜伏上海　等待时机

1934年初冬的一个夜晚，美国记者史沫特莱带刘鼎来到英租界工部局工业科督察长艾黎家里暂住藏身。艾黎是新西兰人，1927年来到中国，积极参与上海的国际性马列主义学习小组的有关活动，客观公正地撰写了一系列文章，在外媒上介绍中国人民的抗日战争。他利用自己的特殊身份，冒险把自己家作为各国共产党员的避难所和栖身之地，负责共产国际秘密电台的英国共产党党员甘普霖同志就长期在他家隐蔽。

后来，艾黎的住所受到不明身份人员的秘密侦察，为了确保安全，他将刘鼎送到宋庆龄家。在宋庆龄家里，刘鼎有幸与她长谈，他坚定的信仰、过人的胆识、丰富的经历和干练的言行，给宋庆龄留下了深刻印象。

不久，张学良从西安秘密抵沪，会见东北抗日义勇军将领、吉林省自卫军总司令李杜，同时寻找中共中央的代表。张学良与宋庆龄见面后，得知中共中央的组织已经不在上海，便请她继续帮助寻找，以便协商共同抗日之事。宋庆龄想到了刘鼎，就请史沫特莱沟通此事。

1936年3月初，中共秘密党员董健吾找到刘鼎，强调张学良对“联共抗日”颇感兴趣，希望请一位出色的共产党员到西安去，留在他身边工作，负责他与中共中央的联络工作。董健吾一再说明，这是宋庆龄推荐的。当时，刘鼎有些犹豫，因为自己是国民党当局的通缉犯，到“剿共”司令身边工作，可能是自投罗网，凶多吉少。但经过理性考虑之后，他坚定地表示，为了党的事业和抗日大局，甘愿冒险，哪怕流血牺牲也不怕。

与张学良的代表李杜会面后，刘鼎毅然接受了邀请，同意前往西安。李杜致电张学良说：“你要寻找的朋友找到了，答应前往面谈。”出于礼貌和诚意，张学良又派高级参谋赵毅秘密赴沪予以迎接。1936年3月20日，赵毅和刘鼎一起到达了西安。

## 勇于担当　不辱使命

1936年3月21日，当刘鼎乘坐汽车抵达张学良的公馆门前时，已在此迎候多时的张学良将军立刻上前几步，微笑着伸出双手，握着他的手寒暄道：“刘先生不远千里而来，一路辛苦啦！”刘鼎落落大方地回应道：“感谢张将军派人专程接我。能与将军见面，十分荣幸！”

宾主落座，张学良笑道：“我代表东北军全体将士热烈欢迎刘先生！”刘鼎掷地有声地回答道：“少帅对中共和红军有什么意见，有什么想法，请直言相告，我将如实向中共中央汇报。”

张学良神态严肃不动声色地说：“好！我有几个问题，想请教请教。”这阵势和气场无疑是给这位与他首次见面的中共代表出了个大难题。

“首先，我张某与日本人有杀父之仇、毁家之恨，抗日救国绝不含糊！但你们还骂我是不抵抗将军，是卖国。第二，苏联红军沉重打击了东北军，你们却骂我勾结日本帝国主义反苏反共。第三，你们工农红军打东北军，为什么打得那么厉害？”

“张将军所提的问题很重要，请允许我明天回答你好吗？”因未得到党中央的指示，刘鼎需要精心准备，理性应对，慎重解答。

次日上午，刘鼎再次与张学良将军见面，他开门见山，做了如下的答复和说明：

“首先，张将军身为国民党要员，坐镇东北，守土有责。‘九一八’事变你执行蒋介石的不抵抗政策，让日寇顺利地占领了东三省。你作为东北军最高司令官，必然遭到包括中国共产党在内的全国人民的唾骂。第二，东北军遭到苏军重创，即‘中东路事件’，起因是东北军进攻苏联，却容忍日军侵略扩张，苏军反击是理所当然。第三，东北军围剿鄂豫皖苏区，进攻陕甘宁革命根据地，给苏区民众和红军造成巨大损失，难道我们红军不能反击吗？蒋介石驱使东北军在陕北与红军打内战，借刀杀人，使红军和东北军两败俱伤。”

刘鼎话锋一转：“东北军要想‘打回老家去，收复东三省’，唯有联合红军，共同抗日，才可以洗去将军‘不抵抗、投降卖国’的罪名，才不负三千万东北同胞和全国人民的殷切期望！待抗战胜利之际，将军必名留青史。”

刘鼎有理有据、客观公正、见解独到的分析令张学良耳目一新，他佩服地说：“真是听君一席话，胜读十年书！”

“张将军过奖了！如果你同意我的看法，我想尽快去苏区。”刘鼎说。

“刘先生，我们先到洛川住几天，再去行吗？”待刘鼎同意后，当天下午，张学良与刘鼎同机飞抵洛川。

张学良与刘鼎朝夕相处期间，常常促膝长谈，大到国家前途命运，小到恋爱婚姻轶事，无话不谈。张学良问，共产党人搞国际主义、共产主义，为什么还要爱国、抗日，是不是为了笼络民众？刘鼎实话实说：“我们是共产主义者也是爱国主义者，没有中华民族的解放就没有人民的解放。”

张学良谈了东北军和南京政府的分歧等。刘鼎向张学良介绍苏区的土地革命、政权建设、军队建设以及政治、经济、法律等情况。他高超的政策水平和讲话艺术，让张学良钦佩不已。

1936年4月9日，张学良、王以哲、李克农、刘鼎等人飞抵延安。当晚，张学良、王以哲、刘鼎与周恩来、李克农在延安桥儿沟天主教堂会谈。张学良与周恩来握手时说：“我这里有共产党代表刘鼎先生。”周恩来一愣，见到刘鼎时便笑道：“原来是你，想不到在这儿见面啦！”

会谈后，双方签署了有关“停止内战一致抗日”“互派代表”“通商合作”“培训干部”等事项的协议。

周恩来对刘鼎说：“会谈结果很好，有你的功劳啊！”他托刘鼎把《致张学良的答谢信》转交给张学良。信中称：“座谈竟夜，快慰平生。归语诸同志并告前方，咸服先生肝胆照人，诚抗日大幸。”张学良阅后，对刘鼎感慨道：“我对会谈结果很满意，比我想的要好得多！周先生的话入情入理，给我印象很深，解除了我的许多疑虑，要是能早日见到他该多好啊！”

## 正式代表　全力以赴

1936年4月10日下午，刘鼎陪同周恩来到达瓦窑堡。13日，中央政治局决定：刘鼎担任中共驻东北军正式代表，负责与张学良沟通联络。

“中央正式派你当代表，帮助张学良培养干部。有了抗日的干部，东北军就能成为抗日部队。”周恩来嘱咐刘鼎，“你的工作很重要，要履行职责，发挥作用。现在是推进全民族‘停止内战，一致对外’的关键时期，各种情况复杂多变，随时可能有突发事件，要确保与中央的联系畅通。”

1936年4月26日，从瓦窑堡回到洛川的当晚，刘鼎向张学良递交了周恩来的亲笔信。信中写道：“兹如约遣刘鼎同志趋前就教，随留左右，并委其面白一切，商行前订各事。”

“我想你会回来的，以后你不再是客人了，而是我的贴心助手和高参，你能回来还要感谢恩来先生呀！”张学良格外高兴，拉着刘鼎的手说，“你要多多帮助我！为便于开展工作，我聘你为随从副官，以‘刘秘书’身份公开活动。”

1936年5月，刘鼎相继开展和落实了一系列工作，为后来突发的“西安事变”的和平解决营造了团结抗日的舆论氛围，为“逼蒋抗日”、建立抗日统一战线创造了有利条件。他的主要工作包括五个方面：

一是帮助张学良举办军官训练团，开办学兵队，建立军中同志会。举办军官训练团旨在提高军队素质，为抗日做人才储备。

提到训练内容时，刘鼎建议："应以政治教育为主，以抗日救国为中心，以军事训练为辅，着重学习部队组织管理，也要学习游击战术，训练团实行官兵平等，严格纪律。"张学良一一采纳了这些建议。

刘鼎提议开办学兵队。通过学兵队，我党将"一二·九"运动的骨干和北平的进步师生充实到东北军。第一期有400多人进入学兵队，由营长孙铭九兼任队长，刘鼎负责政治思想工作和组织发展任务。

刘鼎又建议建立军中同志会，把分散的抗日力量紧密地团结在党组织周围。军中同志会是东北军中的一个秘密组织，刘鼎亲自拟制了章程，张学良、刘鼎、刘澜波等15名志愿入会者成为首批抗日同志会会员。"西安事变"前夕，抗日同志会会员达70多人。

二是创办《文化周刊》。为宣传抗日，张学良请刘鼎物色人员创办《文化周刊》。经周恩来批准，刘鼎将上海左翼作家吴奚如举荐给张学良。《文化周刊》以宣传全民抗日为已任，在东北军、西北军和民众当中引起强烈共鸣。

三是促进东北军与红军合作。与周恩来在延安会谈后，张学良赠送给红军两万银圆，回西安后又赠送了20万元法币。同年10月，张学良又请宋庆龄转给红军5万元。11月，张学良再次赠送红军10万元。同时，张学良还为红军赶制了1万套棉衣。在刘鼎的精心安排下，这些款项和物资被安全送达苏区。

四是劝张学良以大局为重，避免操之过急，要耐心等待时机。1936年7月的一天，张学良心烦意乱地对刘鼎说："我现在的日子不好过。想了几天，准备把队伍拉出去，和红军一起干。请你向贵党和毛泽东、周恩来先生报告。”刘鼎疑惑地问：“这是怎么回事？”张学良称：“这几天我翻来覆去地考虑，现在打定主意了。前面是凶残的日本鬼子，后面是蛇蝎般的中央军，在我的队伍里，年轻有为的不少，但老气横秋、顾虑重重的也很多，加上别有用心的人，好人坏人混杂在一起，要他们联共抗日非常困难，不如分道扬镳，这样可以保留最大的力量来抗日。原来认为劝蒋抗日是有可能的，但从现实情况来看，很不容易。跟着他还不如明着跟你们一起抗日，干上两年，一定能干出个样子，然后再逼老蒋抗日，将更有说服力。”

毛泽东主席曾经告诉刘鼎：“我党对东北军的方针是争取团结、联合抗日，反之都是错误的。你的任务，主要是进一步做好张学良的工作，团结东北军，使之成为抗日力量。你不是孤军奋战，我们都在做张学良和东北军的工作！

“张学良敢在军阀习气浓重的东北军中训练抗日骨干，公开宣传抗日，这很不容易。有些高级军官想不通，甚至出现抵制和反对的言行都是可以理解的。在民族危机日趋严重之时，国民党军队借围剿红军之机调动重兵布置在东北军周围，形成监视、围困之势，其实质是‘一石二鸟’，即在围剿红军的同时，一并解决东北军和西北军，这导致东北军内部矛盾进一步激化，争斗加剧。在这种错综复杂和危机四伏的局面下，为了确保东北军仍然效忠于张家、实现打回东北老家的梦想，张学良就产生了和红军一起共赴国难、共同抗日救国的念头，想用实际行动洗刷‘不抵抗将军’的耻辱。

“我们党对东北军的政策是：不瓦解，不分裂，也不改编，而是帮助、团结、改造，使之成为爱国力量、红军友军。中国共产党不赞成张学良立即拉队伍出来与红军一起干，认为要通过扎实细致的工作，努力把东北军争取到全民抗日阵营中来。

“从国家民族的全局考虑，我们党实行逼蒋抗日的政策。张学良与蒋介石集团如果闹翻了会不利于全民抗战，劝张学良要以中华民族利益为上，在抗日救国这个头等大事中要讲策略和方式方法，要从积蓄全国抗日力量的全局出发，对蒋介石要有更大的耐心。”

回到西安，刘鼎将中共中央和毛泽东主席的战略思想、工作思路、意见建议转告给张学良将军，这让他进一步感受到了中国共产党人的爱国情怀和博大胸怀，张学良欣然接受了中国共产党的建议。

五是秘密建立了西安至延安的交通线。为了尽快落实我党与东北军团结抗日的各项工作，他购置了一辆大轿车，把张学良援助红军的物资和为红军采购的医疗器械、药品等源源不断地通过约定的通道秘密运往苏区。叶剑英、潘汉年、邓发、斯诺、史沫特莱、马海德等，都是通过这条秘密交通线进出苏区的。

在刘鼎的安排下，德国牙科医生赫伯特·温奇和邓中夏的夫人夏明在西安七贤庄一号开设了牙科诊疗所，此诊疗所实为中共在西安的交通站。诊疗所将从上海购买的药品和器械，源源不断地运抵苏区，同时，为了保证与苏区的通信联系，他在诊疗所地下室秘密安装了大功率电台。

1936年12月11日夜，张学良与杨虎城在新城大楼会议厅开会，决定发动“兵谏”，逼蒋抗日。次日凌晨，张学良回到公馆，即派人请刘鼎把东北军和西北军将联合 “捉蒋”的决定速告中共中央。

12日凌晨两点，刘鼎向党中央发出张学良、杨虎城发动西安“兵谏”的电报。

当捉到蒋介石后，张学良又让刘鼎代表他拟写了《致中共中央的邀请电》：“吾等为中华民族及抗日前途利益计，不顾一切已将蒋介石及其重要将领陈诚、朱绍良、蒋鼎文、卫立煌等扣留，迫其释放爱国分子，改组联合政府。兄等有何高见速复。”

应张学良之邀，中共中央派周恩来等人于12月17日由延安赶赴西安。少帅委托刘鼎乘专机到延安迎接。

在西安事变中，刘鼎出色地完成了各项工作，发挥了历史性作用。

1937年3月，刘鼎回到延安。毛泽东主席评价道：“西安事变，刘鼎同志是有功的！”

## 结缘《西行漫记》

1936年，刘鼎应邀前往西安时，携美国友人、伦敦《每日先驱报》记者斯诺和美国医生马海德同行，并计划要帮他们进入陕北苏区。

到了西安，刘鼎把斯诺和马海德安排在西京招待所，告诉他们自己有事要外出，一两天后回来。离开招待所后，他独自找到陕西禁烟局督办钟可托，凭着董健吾的亲笔信，得到了钟可托的全力配合，钟为刘鼎安排好了去陕北的行程。次日上午，刘鼎来不及和两位友人打招呼，便匆匆赶往陕北苏区。他到达瓦窑堡之后，向中共中央汇报了两位国际友人要来陕北苏区采访的消息。

刘鼎走后，住在西京招待所的斯诺和马海德焦急地等他回来，他们在西安人生地不熟，不敢贸然去寻找，只能在招待所里等他回来。他们身上带的钱快花完了，仍不见刘鼎回来，只好无奈地返回上海。

回到上海后，斯诺再次拜访宋庆龄，留下11个要采访红军的问题：中国对资本主义国家的总方针，对不平等条约及外债、外资、外国牧师财产的政策，对日、英、美、苏的政策，以及中国是否可能同外国结成“反法西斯联盟”等。很快，这个采访清单传到了苏区。1936年5月15日，在政治局常委会上，张闻天、毛泽东、博古、杨尚昆、王稼祥等专门讨论了“对外邦如何态度——外国新闻记者之答复”的问题。

中共中央特派员冯雪峰在鲁迅家里与史沫特莱进行了多次会面。她向冯雪峰询问中共中央关于抗日民族统一战线的政策，询问中国工农红军长征的有关情况，还希望中共方面尽快安排斯诺等人到陕北苏区采访。

1936年5月28日，冯雪峰在给张闻天、周恩来的电报中，详细介绍了斯诺和马海德的有关情况：“此二人均十分热情并十分可靠……”

6月上旬，根据党中央的部署和工作要求，冯雪峰派人护送斯诺和马海德前往西安，刘鼎接待了他们并再次安排他们在西京招待所下榻。“刘先生，这次你不会又单独行动，再把我们晾在这里吧？”斯诺说罢，三个人相视而笑。

斯诺在《西行漫记》中称的“王先生”就是董健吾。四天后，一位身材魁梧、穿一身长衣马褂的中国壮汉敲响了房门，让斯诺和马海德感到吃惊的是，这位陌生人用流利的英语问：“请问你们是斯诺和马海德先生吗？”

“是的，我们是斯诺、马海德。请问先生，您是哪位？”

“我是董健吾，党中央派我来西安协助你们完成陕北苏区的采访工作。”

“何以证明您是董健吾先生？”

董健吾从马褂中掏出写着诗的半张纸说：“这就是证据！”

斯诺也从皮包中拿出写着诗的半张纸，两个半张纸拼成了一张完整的纸，纸上的诗一个字不少。这是中共地下党在北京（时称北平）与斯诺他们约定的秘密接头方式。他们三个人紧紧地拥抱在一起。

此时东北军67军接到西北“剿总”命令，正向陕北苏区推进，中共中央放弃了瓦窑堡向保安的转移，再加上连日阴雨，交通被阻隔，斯诺、马海德前往苏区的计划便推迟到7月才成行。经刘鼎引荐，斯诺利用这段时间采访了杨虎城、邵力子、张学良等人。后来又经董健吾引荐，秘密会见了中共中央政治局委员邓发。

7月初，刘鼎奉命去安塞开会，张学良托他带信给周恩来，并派飞机把他送到肤施。刘鼎向中共中央报告了两位国际友人来苏区的想法、目的和计划安排。7月8日，周恩来、叶剑英和李克农等人从安塞来到离苏区和白区交界不远的白家坪，迎接斯诺和马海德。

张学良派人护送斯诺与马海德秘密前往苏区，当他们快要走出东北军控制区时，护送人员送给他们一头毛驴，并告诉他们："这头驴认路，你们跟着它走就能进入红军控制的地域。为了安全，你们要趁天亮走快点儿，因为到了天黑，这一带经常有土匪出没，很危险！"

斯诺和马海德跟着这头毛驴顶着烈日疾行，在太阳落山之前，他们来到一条小溪边，口干舌燥的他们跑到河里饮水。"不许动，举起手来！"忽然，四周响起了呐喊声。他们抬头一看，只见四支红缨枪已经对准了自己，立即意识到这很有可能就是传说中的儿童团，也就是说，已经到了红军管控的地区了，所以他们心中并不太紧张。

他们在儿童团的押解下，走进一个大约有十几户人家的村子，被关进一间低矮昏暗的土坯房里。晚饭时，他们享用了一顿鸡蛋炒饭。次日，天刚亮不久，斯诺和马海德被由远及近的马蹄声惊醒。"欢迎你们光临，我是中国工农红军周恩来。"周恩来用英语告诉他们，"中国共产党将保证你们在苏区的人身安全和采访自由。我是代表党中央来迎接你们的。"这是斯诺和马海德第一次见到周恩来。

7月13日，斯诺和马海德跟随周恩来来到保安。当晚，毛泽东主席前去看望慰问，并为他们举行了欢迎晚会。随后一个多月，斯诺采访了毛泽东、张闻天等中共中央领导人。

8月下旬，斯诺和马海德西行至彭德怀指挥部和作战前线。他用了一个多月时间进行采访，9月底才完成工作返回保安。

9月初，刘鼎按照周恩来的指示和安排，邀请美国记者、作家和社会活动家史沫特莱和中国作家丁玲等知名人士来到西安。

此时，蒋介石平息了“两广事变”，派重兵向西北集结，妄图取得“一石三鸟”的理想结果——既消灭红军，又消除东北军和西北军，西北形势一时间波诡云谲，暗流涌动。毛泽东主席担心他们返回西安的交通线被国民党中央军封锁，多次催促斯诺尽快离开苏区。

10月5日，毛主席电告刘鼎：“美记者施乐（斯诺）急需出来，望嘱刘（向三）、王（立人）同带车来接，最好能8日赶到阳泉。”

10月7日，毛主席给刘鼎发报：“施乐急待回白区，王、刘何日动身来接，望速复。”

10月10日，毛主席电令刘鼎：“鼎兄并转年、剑（潘汉年、叶剑英，此时在西安）兄：甲、施乐准13日到下寺湾，望速派王、刘来接，王至下寺湾后即偕施乐折回西安，刘到志丹（即保安）谈话。”

10月12日，斯诺离开保安前往西安。这时，肤施的东北军已由西北军接管，斯诺等人为了安全只好在苏区跋山涉水，辗转抵达了甘泉西北的下寺湾。四天后，刘鼎派来的王立人、刘向三来到洛川接应他们，斯诺等人乘卡车安全抵达西安。

斯诺下车之后，才突然发觉自己的手包不见了！他在苏区

100多天的采访记录和各种资料都在手包里。斯诺顿时吓出了一身冷汗，捶胸顿足，十分沮丧。刘鼎一边安慰斯诺，一边把身上所有的现金塞给了司机请他开车原路返回寻找手包。

在咸阳东北军军火仓库里，刘鼎终于找到了斯诺的手包，返回西安时已是午夜12点。

次日黎明，刘鼎将手包完璧归赵。斯诺激动地拥抱了刘鼎，连声道谢。

斯诺从西安来到北平后，连续给英、美各大报刊发稿，介绍红军的传奇故事和中共领袖的政治主张，打破了国民党对共产党和红军的新闻封锁和妖魔化宣传，令世人耳目一新。一年后，他撰写的《红星照耀中国》一书由伦敦戈兰茨公司出版。1938年年初，中译本在上海出版，改名为《西行漫记》。

1937年1月，史沫特莱女士到达延安，之后担任了八路军总部随军外国记者，写了《中国红军在前进》《中国人民的命运》《中国在反击》等专著以及大量通讯稿，让世界进一步了解了中国共产党和中国工农红军、抗日根据地和八路军抗日救国的情况。

1970年，斯诺来到中国，向马海德询问刘鼎的情况，斯诺说，没有刘鼎的鼎力帮助，就不可能出版《西行漫记》。

刘鼎住院期间，马海德和艾黎前去探望并慰问他，一起回顾了他们半个多世纪的同志情、战友爱。

# 历尽坎坷　坚贞不渝

刘鼎在60多年的革命生涯中，历经了常人难以想象的困苦、坎坷和打击，但是他的理想信念始终不动摇，始终努力为党工作。

## 痛失伴侣

刘鼎在东方大学结识了吴先清，俩人志同道合，相亲相爱。1904年，吴先清生于浙江省临海县一个商人家庭，她是家里六兄妹中唯一的女孩，幼年时拒绝缠足。在五四运动中，吴先清带领省立女子蚕业讲习所同学投身到爱国学生运动中，开始接受马克思主义，并成为最早的共青团员之一。1924年，她加入中国共产党。不久她奉命到上海，在小沙渡（沪西区）工人夜校工作。1925年，她带领女工参加了五卅爱国运动。同年8月，她担任中共上海区委妇女委员会委员。同年年底，被派往东方大学学习。

1927年秋，他们在东方大学结婚。这对革命青年把革命事业放在首位，双双抱定了为了国家独立、民族解放、人民自由而共赴断头台的决心。1928年春，东方大学与中山大学合并为中国劳动者共产主义大学，他们转入该校边学习边工作。

1933年冬，吴先清怀孕。次年他们回到四川南溪，一天夜里，在警察局工作的亲戚报信说有人向警察局告密。他们连夜逃走并辗转回到上海。不久，刘鼎奉命前往苏区，夫妻二人从此失散。

1934年，孩子刚满月的吴先清被调到共产国际远东情报局工作，任谍报组组长。为了工作，她只好把孩子送到临海老家。同年夏末，在日本东京的大学同学陈修良得知吴先清在上海从事情报工作，托人找到吴先清，汇报了情况，要求与中央接上关系。吴先清约陈修良回到上海，帮助他与党组织重新接上关系。同时，组织根据工作需要，派吴先清到东京工作。

1935年5月，吴先清奉命回到上海，9月被派往莫斯科马列主义学院学习。

1937年11月，她在莫斯科被捕，罪名是“日本间谍”，被流放到西伯利亚，从此下落不明。吴先清的遭遇使刘鼎深受打击，但是他坚信爱人不会背叛革命，更不会充当“日本间谍”。他把对妻子的思念埋在心里，继续努力为党工作。

## 隔离批斗

1943年年初，刘鼎在整风运动中莫名其妙地成了“抢救”对象，遭到批斗、隔离。对此，他认为自己经历复杂，特别是有过两次被捕经历，同志们有些误解是可以理解的。在批斗和隔离期间，刘鼎一边配合组织审查，一边继续关注兵工厂的生产工作，提出了一些新的工作思路和具体措施，进一步强化了科学管理。

## 撤职降级

1952年12月27日，二机部机关党委开会，监察委鲁厅长到会传达了中央对刘鼎撤职查办的处分决定，主要原因是“对抗美援朝工作不负责任”“在执行兵工建设的方针中，表现有严重的消极思想，妨碍了兵工建设”以及兵工产品存在质量问题等。12月28日，在中共二机部机关全体党员大会上，人事司司长传达了中央给刘鼎撤职查办处分的通知。

曾任重工业部代部长的何长工对此难以理解，曾向有关方面提出异议并表示：“我是重工业部主要负责人，要处分应该首先处分我。”1953年4月6日，中央纪律检查委员会发出了《关于刘鼎同志所犯错误的处分决定》，撤销刘鼎副部长职务，给予留党察看两年、工资由行政7级降为11级的处分；同年4月16日，政务院发出了《关于第二机械工业部副部长刘鼎同志所犯错误的通报》。

1953年秋，中共二机部党组副书记张霖之找刘鼎谈了两次话，要他以部工程师的名义继续工作，改正错误，大胆负责。“作为武器生产的主要负责人，出现质量问题，无论有什么样的客观因素，我都有不可推卸的领导责任。处理我不冤枉！”刘鼎表态道，“请党组织放心，无论我做什么工作，都会尽心尽力。”

二机部部长赵尔陆提名刘鼎为一级工程师，让他继续在部机关工作。1954年，刘鼎主动申请到兵工厂工作，协助解决各种技术难题；1955年，留党察看处分撤销后，他被任命为二机部部长助理；1957年，他被恢复了二机部副部长职务。

## 含冤入狱

1968年，刘鼎因“大叛徒”“大特务”的罪名被投入监狱。1974年，其子女上书毛泽东主席，请求过问此事，希望父亲能够平反昭雪，早日出狱。

1975年2月刘鼎出狱，他从狱中带出来20多万字有关兵工科技发展、工艺改进等方面的草稿。狱中没有纸笔，刘鼎就把牙膏皮做成笔芯，然后绑在牙刷柄上，用它在碎纸片上书写。这批稿子的价值不可估量，内容包括各种武器的再设计建议，对枪炮弹药的历史经验总结、迫击火箭弹设计提纲、金属的电加工、硬质物的开发和建议等。

## 鞠躬尽瘁　死而后已

“改革开放，以经济建设为中心，是中华民族伟大复兴的必由之路。强国之路，科技是先导，是基础，是关键。在有生之年，我希望能为兵工科技进步做些力所能及的工作。”20世纪80年代初，刘鼎与好友马海德交谈时坦言，“对于自己的地下工作者、领导干部和科技人员这三种身份，我最看重的是科技人员。”

党的十一届二中全会以后，已是古稀之年的刘鼎担任了航空工业部顾问，中国机械工程学会理事长、名誉理事长和中国兵工学会顾问，第五、六届全国政协常委。他为研制和生产歼-8、强-5飞机及其改进型飞机废寝忘食地工作，组织协调科技人员先后解决了电解加工、组合夹具、喷丸强化工艺、硬质合金工具以及爆炸成型等关键技术问题。同时，根据国际形势和科技发展，他积极推动新型飞机的研制工作。他强调：“航空强国是我们的理想和终身追求，我们要实现这个理想就必须坚持自主研发新机型，这是唯一可行的腾飞之路！”

1979年12月31日，航空产品定型委员会批准歼-8型飞机设计定型。次年3月2日，国家军工产品定型委员会批准定型。

1986年2月20日，国务院、中央军委常规军工产品定型委员会批准歼-8飞机生产定型。该机的设计、生产定型走了一条“引进、消化、再创新”的科技发展道路，标志着我国航空工业从仿制阶段跨入了自行设计的新阶段。

1986年4月，中共中央组织部召开座谈会，与刘鼎共事多年的老同志一致认为给他的处分是错误的。组织部经过复议，撤销了对刘鼎的错误处分，并派人到医院向他当面宣布这个决定。

同年7月25日，刘鼎因胰腺癌医治无效在北京医院仙逝。胡耀邦、姚依林、杨尚昆、习仲勋、薄一波、宋任穷等党和国家领导人出席遗体告别仪式。聂荣臻题词：“鞠躬尽瘁，奉献毕生”；习仲勋题词：“兵工泰斗，统战功臣”；姚依林题词：“质朴、清廉、正派、无畏”。

我是平凡的人，所做的一切，不过是一个共产党员、一个科技工作者在新中国成立后的半个世纪中所遇到、所做过、所应该完成的工作和使命。

——侯祥麟

# 追求真理　科技报国

——记我国著名的化学工程专家侯祥麟院士

20世纪90年代中期，我有幸拜访了富有传奇人生经历的侯祥麟院士，我们的话题涉及从教育到科学、从国民党到共产党、从理想到现实、从科学救国到革命救国的各个方面。渐渐地，他追求真理和献身祖国的形象在我心目中显得越发伟岸。

## 勤奋少年　关注社会

侯祥麟（曾用名侯波），1912年4月4日生于广东汕头，在兄弟姐妹9人中，位居老幺（最小）。侯祥麟童年时的家境虽然不算富裕，但也生活得无忧无虑。

父亲侯乙初热衷建校办学，做过中学教师，担任过中学董事长，对子女学业要求严格；母亲杨锦德毕业于女子学校，吃苦耐劳，心灵手巧，从事抽纱、缝纫等工作；长兄侯祥川是著名的营养学家。

作为虔诚的基督教徒，父母经常带着小儿子到教堂做礼拜。每次在回家的路上，父母总教导他说实话、与人为善、努力学习、服务社会，这些话在他幼小的心灵里起到了潜移默化的作用。

1917年，侯祥麟被父母送进了幼儿园，这在当时是很不容易办到的。集体生活让他从小养成了遵守纪律和团结友爱的习惯。

1919年，侯祥麟走进了汕头教会办的碕碌小学。当时，中华民族多灾多难，屡遭列强欺辱。同年，北洋政府在巴黎和会上的外交失败，激起中国民众的强烈不满，引发了声势浩大的五四运动。在5月7日这一天，碕碌小学的老师带领着学生们参加了“反帝爱国”示威游行。“反抗侵略，奋发图强”的信念从此植根于侯祥麟心中，成为他日后追求科学、追求真理的动力。21世纪初，年过九旬的他仍然记得当年游行时老师带领他们高喊“打倒帝国主义”的情景。

侯祥麟的家在博爱路，他每天上学都要从“镇园”前走过。每当木棉树开花时，他都会被火红的花朵所吸引，常常驻足仰望遐想。每天放学回到家中，他先和姐姐们一起学习。晚上，他们经常在月光下背诵唐诗和《古文观止》《兰亭序》《吊古战场文》等，这为侯祥麟打下了中华传统文化的深厚底子。

1926年，侯祥麟考入上海青年会中学，后来转入沪江大学附中；1928年，他进入上海圣约翰大学附属中学高中部学习。他兴趣爱好广泛，特别喜爱看小说和电影，对鲁迅、矛盾、巴金的作品爱不释手，喜欢邹韬奋创办的《生活》杂志。宣传抗日救国、民族独立与民主自由的文章令他心潮起伏。

初中阶段，侯祥麟功课门门优秀。他特别偏好物理，但是却被一位化学老师改变了志向和人生道路。

这位化学老师博学多才，不光讲化学知识， 还讲原子能、爱因斯坦的“质能理论”，讲原子里蕴藏着极大能量……生动的内容把侯祥麟牢牢地吸引住了。

在爱国主义思想的引导下，在化学老师“魔法”的“迷惑”下，他的学习兴趣由物理转向了化学。

1931年，侯祥麟考取了燕京大学。不久，日本帝国主义悍然发动了“九一八”事变，吞并了中国东北。身为中华热血男儿，他被巨大的民族仇恨激怒，立即投身于抗日宣传和请愿活动中，和同学一起北上山海关慰问抗日战士，并南下请愿。然而国民党却热衷于扩大内战、围剿红军。侯祥麟对国民党政府和蒋介石彻底失望了。

为了国家独立和民族复兴，他力求把学业与抗日救国相结合，他请蔡镏生教授做自己毕业论文的导师，以“从橄榄核制取可用于防毒面具的活性炭”作为论文题目。同时，他选修了张东荪教授的哲学、雷洁琼先生的社会学以及经济学、政治学、英国文学等课程，从中吸取了丰富的知识，培养了理性思考国家和民族命运的能力。这期间，他秘密加入了中国共产党。

1945年春，侯祥麟漂洋过海来到了美国，在匹兹堡的卡内基理工学院（现为卡乃基梅隆大学）攻读化学工程学。该校有个煤炭研究所，所长Lowry教授曾主编过《煤的利用》，该书很有影响力。侯祥麟考虑到祖国“贫油”但煤炭矿藏丰富，决定从事“煤炼油”的研究工作。

1945年8月，美国在日本投了两枚原子弹，广岛和长崎两个城市几乎瞬间化为灰烬。这件事让侯祥麟的心情久久不能平静，他不禁想起了中学老师讲到的关于铀的巨大能量知识，深感科技的无穷威力和科技人员的历史责任。

8月15日，日本天皇宣布无条件投降。经过八年的浴血奋战，中国人民终于迎来了民族解放战争的胜利，在异国他乡的侯祥麟的心情难以用语言形容。他想立即回国参与和平建设，但党组织不同意，要求他利用留学机会，努力掌握未来建设新中国的科学知识和工程技术。按照党组织的要求，他抓紧时间学习、工作，先后完成了《有关液体萃取填料》和《测定煤焦活性方法》的硕士和博士论文，论文分别于1949年和1954年在美国《化学工程进展》和英国《燃料》杂志上发表。1948年冬，当侯祥麟获得科学博士学位时，祖国的解放战争已转入“大反攻”阶段。新中国诞生的曙光令他心潮起伏，他再也坐不住了，坚决要求回国，但党组织没有批准，并下达了新任务。

10月1日，当五星红旗高高飘扬在天安门广场上时，在太平洋彼岸的侯祥麟欣喜若狂，热泪夺眶而出。他决心立即回国，以科学技术报效新中国。但由于美国当局的阻挠，客轮的票始终买不到，直到1950年5月，侯祥麟通过特殊关系才从洛杉矶搭乘挪威货船回国。在天海相连的大洋上，他的心情如同起伏的浪潮无法平静——五年前离开祖国时，神州大地在异族铁蹄下遍体鳞伤，祖国母亲的鲜血染红了大江南北；今天他回国时，新中国像火中凤凰一样出现在世界的东方，翻天覆地的变化怎能不令人感慨万千、憧憬无限？当年，出国留学的目的是为了科技救国、建设祖国；今天，新中国为学成归来的莘莘学子提供了“科学强国”的广阔舞台，这怎能不令他欢欣鼓舞、踌躇满志？

# “留美科协”与“回国浪潮”

20世纪40年代末至50年代初，中国留学生在美国有“北美基督教中国学生会”和“留美中国科学工作者协会”两个团体。身为“留美中国科学工作者协会”主持工作的首任常务干事，侯祥麟在这两个学生组织中做了大量工作。若干年后，已经是耄耋之年的侯老给我讲述了那段令人难忘往事。

## 建立“留美科协”

“留美中国科学工作者协会”简称“留美科协”，是我党领导建立的在美中国留学生爱国组织。

1944年，周恩来同志对做好国内外中国科技人员和留学人员的工作进行了战略部署并明确指示：我们党不仅需要政治家、军事家，也需要科学家，而且从现在起就要注意培养。

1945年夏，美国在日本投放了两颗原子弹，加速了日本帝国主义灭亡的进程，这引起了国共两党对核武器的高度重视。国民政府派出科学家和学生赴美学习核科技，参观美国的核试验，购买研制核武器的设备仪器。中国共产党对尖端科学技术和科学家同样十分重视，做了一系列部署和安排，加大团结国内外高科技人才的工作力度。

1948年年末，侯祥麟被聘为波士顿麻省理工学院燃料研究室副研究员，开始设计和建造涡流气化床冷模装置。波士顿地区有哈佛大学、麻省理工学院等国际著名的高校和科研机构，是中国留学生的聚集区域，他一边工作一边积极联络留美中国科学工作者和中国留学生。

1949年4月，中国人民解放军取得了“渡江战役”的胜利，解放了南京和上海，国内局势基本明朗。为了顺应新形势、满足新要求，成立“留美中国科学工作者协会”的工作被提上了议事日程上。

1949年6月18日，美国13个地区分会的代表齐聚匹兹堡，召开“留美中国科学工作者协会”成立大会。分会代表有：张兴钤、丁敬、何国柱、洪朝圣、杜联耀、刘叔仪、葛庭燧、李芳兰、孙守谦、李恒德、涂光炽、冯平贯、陈能宽。

侯祥麟主持开展和落实了三项工作。首先，发展会员，推动没有成立地区分会的地方成立分会；第二，筹建学术专业小组，组织会员按专业进行小组讨论和交流，研究国内今后的发展，收集相关资料，为回国开展科研工作做准备；第三，创办、出版月刊《美中科协通讯》《留美科协通讯》，由李恒德等人负责刊物的编发工作。

“创刊以后，刊物重点报道国内情况，转载解放区和香港进步报刊的文章，介绍‘留美科协’各个分会的活动情况，登载回国留学人员的来信，介绍中国共产党的路线、方针、政策等。一开始由李恒德在费城编辑出版，后来他在出版上有困难，我就在麻省理工学院出了两期，在别的地方也出过，出版地点不固定。”回忆起“留美科协”的情况，侯祥麟说道，“总会主要负责各地区分会之间的组织协调工作，具体活动和工作内容主要由各分会根据实际情况自主开展。如果会员对分会工作不满意，可以通过民主选举的方式，选举新的领导人。一般情况下，分会在周末集会，交流情况，开展活动，联络感情。有些分会活动搞得多，朱光亚、罗沛霖、涂光炽、颜鸣皋、陈能宽、黄葆同、钱保功等人都做了很多工作，我在总会努力为他们提供服务。”

1949年10月1日，中华人民共和国成立。这个喜讯传来，留美中国科学工作者和留学生归心似箭。12月初，中国政务院文化教育委员会成立了“办理留学生回国事务委员会”，统筹回国留学生的接待事宜。同月18日，政务院总理周恩来通过北京人民广播电台，代表中国共产党和中央人民政府郑重邀请在海外的留学生回国参加新中国建设。“留美科协”积极响应祖国号召，组织动员在美科技工作者和留学生回国，取得了卓有成效的成绩。

1949年年底，侯祥麟又在“北美基督教中国学生会”东部分会的冬令会上，宣读了已归国的中国科学工作者和留学生的来信，讲解了新中国的知识分子政策问题。

短短几个月时间里，“留美科协”已在全美30多个地区成立了分会，协会开展的活动具有很强的针对性和实效性，深受留美中国科学工作者和留学生的喜爱，增加了在美科技人员和留学生的向心力、凝聚力。

## 自费留学

1943年，中国共产党开始谋划抗战胜利后如何建设现代化国家的工作，中共中央分别在政治、经济、军事、文化和科技方面做准备。我党的政治干部、军事干部、文化干部可谓人才济济，但科技干部寥寥无几。

为了建立一支科技人才队伍，周恩来要求各级党组织号召和选派一批技术干部利用各种途径出国学习。侯祥麟积极响应党的号召，决定自费出国留学。

1944年秋，国民政府举行了抗战后首次自费留学考试，侯祥麟榜上有名，但留学费用令他感到头疼。于是，他利用通货膨胀中美元官价与黑市价1比10的差额，帮人从政府套购了2000美元，归还了200美元本金后，他自己变魔术般地挣了1800美元。

同年12月底，侯祥麟乘坐美国军用运输机辗转来到印度；次年2月，在孟买踏上赴美的客轮。船上除了20多位中国人外，其余都是美国军人，包括伤兵。他利用一切机会与美国士兵交谈，既提高了口语水平，又增进了对世界反法西斯战争形势和美国政治、经济、文化、科技等情况的了解。

## 帮助邹家姐妹

在美留学期间，侯祥麟根据党组织安排，努力团结留美科学工作者和留学生，通过喜闻乐见的活动，为大家回国参加新中国建设事业奠定思想基础和组织基础。他说：“1946年，党组织派人与我联系，传达了组织原则和工作内容。为了便于团结和引导中国留学生，我与有关同志举办了读书会等活动，1948年还成立了‘自然科学同学会’。在这些活动中，我们通过书信及时传播国内的动态，特别是解放区的政策、法令和民众的实际情况；组织大家讨论中国的命运，分析时局的变化和趋向；动员大家做好回国建功立业的思想准备。”

1947年1月，邹斯履、邹德真、邹德慈三兄妹随父母乘坐“戈登将军号”邮轮赴美。其父邹秉文，是国民政府驻联合国粮农组织的执行委员，与茅以升、杨杏佛一起执教于东南大学，人称“东南三杰”。此前，邹家子女中的大哥邹斯颐、大姐邹德范和二姐邹德华已抵达美国。

“其实，邹家子女中信仰马克思主义的大有人在。1939年，大哥邹斯颐、二哥邹斯履在西南联大加入了中国共产党，一边学习一边秘密从事学生工作。1945年，邹斯履从重庆秘密前往鄂豫皖抗日根据地，参加了新四军。1947年，邹斯履被国民党抓捕，经多方营救后获释。在上海老家养伤期间，他常与妹妹邹德真和邹德慈聊天，讲国民党的腐朽。”侯祥麟介绍道，“1947年抵达美国后，邹斯履在密苏里大学新闻系学习。邹德真姐妹跟随大姐邹德范来到波士顿，进入中学学习。邹德范的丈夫何惠棠在哈佛大学计算机试验所工作，是钱学森、华罗庚的好友。

“1948年邹秉文辞去公职，携夫人赴美经商，邹德慈即随父母居住。大哥邹斯颐获得了哈佛大学经济学博士学位，经地下党组织批准，在贸易公司任职。邹斯颐有个好友徐鸣（中共地下党员），是中国在美最活跃、存在时间最长的留学生团体——‘北美基督教中国学生会’的中坚力量。国共内战爆发后，该组织日渐分化，一部分学生支持国民党，一部分支持共产党，一部分持观望态度。由于徐鸣是‘北美基督教中国学生会’东部分会会长，经大哥介绍，邹德慈经常参加“北美基督教中国学生会”的活动。”

1948年寒假，邹德真加入“北美基督教中国学生会”。当时，她去纽约探望正在朱丽叶音乐学院主修歌剧的二姐邹德华，二姐带她参加了哥伦比亚大学的“时事座谈会”，会上有人肆意攻击中国共产党，徐鸣等人起身，义正词严地进行了有理有利有节的驳斥，令对方哑口无言。她很受震撼，立刻报名参加了当年“北美基督教中国学生会”东部分会的冬令会。

1949年年初，“北美基督教中国学生会”东部分会新任会长陈一鸣，在位于纽约123街的公寓里，与部分成员发起成立了“星期日聚餐会”。邹德华和邹德慈都是“星期日聚餐会”的骨干。有人画了一张动物园的漫画，将每个成员的头像剪贴上去，因此大家戏称该会为“星期日马戏团”。每逢周日，他们相聚在一起，学习讨论毛泽东的《论联合政府》《论人民民主专政》等文章。

1949年5月，邹德真决定回国参加工业化建设。她当时还不知道自己的大哥和二哥是共产党员，对党的政策也不够了解，便征求侯祥麟的意见：“对我这样家庭背景的人，不知道共产党欢不欢迎？”侯祥麟说：“《美洲华侨日报》是留美科技工作者和留学生信赖的知音，更是我们人生道路的导师，你的问题，他们一定会给出满意的答案。我建议你给他们写信，他们会为你答疑解惑的。”

于是，邹德真给《美洲华侨日报》写了信，谈了内心的疑惑：“我有这样的家庭背景，又是留美学生，不知道革命要不要我？”《美洲华侨日报》回信道：“不是革命要不要你，是你要不要革命。”

一天，在“北美基督教中国学生会”的活动上，东部分会副会长侯祥麟一边教大家跳美国的四方舞，一边与邹德慈和邹德真交谈：“新中国就要诞生了！我们赶上了建设新中国的新时代，不要迟疑，不要犹豫，快快回国。”

侯祥麟在美期间，总是西装革履，舞跳得更是出众。他在与美国同学相处的过程中，有意识地学会了一些东欧的民间舞，他带头跳舞的目的主要是通过这种活动方式来影响和团结留美中国科学工作者和中国留学生。

1950年年初，邹家兄妹陆续回国。邹斯颐回国后在外经贸部工作，邹斯履在中宣部和《人民日报》等单位工作，邹德华到北京人民艺术剧院担任独唱演员，邹德真进入北京新闻学校就读，邹德慈则考入大学学习。

1986年，中组部下发《关于归侨干部建国前参加革命工作时间的规定》，指出“在国外接受我党组织交给的任务，一直坚持革命工作的，经中共党员证明，其参加革命工作的时间从接受党的任务之日算起”。根据这一规定，邹德华、邹德真与邹德慈三姐妹参加革命工作的时间要从在美期间算起。当她们到退休年龄时，工龄已经达到离休标准。如今几十年过去了，她们对侯祥麟当年的引导和帮助一直心怀感激！

## 归去来兮

1949年年初，在美国的中国学者和留学生已达三千余人。随着国内形势日趋明朗，对于这批中国学子来说，回国参加建设是大势所趋、人心所向。1950年年初，侯祥麟、刘叔仪、颜鸣皋、余国琮、涂光炽、孙守谦、丁敬等通过“留美科协”“北美基督教中国学生会”等组织，在有识之士的协助下，在纽约举行了“留美科协”集会，开展了“千人行动”，号召留美学子归国效力。

在留学生中，死心塌地追随国民党的人是少数。侯祥麟他们通过协会的各种宣传活动，全面地介绍中国共产党的路线、方针和政策，帮助广大留学生进一步了解了中国共产党。经过多方努力，仅“留美科协”就有300多名会员回到祖国，成为新中国科技、教育领域的开拓者和学科的带头人，其中当选为中国科学院院士和中国工程院院士者超过百位。

1950年1月，“中国科学工作者协会”致函“留美科协”：“亟盼火速回国参加工作。”“留美科协”以此为契机，号召、帮助会员回国，并组织海湾区分会与加州大学中国学生会，共同成立了“中国留学生回国服务社”，提供各种帮助，并协助解决由香港北上进入内地的问题。

1950年2月27日，“留美科协”成员朱光亚，以“北美基督教中国学生会”中西部分会会长的名义，起草了《给留美同学的一封公开信》，在留学生中征集签名。他和大家借用《打倒列强》曲调，编写了歌曲《赶快回国歌》。每次聚会，他都要指挥大家齐唱：“不要迟疑，不要犹豫，回国去，回国去！祖国建设需要你，组织起来回国去，快回去，快回去！”

1950年3月，朱光亚、华罗庚等人到达香港。在港期间，华罗庚写的《告留美人员的公开信》由新华社发表，信中写道：“梁园虽好，非久居之乡，归去来兮！”这番话在欧美科学工作者和留学生心中产生了共鸣。

1950年5月，侯祥麟在美国洛杉矶码头登上了一艘挪威的货船，他归心似箭，身在船上心却早已飞回了五星红旗飘扬的神州大地。

“我回国后，‘留美科协’的工作主要由丁敬、冯平贯等同志组织协调。”在我的追问下，侯老微笑着继续讲述那段历史，“我回国经过洛杉矶时，见到罗沛霖、赵忠尧等科学家，他们小声告诉我，自己已经做好了回国的准备。截至1950年5月1日，‘留美科协’会员回国的人数超过了800人。”

朝鲜战争爆发当天，即1950年6月25日，侯祥麟终于在山东青岛踏上了朝思暮想的祖国热土。

“1950年9月19日，美国‘非美活动委员会’‘联邦调查局’将‘留美中国科学工作者协会’列为非法团体，责令其解散。1951年夏，‘北美基督教中国学生会’东部、中西、西部三个分会的负责人商定，为了保护学员安全，‘北美基督教中国学生会’自行解散。”侯祥麟这样解读这段尘封的历史，“1951年10月9日，美国司法部移民归化局颁布禁令，禁止学习理、工、农、医科的中国留学生回到中国。从1949年9月到美国当局颁布禁令，再到责令‘留美中国科学工作者协会’解散，约20批留美中国科学工作者和中国留学生陆续通过多种途径回到新中国，总数超过一千人。”

# 研制人造石油

在抗日战争时期，身为化学专家的侯详麟与石化科技和石化工业结下了不解之缘。

石油是现代社会的“血液”，是战争机器的动力。当时，我国石油产量极低，根本无法满足战争和人民生产、生活的需要，汽油和柴油基本靠从国外输入才能满足需求。由于大半个中国已经沦陷，与外界联系的通道只剩下1938年开通的滇缅公路和1942年开通的驼峰航线。于是滇缅公路就成了抗战期间油料供应的“生命线”。然而，滇缅公路道路漫长崎岖，而且运油的汽车本身也要消耗大量的油料，所以油料短缺的局面没有得到根本的好转。无奈之下，一些汽车甚至改装了煤气发生炉，改烧煤气。寻找石油替代品成了事关抗战胜利和国计民生的头等大事。

当时，侯祥麟正身处抗战大后方，油料难题让他忧心如焚，坐卧不安。在党的指示下，他和两名燕京大学的同学主动请缨，探索从煤和植物油中炼制液体燃料的方法，开启了我国液体燃料研究和生产的先河。

1940年，他们就地取材，在重庆简陋的工棚里开始探索用土法从桐油和菜籽油中“炼油”的可行性，即通过裂解等流程试制液体燃料。经过一段时间的摸索，他们每天能生产大约两千公斤的汽油和柴油，受到了军方重视。

1941年，侯祥麟到云南富源县开展煤的低温干馏研制工作，与王学海和聂恒锐等人一起筹资自主建设煤炼油厂。位于昆明东北部的富源县有一个优势，即它有便于开采和适宜低温干馏的煤炭。侯祥麟来到这里，在自学《化工原理》一书的基础上，亲自设计精馏塔。在建造塔身和塔盘时，找不到所需的特种钢，于是，就用马口铁替代。经过创新设计和反复试验，他们终于生产出合格的焦油、汽油、柴油等产品。为了增加产量，侯祥麟又利用白酒制造出酒精，然后掺入汽油。在这段如火如荼的战争岁月里，侯祥麟自力更生、艰苦创业，不仅为抗日战争做出了贡献，而且为日后建设新中国石油工业奠定了思想和技术基础。

1950年，侯祥麟被聘为清华大学高级汽油研究室研究员兼化工系教授，并加入了中国民主同盟，任民盟北京市委副秘书长。但是，面对国家积贫积弱的状况，面对刚刚结束抗日战争和解放战争，又要迎接抗美援朝战争挑战的现实，他感到心情很沉重。

新中国成立之初，“贫油国”的帽子压得国人喘不过气来，燃油紧缺的现状严重地制约着经济发展。那时，我国仅有玉门和克拉玛依两个油田，年产原油7万吨，另有5万吨人造油，根本无法满足国家建设和人民生活的需要，石油产量不足成为制约我国经济发展的瓶颈。雪上加霜的是，抗美援朝战争打响后，前线也需要大量的石油产品。同时，西方国家为了扼杀新中国，采取遏制、封锁的政策，实施贸易禁运、政治攻击、外交孤立、军事威胁。在中国的大地上，无油可用的汽车背着沉重的煤气包穿过大街小巷。油料缺乏直接威胁着新中国的经济建设和国防安全……

作为石油化工专家，他深知当务之急是尽快解决液体燃料严重缺乏的难题，新中国的政权巩固和社会发展，需要现代科学技术的支撑。于是他组织开展了炼油新技术的研究，研究成果逐步应用到后来的生产中。

1952年，国家为了进一步推进研究和试验人造油工作，将侯祥麟调到中国科学院大连石油研究所，由他担任研究员和研究室主任，启动了基础性和开创性的工作。

侯祥麟把工作重点放在了人造石油的研究上，他在东北和广东茂名建设人造石油基地，提炼、合成人造油，并重点开展煤化油和页岩生油的研制。同时，为了寻找石油，他与地质勘察队一起跋山涉水，足迹遍及大江南北。

1954年，侯祥麟调回北京，担任中华人民共和国燃料工业部（石油工业部的前身）石油管理总局炼油处主任工程师。

作为国民经济基础的炼油工业，涉及国民经济、国防建设和人民生活的各个方面。为了打开中国石油科技和工业的新局面，追赶世界石油工业发展的步伐，侯祥麟考察了苏联和东欧各国的炼油基地、科研院所和油气田，制定了中国石油化工工业发展规划。

1955年，中国科学院首届学部委员评选工作启动，成立了具有中国特色的学部委员会。侯祥麟当选为中国科学院第一批学部委员（后改为院士）。不久，他参与了我国1956—1967年《十二年科技规划》的编制工作，负责编制第十八项任务即扩大液体燃料和润滑剂来源。

1956年，他出任石油工业部技术司副司长，组织协调我国炼油科技队伍和科研机构的组建工作。1958年，石油工业部成立了石油科学研究院，侯祥麟任副院长，他集中科技力量，开展重大科研项目的联合攻关工作，确保了《十二年科技规划》中的第十八项任务在1960年年底基本完成，为提高我国炼油技术奠定了坚实的人才和技术基础。

## 研制特种油料

作为石油科学研究院副院长和石油工业部新型材料领导小组副组长，侯祥麟承接了国防科委1958年开出的“140种特需油料清单”的研制任务，并在一年内就试制成功了102种。

1959年，国防工业急需一批配套用的新材料，于是，国防科委又给石油工业部下达了研制多种特殊润滑材料的任务。当时，我国正在研制原子弹、导弹和新型喷气式飞机，需要各种与之配套的特殊的润滑材料，这些材料不仅要有优异的粘温性能、高温安定性、低温流动性，还要具备耐高负荷、高真空、强氧化剂和化学介质等性能。其中，一项艰巨而绝密的任务是研制核工业所需的特种润滑油。原子弹所需的“铀235”的纯度必须高于98%，而铀矿石只有通过同位素分离机进行提纯、浓缩后，才能达到核武器级的要求。但同位素分离机在分离六氟化铀时必须使用一种特殊的润滑油——氟油。

当时，我国使用的同位素分离机是从苏联进口的，润滑油也是随分离机配套进口的。苏方人员负责分离机的操作和维修，对分离机和润滑油的研发技术始终严格保密。润滑油被锁在保险柜里保存，还有士兵日夜把守，中国人连看的机会都没有，更别说获得了。分离机开机时，如有氟油滴落在地上，苏方人员立即会清扫得一干二净。我国科技人员无法获取氟油的分子结构和化学特性，只能根据专业知识进行逻辑推算，但却无法验证。鉴于这种情况，国家科委和石油工业部在向石油科学研究院下达研制三种核工业急需的耐氟润滑油的任务时，只原则性地说明润滑油“能耐元素氟的腐蚀”，此外没有任何技术指标和相关性能方面的具体要求，更没有配制资料。这副重担压在了作为技术负责人的侯祥麟的肩上。

早在上海圣约翰大学附属中学读高中时，侯祥麟就初步树立了“科学救国、科学报国、科学强国”的理想，梦想成为爱因斯坦那样的物理学家。这缘于化学老师当时给他的启发：“原子核中蕴藏着极大的能量，倘若释放出来，会产生极大威力。”侯祥麟心想：“要是用这种能量对付日本鬼子就好了！”

如今，为了祖国的原子能事业研制耐氟润滑油的任务摆在了他面前，他能圆了少年时代的梦吗？这是一个艰巨的挑战，时间紧迫。他胸有成竹地组建精干队伍和实验室，确定技术路线、产品配方等，领导科技人员攻克了一个又一个技术难关，终于成功研制出氟油、硅油和酯类油等一系列高精尖的特种润滑油脂，满足了核武器、火箭、飞机研制等重大工程的需要，使我国成为少数几个能生产全氟碳油的国家，开创了我国润滑材料事业新纪元。

随着我国导弹事业的迅速发展，我国自行设计的导弹需要配套使用全新的、特殊的润滑油脂。于是，侯祥麟的团队又承担起导弹润滑油的研制任务，以满足“东风3号”“东风4号”“东风5号”新型导弹对润滑油的需要。他在确立攻关方向、技术路径时，手里只有单位制定的一堆初步数据和功能指标。他迎难而上，遵循科学规律，凭借多年从事润滑油研发的经验，进行了大量的试验、探索。1965年8月，研制工作大功告成，为我国导弹事业的发展做出了重要贡献。

航空煤油（喷气燃料）是喷气式飞机的动力来源。我国空军和民航客机所需的航空煤油在20世纪60年代以前处于产量不足的窘境，这令许多人寝食难安。

1956年，侯祥麟在担任石油工业部技术司副司长时，主抓炼油科技和生产工作。随着航空煤油需求与生产的矛盾日益突出，研制和生产国产航空煤油的重担便压在他的肩膀上。

1956年和1957年，侯祥麟两次组织玉门炼油厂按苏联喷气燃料标准、程序，试生产了两批航空煤油。他带领科技人员进行飞机发动机台架试验，一声令下，发动机立即发出了震耳欲聋的轰鸣声，令大家热血沸腾。经检测，各项数据特别是燃烧性能数据均达到了设计标准。

但在复查时，他们发现喷气发动机的火焰喷射筒发生了烧蚀现象，合金钢燃烧筒内壁变得凹凸不平，甚至变了形。为了验证这一结果，获得第一手资料，侯祥麟又组织了几次试验，问题仍旧存在。他们感到很迷茫，只能暂停试验。他组织大家总结经验，分析问题——到底是油的问题，还是别的什么问题？为此石油工业部成立了“玉门喷气燃料的使用性能研究”课题组。

1958年，在系统分析研究的基础上，他们再次进行试验，并在点火试验中特意使用了从苏联进口的燃烧筒。结果，燃烧筒还是发生了烧蚀现象，这说明不是国产合金钢燃烧筒的质量问题。

同年，我国科技人员将玉门炼油厂生产的航空煤油送往苏联红旗研究所，请苏联专家帮助查找问题，对方也未能找出原因。

20世纪60年代初，中苏关系交恶，航空煤油进口的渠道被封死。这导致我国油料供应异常困难，国防建设和军事训练受到极大制约，此时若发生战争我国将会十分被动。在科研试验进入最紧张的阶段时，石油工业部部长、独臂将军余秋里来到研究院现场办公。他说："祥麟同志，你知道吗？我走在天安门广场时，身为石油部长觉得身子矮了半截，搞不出航空煤油，我们过天安门广场时都抬不起头！咱们立个军令状，到时候你再不把航空用油搞出来，我就亲手把你们研究院的牌子倒挂过来，关门算了！"

"我是石油科学研究院负责技术的副院长，搞不出航空油，部长要打屁股，不打我打谁！"不认输的侯祥麟这样表态道，"余部长，无需您亲自动手，航空煤油再搞不出来，我自己就无脸再来上班了。虽然我们屡屡失败，但在'科学精神'的指导下，一定会取得成功。"

为了尽快研制出航空煤油，国务院决定由石油工业部联合三机部、中国科学院、原空军总后勤部等单位协同攻关，针对烧蚀问题进行全面、系统的理论研究和实验分析。这期间，侯祥麟要协调各方面工作，还要不断地往返于空军基地、发动机生产厂、炼油厂和实验室之间，参加讨论，指导工作。

1960年8月16日，国务院副总理、国防科委主任聂荣臻元帅在给石油部部长余秋里的信中，一针见血地指出："航空油料仍完全依赖进口，煤油的技术问题还未解决，汽油只能生产部分型号，润滑油也有不少问题。这些情况令人担忧，一旦进口中断，飞机就要被迫停飞，某些战斗车辆就要被迫停驶。”

解决军用和民航飞机油料自主生产的问题刻不容缓，这是中国科技人员必须面对的历史难题。

“如果我们的战斗飞机因为缺油而无法起飞，这是不敢想象的。” 侯祥麟作为技术总指挥， 感到了前所未有的压力。对国产航油烧蚀燃烧筒这只“拦路虎”，只能背水一战，于是他组织了六个研究室的百余名科技骨干每天泡在现场，研究、试验、失败，再研究、再试验、再失败……

1961年除夕夜，京城鞭炮齐鸣，一派节日景象。此时，在京郊石油科学研究院的一座平房里，人们处于紧张的气氛之中。侯祥麟正在指挥国产航空煤油小单管燃烧试验。一年来，大家进行了无数次试验，为此，石油工业部数次发出《关于采取多种方法试制航空煤油的通知》，除夕之夜的这一次试验是经过多次论证和充分准备的，大家的心都提到了嗓子眼儿……

一位漂亮文静的女专家全神贯注地盯着工作台。她梳着整齐的短发，一双明亮的大眼睛炯炯有神。她叫李秀珍，是侯祥麟的妻子，也是这次试验的负责人之一。在此次试验之前，她和同事们在充满噪音的环境里，靠分液漏斗精制了上千公斤油样儿，又用小釜蒸馏了数千公斤试验油样儿。

试验按时点火，隆隆的轰鸣声淹没了一切。在人们的期待中，喷射的火龙渐渐地平息下来，凌晨的阵阵鞭炮声宣告着大年初一的来临。大家瞪大眼睛，目光聚焦在合金钢燃烧筒上。

满怀期待的人们再次被烧蚀得如麻点般凹凸不平的燃烧筒

惊得目瞪口呆，试验又失败了。人们面面相觑，下意识地把目光转向了侯祥麟。“休息！”他望着熬红了眼的同事们说，“同志们，春节到了！大家回家过年，我们明天从头再来！虽然试验又失败了，但从实践的、辩证法的角度看，我们距离成功又近了一步，我给大家拜年啦！祝大家春节快乐，阖家幸福！”

大年初一凌晨，侯祥麟夫妇拖着沉重的脚步回到了家，两个女儿早已进入了梦乡。天一亮，侯祥麟的外甥就前来拜年了。侯祥麟对他说：“替我们看孩子吧。”说罢，夫妻俩又返回试验现场……

侯祥麟对着燃烧筒发呆，渐渐地，他意识到了问题的所在。以往的研制工作一味追求航空煤油的“纯洁性”，走向了极端，因而不仅不能达到预期效果，反而造成物极必反的结果。于是他从辩证的角度寻找解决问题的对策：如在油中适当地加入一些“杂质”，情况又会怎么样呢？侯祥麟进行了一番分析和估算，就立即召集几个骨干前来研讨，把自己的想法和盘托出。

“加硫黄怎么样？”侯祥麟开门见山地说。

“加硫黄？这不是引火烧身吗？”有人觉得这个想法异想天开，连连摇头。

侯祥麟很冷静，他认为世间万物在一定的条件下具有两重性，好与坏是相对的，两者之间的界线往往只差一步，好坏双方可以转化，既对立又统一。科学研究的核心是不断开拓创新，创新就要敢于冲破传统的思维模式，在实践中不断探索和升华。发生烧蚀问题的根源也许就是航空煤油中硫黄的含量过低。虽然硫黄对燃烧筒有腐蚀性，但是，硫黄燃烧时可以为燃烧筒内壁提供保护和润滑，并能将热能带走。

在全新的思路指导下，试验又开始了。这是国际上前所未有的试验——将加入硫化物的航空煤油注入了发动机。试验台上火龙呼啸飞舞……试验结束后，人们拥向试验台，目光一齐投向令人寝食难安的燃烧筒——成功了！燃烧筒上不仅没有出现烧蚀现象，反而光亮照人。“我们终于成功了！”大家欢呼雀跃。兴奋之余，人们对于折磨了他们数年的硫化物含量低的问题感到大惑不解。“我们被形而上学的思想禁锢了手脚，工作陷入了极端，结果，工作越精细、越深入，离真理反而就越远。科学研究和科学实验告诉我们，那些表面上看起来很神秘、很复杂的事物，其实是被主观放大了。出现这样的问题，与我们的经验不足和缺乏辩证思维有关。这个问题具有普遍性，也有特殊性，值得我们认真总结。”侯祥麟对大家说。

1961年，侯祥麟与科技人员进一步完善了工作程序，采用全新的添加剂，炼制出了合格的“国字1号”和“国字2号”航空煤油。1962年伊始，中国民航和中国空军开始使用国产航空煤油，结束了航空煤油主要靠进口的历史。

## 培育“五朵金花”

侯祥麟院士为我国石化行业的发展做出了历史性贡献。然而他却谦虚地说：“其实，我这辈子只做了两件事情，一是自主地开展人造油工作；二是独立完善我国的炼油技术。”

20世纪50年代末、60年代初，国际政治风云变幻，国民经济举步维艰。大庆油田的发现，使中国摘掉了压在头上的“贫油国”帽子，点燃了经济建设的火炬。但大庆原油蜡的含量高，难以被有效地利用。要让大庆的石油变成具有多种用途的石油化工产品，为国民经济提供动力和原料，提高炼油的科技水平是关键。

因大庆原油含蜡量高，只有达到成熟的二次加工技术和拥有过硬的生产工艺设备才能生产出国家急需的各类油品。但是，我国原油二次加工技术不成熟，各种添加剂和催化剂的研制刚刚起步，根本无法满足二次加工的技术需要，这成了中国科技人员必须跨越的鸿沟。

1960年11月底至12月初，石油工业部召开石油炼制科研工作会议。会议决定如下：以军用油为纲，解决石油产品问题；抓紧对现有设备的改造，开发新工艺；抓好对催化剂、添加剂和尖端技术、产品的开发。为此，侯祥麟与专家们根据大庆原油的特点共同研究制定了我国炼油科技的发展目标，提出依靠自己的技术力量，尽快攻克流化催化裂化、催化重整、延迟焦化、尿素脱蜡以及相关的催化剂、添加剂等五个系列的技术难题。当时有一部国产电影《五朵金花》轰动大江南北，影片中五位聪明美丽的姑娘，都叫“金花”，这五位姑娘成了大家的焦点话题，科技人员就把这五项炼油新科技形象地比喻为“五朵金花”。

1962年1月，为了推动和加快我国石油提炼工艺的开发和工业化生产，石油工业部成立了“炼油新技术核心领导小组”，作为小组成员，侯祥麟负责规划和组织炼油新技术的开发研究。

他不知疲倦地穿梭于大江南北，奔波于研究院所、炼油厂、发动机制造厂和空军基地，协调指挥试验，使“五朵金花”竞相开放。“我们为实现冲破外国封锁，发展我国炼油技术的目标，甘愿献出一切，这是爱国主义，不是排外主义。科学应为全人类造福，科技发展需要国际交流与合作，但首先要有自己的科技成果，才能进行交流。”他表述了这样的观点。

1962年，侯祥麟参加了“国家科学十年科技发展长远规划”的编制项目，负责石油炼制行业“1963—1972年的十年科技发展规划”的制定。规划对原油加工、人造石油和炼油基础理论等16个科技项目的研究工作，作了科学全面的部署。

在物质条件十分困难的情况下，侯祥麟组织带领广大科技工作者和工人群众，自力更生，艰苦奋斗，终于在1965年前后，攻克了炼油中的制作难关。令国人瞩目的“五朵金花”开出了美丽的花朵。这些成果使我国炼油工艺水平实现了质的跨越，接近了国际先进水平。从此，我国的汽油、煤油、柴油、润滑油等国民经济和国防建设不可缺少的战略物资实现了百分之百的自给自足，《人民日报》头版头条进行了报道：“中国人使用‘洋油’的时代一去不复返了！”

## 历尽风雨　矢志不移

20世纪50年代至60年代初期，是中国现代科技和工业从无到有、不断发展的奠基期，也是侯祥麟科研事业的收获期。但“文革”开始后，侯祥麟这个有着几十年党龄的专家型领导干部一夜之间被打成了石油科学研究院的“头号走资派”，他仰天长叹道：“我们科研的黄金时代结束了！”

1967年的一天，李秀珍从院保卫部得知，造反派正准备将侯祥麟关进“牛棚”。她跑回家，催促丈夫从后墙跳出去逃走，自己负责与造反派周旋，尽可能地多争取一些时间。

侯祥麟不忍心让柔弱的妻子成为自己的“挡箭牌”，于是被造反派抓走并关进了“牛棚”，一边接受批判，一边劳动改造。

1969年，北京等大城市开始了大规模的下放行动，侯祥麟全家被下放到湖北潜江“五七”干校进行劳动改造。他在科研事业正处于巅峰之时，一下子被剥夺了做科研的权利，这令他痛心疾首，但他始终坚信党有能力纠正自身的错误。

1971年，侯祥麟从“五七”干校回京，之后担任了燃料化学工业部石油化工科学研究院革委会副主任，主持研究院科研工作。

1973年，已到花甲之年的侯祥麟出任石油化工科学研究院院长，主管石油化工科技工作。他以老党员、老科学家的实事求是精神，排除各种干扰，组织研究和解决了我国石油化工工业发展中的科技问题和流程难题。几年后，他们改造更新了顺丁橡胶和维生素发酵的工艺技术；全面提升了管催化裂化、渣油催化裂化、溶剂脱沥青、减粘等的工艺水平；研制了新型催化裂化、重整、加氢异构化催化剂及高档润滑油和有关添加剂等；开发了我国急需的多种石油化工产品；形成了减压馏分油催化裂解新工艺。这些科技成果推动了中国工业化的进程，使我国实现了技术出口。

1978年，中国进入改革开放新时代。在科学事业蓬勃发展的“春天”里，侯祥麟担任了石油工业部副部长，主抓科技工作，兼管炼油生产。他深入京郊的东方红炼油厂等单位，主持制定了石油化工行业“挖潜增效节能十项措施”，并率队检查，一一落实，使每炼一吨原油的能耗由101万千卡降到80万千卡。在他的领导下，从1979年到1982年，石油工业部获“国家发明奖”18项。

1981年，侯祥麟担任了中国石油学会理事长，组织了石油化工行业一百多位专家，研究如何用好我国年产量为一亿吨的原油，使之达到最佳的经济效益，并为国务院起草了《关于合理利用一亿吨原油的若干意见》的报告。报告受到国务院领导的高度重视，被印成中央政治局参阅文件，发至各省、市、自治区第一书记。

改革开放初期，我国的原油生产、石油化工、石油加工、石油化纤等系统，分别隶属几个不同的国家行政管理部门，工作中推诿扯皮的现象屡见不鲜，工作效率低下。侯祥麟深知，不打破这种各自为政的格局，中国石化工业就难以取得长足进步，更谈不上具有国际竞争力了。

同时，关注和推动科研院所体制改革也是侯祥麟的一个工作重点。在探索科研体制改革和调整的过程中，他结合自身半个多世纪从事科研组织管理实践的经验，参考国外科研机构的运行机制，强调科研体制改革要适应社会主义市场经济规律的需求，适应科学技术自身发展的规律。

1983年7月，中共中央国务院为了充分有效利用资源，消除“条块分割、分散管理”的弊病，批准成立了“中国石油化工总公司”。侯祥麟作为该公司技术经济顾问委员会的首席顾问和常务副主任，组织实施了大庆油田常压渣油催化裂化和减压蜡油催化裂解的技术攻关及高压加氢装置和催化剂的国产化工作。

侯祥麟在已有科研成果的基础上，进一步开展了对碳氢化合物和对镍铬合金高温燃烧腐蚀的深入探索和研究。在以往的科技文献中，矿物燃料燃烧引起合金腐蚀的原因，均被认为是由硫或其他重金属造成的。然而，经过研究和试验，侯祥麟发现，即使在上述杂质含量低的情况下，同样会发生镍铬合金的高温烧蚀现象。相反，保留一定量的杂质将会收到意想不到的效果，例如在航空煤油中有意掺入一定比例的杂质，反而能对合金高温烧蚀起到抑制作用。经过反复研究和试验，他认定镍铬合金在含烃的高温碳化气氛中伴生石墨碳，过程中有镍的催化作用，因镍易吸附硫化物质丧失了催化活性。侯祥麟从理论上科学地证明了喷气发动机火筒材料高温烧蚀的机理。1981年，他发表了论文《碳氢化合物对镍铬合金高温燃烧腐蚀的研究》，引起了国际同行的关注，受到了广泛好评。

针对我国石油化工工业的科技水平和生产现状，侯老多次强调：“石油化工是传统行业，即使在新的产业革命中，其地位仍不可替代，必须及时地将计算机、系统工程、信息处理、生物工程等新的科技成果应用到石油化工行业。要不断提高石油能源的利用效率，在工艺流程、加热方式、热量回收等方面进行不断优化。要追赶国际石化科技先进水平，否则只能跟在人家后边。科研工作一定要立足于创新，创新才是实现赶超国际水平的前提。”

1988年，侯祥麟作为第七届全国政协科技委员会副主任，组织开展了科研体制改革的调研，完成了《进一步完善和深化科技体制改革》《加快科技成果转化为生产力的步伐》等报告，提出了改进措施。

## 走出去　请进来

1994年春，第十四届世界石油大会在挪威的斯塔万格隆重召开，中国科学院院士、中国工程院院士侯祥麟在万众瞩目的主席台上，以世界石油大会中国委员会主席的身份庄严地接过大会会旗。

1997年10月12日，第十五届世界石油大会在北京召开。金色的古都鲜花摇曳，欢迎来自世界各地的朋友们。这是中国石化工业的飞跃和历史性转折，实现了侯祥麟半个多世纪梦寐以求的夙愿，标志着我国石油化工事业已经具有了国际影响力。

早在1979年春，我国为加强与国际石油组织的交往，成立了“世界石油大会中华人民共和国国家委员会”，侯祥麟担任委员会主任。同年，在罗马尼亚首都举行的第十届世界石油大会上，我国正式加入世界石油大会组织，成为常任理事会成员。此后，侯祥麟率领中国代表团先后出席了第十一届、十二届、十三届、十四届世界石油大会，不仅加强了我国与世界石油大会组织成员国之间的科技交流，也为我国申办世界石油大会奠定了基础，使中国石油化工事业走向了世界。

1990年，我国正式向世界石油大会执行局提出在北京举办第十四届或第十五届世界石油大会的申请。

1991年秋，在阿根廷举行的常务理事会上，侯祥麟代表中国政府做了发言："以往的13次大会，欧洲召开了8次，美洲召开了4次，亚洲仅召开1次；亚洲是国际经济发展最快的地区，不仅石油产量大，消费量也很大；中国经过40多年的发展，石油工业已形成规模，国际合作范围日益扩大。"

1993年4月23日，40多个世界石油大会常任理事国经过秘密投票，同意将中国作为第十五届世界石油大会的主办国。

# "我是社会服务家"

"人家让我干，我就不能推。趁身体还行，就应该做些力所能及的社会公益工作。"侯祥麟风趣地说，"我是社会服务家。'社会活动家'这个称呼不准确，我更喜欢'社会服务家'这个说法。"在他看来，能服务社会、造福群众，就感到幸福，就有价值。

## 调查研究献言献策

20世纪80年代，侯祥麟组织一些全国政协委员，对中科院各研究所的仪器设备进行检查，发现相当一部分仪器设备都处于"超期服役"状态，要么不堪重负，要么成为摆设。

他们将调查报告上报国务院，引起了国务院的高度重视，有关部门进一步核实后，下拨5亿元专项经费。这对中科院的一些单位而言，可谓雪中送炭。

侯祥麟院士在社会活动中硕果累累，先后完成了《关于科研院所进入大中型企业问题的调查报告》《进一步完善和深化科技体制改革》……

### 呼吁建设节约型社会

20世纪70年代，国际能源形势日益紧张。侯祥麟说："1978年，全球爆发'能源危机'，国际油价直线上涨。但我国炼化厂的能耗居高不下，炼一吨油要消耗105万大卡，形势极为严峻。"于是他狠抓科学管理与技术创新，强化炼油厂与高等院校的合作，不断优化炼油技术，大力提高节能技术，使全国炼油平均能耗从105万大卡降到71万大卡，6年内节约930万吨原油，有些炼油厂的原油蒸馏装置能耗标准达到世界平均水平。

随着国民经济的快速发展，我国能源消耗越来越大。侯祥麟向中国工程院递交了一份《节约型社会初步探讨》的建议书，提倡全社会节约。他反复强调："我国人均资源相对贫乏而经济高速发展，资源的可持续发展的基石是建立节约型社会。"

## 呼吁成立中国工程院

1981年，高瞻远瞩的侯祥麟院士在中国科学院技术科学部召开的学部大会上，提出了关于成立"中国工程与技术科学院"的问题。

当时，发达国家除了设立科学院以外，还设立工程院。这些国家的工程院发起成立了“国际工程及技术科学院理事会”。中国科学院技术科学部曾想参加这个理事会，但对方只接受民间组织，不接受具有国家行政机构性质的组织。中国科学院属于国家行政机构，因此下属的技术科学部只能列席会议。

“社会主义现代化建设事业进入新时代，工程科技在国家发展中的作用日益显著。但与其发挥的作用相比，技术科学并没有受到足够的重视，社会上从事基础科学的人很多，但从事技术科学的人很少。工程科技被忽视，高等工程教育也受到冷落。”侯祥麟坚信，这种局面不会长久。

1986年和1989年，侯祥麟联合近百位院士，建议成立中国工程与技术科学院，但由于种种原因，建议未能转化成现实。

1992年春，侯祥麟、张光斗、王大珩、张维、罗沛霖、师昌绪几位学者再次提出《早日建立中国工程与技术科学院》的建议，并通过不同渠道将建议再次呈报党中央和国务院。不久，党中央和国务院成立了以国务委员宋健为组长的筹备组，筹建“中国工程院”的工作终于步入了正轨。

1994年，我国成立了“中国工程院”。侯祥麟成为“中国工程院”的首批院士。

“中国工程院在选举第一批院士前有很多争议，比如在讨论选举标准时，有人认为，领导干部不宜当选为院士。”侯祥麟主张，“这样的人还得要，因为他们贡献大、经验丰富、社交面广，当然，这样的人不能太多。不能因为是领导干部，就一定能当选为院士；也不能因为是领导干部，就不能当选为院士。因为，当选为院士的标准只能是一个，不论是谁，只要符合条件，就有申报的资格。”他的观点得到了大家的赞同。

侯祥麟十分重视院士的道德建设，在担任中国工程院“科学道德委员会”副主任时，与主持工作的潘家铮副院长一起制定了“院士行为规范和道德准则”，并使之成为院士们必须遵守的规则。

1998年6月，国务院决定在“中国科学院”和“中国工程院”设立资深院士制度。侯祥麟同时成为“中国科学院资深院士”和“中国工程院资深院士”。

2005年，侯祥麟自觉参加了中国石油天然气集团公司开展的“保持共产党员先进性”教育活动。他是中国石油系统参加先进性教育活动最年长、党龄最长的党员。

省部级干部，两院院士，世界石油大会中国国家委员会名誉主席，全国政协常委……侯祥麟的哪一个头衔都令人瞩目。但影响和决定他人生道路的，是他自己常挂在嘴上的六个字：我是共产党员。

## 培养人才　甘为人梯

20世纪60年代，知人善任的侯祥麟，先后举荐了20多位中青年科技骨干走上领导岗位，推动了研究院科技干部人才梯队的建设。

1960年到1982年，他只发表了一篇论文。他把大量的精力用于指导年轻人写论文，但从不署他自己的名字。“他不让署。他把发表研究成果的机会让给了年轻人，通过这种方式培养科技骨干。”有些同志回忆说。他们还清楚地记得侯祥麟当年常对中层干部讲的话：“你们不仅要自己做出东西，更要让下面的年轻人做出成绩来。”

改革开放后，为了更有效地鼓励和推动自主创新，侯祥麟强调，从以“模仿”为主转到以“创新”为主是一个艰难的过程，需要全社会共同努力，为科研人员创造敢于创新的环境；要给优秀科研人员自由选择题目的机会；对从事探索性工作和基础研究工作的人，要给予物质条件和奖励。同时，为了更好地培养科技人才，侯老大力推进联合办学和办所的工作，先后和大连理工大学、浙江大学、天津大学等院校合办了“石油化工学院”，与北京石油大学、华东化工学院、清华大学、天津大学、浙江大学合办了“研究所”“开放实验室”等，为人才培养和人才脱颖而出创造了环境和条件。

1986年，侯祥麟把获得的恩里科·马太依国际科学技术奖的2.5万美元奖金作为专用资金，全部用于向国外购买科技书籍，供大家学习参考。

1997年，侯祥麟捐资设立了“石油加工科技奖”，用于奖励优秀学子和青年科技人员。

1997年8月10日上午，北京艳阳高照。“侯祥麟基金管理委员会”成立大会在北京石油化工科学研究院隆重举行。“侯祥麟基金”是他用“何梁何利基金科学与技术成就奖”的奖金和中国石油化工总公司、中国石油天然气总公司、石油化工科学研究院的捐赠创办的（本金500万人民币，其中他个人出资50万元，中国石油天然气总公司和中国石油化工总公司各出资200万元，石油化工科学研究院出资50万元），用于奖励石油化工战线上的优秀科技人员，每年颁发一次。

1998年5月，第一届“侯祥麟基金”颁奖大会在石油化工科学研究院举行，他亲自向获奖者颁发了获奖荣誉证书和每人2万元人民币奖金。截至2015年9月，“侯祥麟基金”共颁发7次，奖励227人，其中本科生118人、硕士生65人、博士生25人、博士后6人、青年科技人员13人。到目前为止，石油化工科学研究院人才济济，硕果累累，共取得“国家发明”一等奖1项，“国家科技进步奖”特等奖1项、一等奖7项，部级奖励580多项。

20世纪90年代，作为国家自然科学基金委委员，侯祥麟针对人才“断层”问题，提出了设立“优秀人才基金”的倡议。他在调研的基础上，结合我国青年科技人员队伍现状和国家发展需求，形成了报告和工作方案。不久，“中青年优秀人才基金”在国家自然科学基金委应时而生。1999年，国务院据此批准设立了“国家杰出青年科学基金”。

## 大爱无形　真爱无声

侯祥麟把一生的心血都投入到科学研究和国家建设上，对物质生活条件所求甚少。他长年忙于工作，疏于照顾家庭，然而在他心里却深藏着一份对父母、对妻子、对女儿的真挚的爱。

14岁时，侯祥麟到上海读书，踏上了“寻求真理，立志报国”之路。1937年，他首次回家为父母祝寿。从这次离开后，他再未见过体弱多病的父亲。1949年，父亲去世时，侯祥麟正在美国求学，他只能跪拜东方来祭奠父亲。一年后，侯祥麟才回到汕头，正式为父亲举行了下葬仪式。不久，他又离开了依依不舍的母亲。

1952年，母亲去世，分身乏术的他不能为母亲送行。直到从工作“一线”退下来以后，他才有机会重返故乡。他本打算为父母扫扫墓，但由于家乡经历了数十年的巨大变迁，他竟找不到父母的墓地！“我是个不肖子孙。”侯祥麟感叹道，“我虽有感恩之心，却无感恩之行，感到很愧疚。但我相信，父母不仅会原谅我，而且还会支持我。”

2005年9月16日，温家宝总理以普通听众的身份，参加侯祥麟同志的先进事迹报告会。会前，他在休息厅对侯祥麟说：“看电视上播放您的先进事迹，我很受教育。去年请您来中南海汇报工作时，我不知道您老伴儿病危。后来知道了，我一直很歉疚。”温家宝总理之所以这么说，还得从两年前讲起。

2003年5月25日，国务院总理温家宝来到侯祥麟家中，拉着他的手说：“国家将启动‘可持续发展油气资源战略研究’，您德高望重，具有社会影响力，我十分希望您能够参加这项工作。但考虑到您年事已高，我又于心不忍。”

“温总理，国家需要，我义不容辞。”侯祥麟深知国家能源安全的战略意义，望着温家宝殷切的目光，他决定再次挂帅。

“当时，根本就没有想过我多大年纪，考虑的是自己有没有能力承担这项重大科研课题。”侯祥麟回忆道，“当时思维能力和身体条件还可以，我就答应了。要是认为自己不能完成，我当然就不接受了。

“在世界性的能源问题使每个人都感同身受的今天，这项研究的重要性不言而喻。”侯老明白，承担如此重大的课题，对自己的年龄和身体来说是一项挑战。他也知道这项工作涉及面广泛，情况复杂。但强烈的责任感和使命感使他无法推辞。“那天，温家宝总理和徐匡迪院长到我家来，温总理希望我牵头主持这项国家重点课题研究，我觉得义不容辞，就接受了。”

为党和国家的需要去努力、去拼搏，成了侯老的人生习惯和党性自觉，他是“老骥伏枥，志在千里”。

2004年4月，侯祥麟的爱人李秀珍的病情越来越严重，已经到了癌症晚期，她嘱咐两个女儿不要把诊断结果告诉爸爸。5月初住院后，她对丈夫说：“我没事，挺好的，过一段时间就能出院。”为了不让侯祥麟担心，每次在他来医院之前，她都会梳妆一下，给丈夫造成“病情不重”的印象。疾病、手术和化疗使李秀珍的身体越发虚弱，有一次，刚抽过胸腔积液的她忍着病痛，露出笑颜，甚至咬牙站起来走了几步，好让耄耋之年的老伴儿安心。

2004年6月25日上午，在中南海第一会议室，“中国可持续发展油气资源战略研究”课题组向国务院常务会议汇报研究成果。侯祥麟作为课题组组长代表课题组发言，赢得了大家的阵阵掌声。这是他们课题组用时一年多形成的调研成果，从前瞻性、战略性的高度，科学分析了中国和世界油气资源的现状及供需发展趋势，提出了中国油气资源可持续发展的总体战略、指导原则、战略措施和政策建议，为指导中国“十一五”发展规划和实现全面建设小康社会的奋斗目标，提供了能源行业决策方面的重要依据。

然而此时，李秀珍的生命体征开始出现异常。女儿紧攥母亲的手，在她耳边呼唤着：“妈妈，坚持住啊！一定要等爸爸回来！”

侯祥麟赶到协和医院时，妻子已陷入昏迷。他俯在她耳边轻声地说道：“我的工作汇报反响很好……”虽然她没有反应，但听懂了，放心了。两个小时之后，她安详地走了。

1930年，李秀珍生于黑龙江省哈尔滨市，1947年考入哈尔滨工业大学化工系，毕业后到燃料工业部石油管理总局兰州炼油厂筹建处工作。这期间，她认识了侯祥麟，后调入石油管理总局炼油处。不久，她赴苏联学习一年，回国后调入石油化工科学院，先后担任项目组长、高级工程师、研究室主任等。

侯祥麟少小离家，负笈求学，在国难当头之时，秘密加入中国共产党，他清醒地意识到自己随时可能会牺牲，为了不连累爱人，始终未曾谈情说爱。

1954年，侯祥麟调任燃料工业部石油管理局炼油处主任工程师，在工作中结识了李秀珍。有一次，李秀珍好奇地问：“侯老师，您在美国6年，就没有想过留在美国工作和生活吗？”

“从来没有这种想法。”

“为什么？”

“很简单，我本来就是为了建设新中国才去留学的，出去的目的就是为了回国。我不是因为向往美国才去的，所以，回归祖国很自然。建设新中国是我的信念，是必须做的事。”

“侯老师，您为什么每天都工作十多个小时，而且周末也不休息？”李秀珍继续问。

“每天只工作8小时的科技人员，永远也当不了科学家。”侯祥麟坚定地说，“勤奋是根本，成功只是勤奋的副产品！”

李秀珍的脸上流露出一丝不易被察觉的敬佩和兴奋的神情，脸色微微泛红。

在工作上，李秀珍与侯祥麟经常有接触的机会。李秀珍被侯祥麟热爱祖国、追求真理、献身科学的人格魅力所打动，侯祥麟也被美丽、稳重、聪明的李秀珍所吸引。渐渐地，他们相互产生了爱慕之心。1955年除夕之夜，在新春的鞭炮声中，侯祥麟与李秀珍携手步入了婚姻的殿堂。

1961年，在大年初一的清晨，刚做完试验的侯祥麟和李秀珍拖着沉重的脚步往家走。刚踏上家门口的台阶，李秀珍突然想到家中还有两个年幼的女儿，孩子们可别有什么意外啊！想到这儿，她脚下生风直奔家门，手忙脚乱地打开房门。当他们抱起睡梦中的女儿，发现她们的小脸蛋儿上还挂着泪痕。

对于女儿，侯祥麟像是欠了无法偿还的“父爱债”。“在我们小时候，爸爸总是很忙，常常见不到他人，他一回到家，总是心花怒放地将我们一一抱起来，高高举过头顶，再放下来亲亲，就去埋头看书写稿了。”小女儿侯珉回忆道，“人家的孩子在节假日能跟父母到公园玩，而我的爸爸从没休过节假日，更不可能带我们出去玩了。”

两个女儿一个上了清华大学，一个上了北京钢铁学院。两姐妹天天骑车上学，风雨无阻，从不蹭父亲的公车。20世纪80年代以来，侯祥麟推荐了很多人出国留学，唯独没有推荐自己的女儿。他说："她们的事就让她们自己去努力吧！"后来，两个女儿凭自己的真才实学，获得了公派留学资格并学业有成。

1982年，小女儿从清华大学毕业后被分配到石油化工科学研究院，从事催化剂的科研工作。她的石蜡加氢精制催化剂的研究成果获得了"国家科技进步"二等奖，可谓女承父业。

化学制品中的有毒物质，对人体特别是对孕妇的身体影响很大。对此，李秀珍曾对侯祥麟抱怨道："如果当初没有让孩子搞化工，咱们早就抱上外孙了。"侯祥麟则说："都想抱孙子，那工作由谁来做？"

耄耋之年的侯老是"赶时髦"的人，他始终对新鲜事物保持着敏感、好奇、参与的心态。1997年，他开始学习电脑，在电脑上查找资料、撰写文章。互联网兴起后，他又学会了上网，发电子邮件。电脑上的字太小看不清，他就拿放大镜对着屏幕看。除了看国外的科技论文、期刊，他最喜欢的就是用即时通信软件与大洋彼岸的外孙女视频聊天，享受天伦之乐。

## 人生的感叹号

"做人严于律己，真诚待人；做事认真负责，忠于职守；做学问实事求是，勇于创新！"侯祥麟说到这儿停顿了下来，表情神圣而坚定地强调，"做党员，不忘初心，生命不息，践行不止。”这句话成为他人生的写照。

2005年7月，中国工程院、中国科学院、中国石油天然气集团公司和中国石油化工集团公司联合下发《关于向侯祥麟同志学习的决定》。

2007年11月，人物传记电影《战略科学家——侯祥麟》首映，作为反映时代主旋律的佳作，该片被国家广播电视总局列为2007年度重点影片，获得“第12届中国电影华表奖”优秀纪录片提名奖。

2008年12月8日20点36分，侯祥麟因病在北京逝世，享年96岁。14日，遗体在北京八宝山革命公墓火化。他病重期间及逝世后，胡锦涛、吴邦国、温家宝、贾庆林、李长春、习近平、李克强、贺国强等党和国家领导人以不同方式表示慰问和哀悼。

斯人已逝，幽思长存。得知可亲可敬的侯祥麟院士去世的消息后，我想起了他对我说过的一段话：“老夫喜作黄昏颂，满目青山夕照明。人生的风雨已过去，我心明朗和宁静。明德惟馨，宁静致远，云水之风悠悠然……”

我们要以黄大年同志为榜样，学习他心有大我、至诚报国的爱国情怀，学习他教书育人、敢为人先的敬业精神，学习他淡泊名利、甘于奉献的高尚情操，把爱国之情、报国之志融入祖国改革发展的伟大事业之中、融入人民创造历史的伟大奋斗之中，从自己做起，从本职岗位做起，为实现“两个一百年”奋斗目标、实现中华民族伟大复兴的中国梦贡献力量。

——习近平

# “振兴中华乃我辈之责”

## ——记为地球做CT①、MR②的地球物理学家黄大年

目前，地球仍是人类赖以生存的唯一家园。人类文明想要持续进步，就必须了解哺育我们的地球。我国有一位地质学家，他能够为地球做CT、MR，能够快速探测扫描陆地和海洋，使地层中的矿藏、海洋中的舰艇一览无余。这位具有“火眼金睛”的人物就是国际著名地球物理学家、我国“千人计划”特聘专家、吉林大学地球探测科学与技术学院教授黄大年。

## 书香门第　科技情怀

1958年8月28日，在广西壮族自治区南宁市地质学校的一栋家属楼里，长子黄大年呱呱落地。这一年是农历戊戌年又逢“大跃进”，父母便为儿子起名“大年”。

---

① CT：指计算机断层扫描。

② MR：指核磁共振成像。

## 良好的教育放飞科技梦想

作为伴随着新中国一起成长的知识分子，黄大年的父母始终坚守着科学报国、科学强国的初心，具有隐忍克己、朴实包容、无私奉献的品德，兼具文化修养和科学精神。在黄大年的童年时代，父母经常给他讲李四光、钱学森的故事，科学家逐渐成为他心目中的偶像。

1965年，黄大年上小学，学习成绩一直名列前茅。如果老师说“班里有一个同学考试得了满分”，同学们便会不约而同想到黄大年。

一年后，“文革”肆虐神州，社会秩序混乱，人们生活无序，学校经常停课或开会、游行。“大年，你是学生，认真学习是本分，不管学校发生了什么事情，都要坚持学习。只有掌握了科学知识，才能像李四光、钱学森那样报效祖国。”在父母的督促和辅导下，他坚持学习并养成了良好的学习习惯。

“大年，昨天的棋局背下来了吗？”父子俩下象棋时，父亲训练他记棋局；“大年，现在把书合上，复述一遍。”读书时，父亲常常要求他复述刚看的内容；……“大年，《十万个为什么》可以开阔眼界和思路，要好好看一看，想一想，多问几个为什么。”因父母引导得当，他看的连环画、玩的游戏多与科普知识有关，潜移默化地培养了他的科学精神。良好的家庭教育和严格的科学训练，使黄大年的学习能力不断提升。

《地道战》《地雷战》《小兵张嘎》《南征北战》等战争影片是他的最爱。在南宁地矿局地质大院里，他常在纸上、地上、墙上描绘日本兵，组织小朋友玩用弹弓“打鬼子”的游戏。

1968年，父母被下放到桂东南山区，全家同往。离家最近的小学需要翻山越岭徒步近两个小时才能到达，山野小道上经常会出现毒蛇、猴子、野猪、狗熊。一次，黄大年在上学途中被野猪吓到，滑下山坡摔得遍体鳞伤，一度被迫休学。

初中时，他被送到罗城县“五七”中学寄读，期末才能回家。该校学生多为部队子弟，黄大年与他们一起游戏，一起高喊“只解沙场为国死，何须马革裹尸还”的诗句，把自己当作保国杀敌的英雄。

“这里的老师多数是被下放的科研人员，我从他们身上学到不少科学知识，特别是实事求是的科学态度和严谨周密的工作作风。”后来黄大年回忆道，“他们在科学道路上的执着、坚毅、奉献的品格令我敬佩。”

高中时，父母又被组织安排到广西贵县工作，他也转到贵港中学寄读学习。每个学期他都要参加学工、学农、学军活动，进一步接触和了解了社会，用科学知识和技术改变祖国落后面貌的志向更加强烈。

1975年，他高中毕业。经过层层选拔，黄大年从数百人中脱颖而出，成为广西第六地质队航空物探操作员。第一次从飞机上俯瞰群山、河流、谷地、田野、村庄时，他感到很震撼，并痴迷于航空地球物理探测工作。他们的工作条件简陋，飞机采集数据有风险，有一次飞机出了故障，他受了伤并在额头上留下疤痕。

在参加广西罗屋矿区“找矿大会战”时，作为磁场测量勘测队员，黄大年扛着磁秤仪跋山涉水，记录不同地点的磁力变化数据。这种勘测方式不仅工作辛苦而且效率低，无法探测到深地矿物。

一天晚上，他躺在帐篷里的行军床上突发奇想，如果能像医生给病人拍片子那样，从空中拍摄大地，让大地深处也变得透明，矿物能一目了然该多好啊！从此，这个梦想在他头脑中萦绕，而且越来越强烈。回家时，他把这个异想天开的想法告诉了父母。父亲眼睛一亮，鼓励道：“好奇和幻想是科技创新的先导，‘世上无难事，只怕有心人’。你要把这个奇思妙想变为美好现实，就必须进一步学习，科学知识可以为理想插上翅膀。”

黄大年每天的工作任务是勘测120个点，而且必须按直线进行勘测，哪怕跋山涉水、穿林过沟，都不能绕道。但是他每天都超额完成任务，曾经创造了一天勘测160个点的全队最高纪录。因在探测中发现了中型铁矿，作为有功人员，他荣获了“工业学大庆先进生产者”称号。

## “我要参加高考”

1976年10月，“文革”十年动乱结束。

1977年秋，党中央决定恢复高考。黄大年得知消息后心花怒放，但应试日期已近，备考时间不足百日。“我要参加高考！我要上大学，将来当科学家，科技强国。”他对父母表态，“我的梦想是成为李四光、钱学森那样的科学家，为国家科技事业贡献智慧和力量。所以，我要参加高考！”他白天一丝不苟、保质保量地完成工作任务，晚上废寝忘食地看书、背诵和演算，甚至到鸡鸣之时。

受父母职业的熏陶和自己工作的影响，他对地质科学情有独钟，对地球内部的奥秘充满了好奇，于是地质专业成了他不二的报考选择。

“爸爸，哪所地质大学科研力量最雄厚？哪个地质院校教师队伍最强大？”黄大年问，“我想报考最好的地质大学。”

“为什么要报地质类院校？”爸爸明知故问，“上其他学科的大学，同样可以为国家做贡献。”

“地质科学是现代工业的基础，我喜欢从事扎扎实实、看得见摸得着的地质工作。”大年话锋一转，“这也是子承父业嘛！”

“著名的地质学校多在北方，那里冬季寒冷漫长，”父亲介绍说，“这对南方人是个挑战。”

“那我就报考北方的院校！”大年语气坚定地说，“听说北国风光别具特色，我愿意接受冰雪世界的考验。”

1977年12月10日清晨，黄大年徒步前往容县杨梅公社高中，兴奋而自信地走进考场。拿到考卷时，他双手微微颤抖，手心出汗了。

1978年春节后，黄大年以超过录取线80分的成绩被长春地质学院应用地球物理系录取。他挥手告别父母，徒步从贵县七里桥村出发，背着行李走了十多公里的山路来到汽车站，乘公共汽车前往火车站。他乘坐一辆黑色车头挂绿皮车厢的火车，颠簸了四天三夜才抵达了3000多公里外的吉林省长春市。当时，长春仍是冰雪世界。负责接站的辅导员王平老师对他问寒问暖，还帮他扛行李。他发现黄大年没穿棉裤，就立即与有关老师商量为他赶制棉裤。

“谁虚度了年华，青春就将褪色”，黄大年大学时以法国文学家雨果的名言为座右铭，用实际行动“把失去的光阴夺回来”。他有一股不服输的劲儿，遇到难题时总是打破砂锅问到底。全班同学人手一本《吉米多维奇数学分析习题集》，多数同学都没有做完，但他全部做了。

“……我们有火焰般的热情，战胜了一切疲劳和寒冷。背起了我们的行装，攀上了层层的山峰，我们满怀无限的希望，为祖国寻找出富饶的矿藏……”每当唱起《勘探队员之歌》，黄大年就心潮澎湃，热血沸腾，把地球变透明的梦想不断在他脑海中闪现！

作为新时代的天之骄子，黄大年分秒必争地汲取知识，学习成绩始终名列前茅，父亲多次在信中嘱咐，“你要做忠于国家和人民的地质工作者”。

“大学时，有两件事令我终生难忘。一是老师们为我赶制棉裤，穿在身上，暖在心里，觉得老师是最可爱的人。二是滕吉文老师（后来当选为中国科学院院士）在一次讲座中开拓了我的视野，让我萌生了‘一定要走出去看一看，一定要站在国际前沿’的冲动和决心。这次讲座，滕吉文老师答疑解惑，指点迷津，在潜移默化中培养我的科学精神、国际视野，以及追求卓越的理念、方式、方法，促使我形成了日后踏上留学之路的决心。同时，我把自己未来的职业目标锁定在教书育人的教师岗位上。”黄大年回忆道。

### “振兴中华乃我辈之责”

大学四年，黄大年始终是“三好学生”。1982年1月15日，他以优异的成绩毕业，获得学士学位。他在送给同学的毕业赠言册中写道：“振兴中华乃我辈之责！”

作为全校的“三好标兵”，黄大年选择了留校工作。一年后他考取了本校的硕士研究生。研究生阶段，他依然学业优异，屡获奖励。1986年7月，他获得硕士学位，继续留校任教。他在长春地质学院度过了七年的校园生活，母校“以艰苦奋斗为荣，以献身地质事业为荣，以为祖国找矿为荣”的校训融入他的心灵和血液之中。

1991年，33岁的黄大年以杰出的工作业绩和科研成果被破格晋升为副教授，并以“考核状元”的成绩荣获学校教学一等奖。

当时，出国留学是许多人的梦想。黄大年也想出国深造，但考虑到自己承担的科研工作还没有完成，便心甘情愿地放弃了赴美留学的机会。

## 海外扬名　归心似箭

随着科学技术日新月异的发展，勘探与探测大地的技术和装备也取得了突飞猛进的进步。人们相信：解决人类面临的资源问题、环境挑战，最便捷的途径是就地取材，利用地球深部资源。科技人员纷纷拿出可行性方案，并上升为国家意志和集团行为，创造了显著的经济效益和社会效益。

## 国际知名科学家

1992年，经层层公开选拔，黄大年获得了“中英友好奖学金项目”的全额资助，被选送到英国攻读博士学位，成为30名国家教委公派留学人员之一，是地学领域唯一一人。

1993年初冬，黄大年临别时对大家表示：“同志们，等着我，我一定努力学习工作，把国际上最先进的科技带回来，我们要站在世界地质研究的前沿。”

到英国后的第一夜，他因为找不到学校，在街边的电话亭里“蹲”了一宿。虽然身体感到寒冷难耐，但他的心里却很温暖。

1996年春，英国利兹大学一间教室内响起阵阵掌声，人们在庆祝黄大年获得该校地球物理学博士学位。回国后不久，他又被派往英国从事水下隐伏目标和深水油气的高精度探测技术的研究和开发工作。在起步阶段，他带领由牛津大学和剑桥大学的学者组成的团队，开展海洋和航空快速移动平台高精度地球重力和磁力场探测技术研究，将高效率探测技术应用于海陆大面积油气和矿产资源勘探。他研发数据质量监控技术和系统，研究全张量地球物理场数据处理及解释方法以及相关软件系统，为技术应用提供科技平台。他主持研发的相关产品包括超高精度重力梯度与磁梯度航空快速移动探测技术装备、二维和三维重磁震井联合解释软件系统ARKFIELD、地球物理勘探风险分析系统等。这些产品技术领先，被多家石油公司采用，产生了巨大的经济效益。

黄大年成了航空地球物理研究领域引领世界科技潮流的科学

家，先后担任研发部主任、博士生导师、培训官、研究员等，他身边汇聚了一支由三百多名学者组成的“多国军团”，其中不乏院士，成为被同行公认的“国际最优秀的团队”之一。他们运用飞机、舰船、卫星等快速移动载体，对海洋和陆地进行穿透式精确探测，既可勘探油气和矿产，也可发现海洋中的舰船和潜艇。

2004年3月，在北大西洋洋面下1000多米深处，黄大年乘坐一艘美国潜艇与美国科技人员一起共同进行深海“重力梯度仪”试验。这时父亲的电话打了进来，话筒里传来了虚弱而缓慢的声音：“大年，你还好吧？估计我们再也见不到面了。”“爸爸，您怎么了？得重病了吗？”黄大年知道，父亲不会轻易打越洋电话，肯定是病重了。

“儿子，我理解你，支持你……，你可以不为父母尽孝，但必须为祖国尽忠，别忘了，你是中国人！”

“黄先生，如果您坚持，我们可以破例上浮，送您回国，但试验不能中断，”艇长征求黄大年的意见，“我们不可能改变工作计划。”

黄大年知道，这次英美两国合作开展的试验至关重要。如果不是英国导师极力推荐，美国是不会让一个中国人参与试验的。“忠孝不能两全，我不能放弃这个难得的机会。”黄大年心里想。他流着泪对艇长摇摇头。

“我不能放弃这个机会，如果放弃，就意味着前功尽弃。”黄大年坚持做完了试验，重返陆地时，父子已是阴阳两界。

每次随美国舰艇出海试验，看见甲板上轻盈的无人直升机，他总是默默希望祖国也早日拥有这种飞机和勘测技术。

两年后，在美国空军基地，同样的试验在飞机上进行，黄大年在万米高空给大地做“CT”时，接到弥留之际妈妈的电话：“大年啊，你在国外工作，一定要好好照顾自己，早点儿回来，争取多为祖国做点儿事情……”他仍然坚守工作岗位，母亲带着对儿子的牵挂安然逝去。

国外工作期间，黄大年在英国伦敦有一座花园别墅，位于剑桥大学旁边，还有豪华的汽车。学中医的妻子在当地经营了两家诊所，女儿上大学，全家进入了精英阶层。花园里的娇嫩青藤从一楼爬上二楼，从墙里蜿蜒到墙外；樱桃树上，圆溜溜的樱桃挂满枝头，晶莹闪烁。房间通透明亮，高大的壁炉气派庄重，一尘不染的钢琴上摆放着家人的合影，阳光给客厅铺上一层柔曼的轻纱。

然而，这一切留不住黄大年报效祖国的赤子之心。“在英国就算生活得再舒适，也不过是出卖技艺的花匠，而不是主人。”黄大年坚信，“梁园虽好，非久留之地。”

2008年除夕夜，黄大年邀请外国朋友到家中聚会，共同感受中华文化的厚重与魅力。他一边教大家包饺子，一边看着春晚讲解中国文化。中西方科学家欢聚一堂，其乐融融。当电视中响起“共祝愿祖国好，祖国好”的歌声时，黄大年全神贯注地看着荧屏情不自禁地唱了起来，浑然不觉手上的饺子皮落到了饺子馅上。

## 毅然回国

利用地球深部蕴藏的资源，是人类不断探索的重大课题。探测技术装备是强国争先恐后发展的高新技术，是花钱买不到的。黄大年清楚，中国现代化建设急需的深地和深海的探测装备要靠自主研发。

2009年春，吉林大学地球探测科学与技术学院院长刘财给黄大年发邮件，介绍了从2008年开始，中央围绕国家发展战略，开始实施海外高层次人才引进的“千人计划”。他建议黄大年借此良机重新回母校（1997年，长春地质学院更名为长春科技大学。2000年，长春科技大学与其他四所高等院校合并组建吉林大学。）工作。看完邮件，黄大年兴冲冲地把这个好消息告诉了妻子张艳。望着丈夫激动的神情，她有些左右为难，一时不知如何回答，几次欲言又止。

“你不跟我回国，咱们就散伙！”黄大年明白，同呼吸共命运的妻子此时一定百感交集，便开玩笑地说，“我们老夫老妻，一定要同甘苦共患难，携手到老，并肩而行。”

“作为中国人，在国外哪怕取得了国际一流的研究成果，但只要祖国这方面的研究仍有差距或处于空白，就没什么好骄傲的。只有祖国取得领先，才值得骄傲。”他双手轻轻抚摸着眼圈发红的妻子的肩膀，喃喃耳语：“你是学中医的，在伦敦开了两家诊所，实属不易，但报效国家和民族更有意义！你是咱们家的主心骨，你不在我身边，我怎能安心工作。”

“大年，别说了，你去哪儿，我去哪儿！”妻子泪流满面，话锋一转，“中国是你的祖国，也是我的祖国，要回国我们一起走。”

黄大年给刘财回邮件称：“作为科技人员，应该在果实累累的时候回来最好，而我现在正是最有价值的时候，应该带着经验、技术、想法和追求回去，圆科技强国梦。"

英国地球物理公司老板极力挽留："黄先生，你对现在的工作岗位和薪酬不满吗？如果有什么要求，我们都可以商量，因为公司需要你，你也需要公司。"

"谢谢！我只想回国工作，与现在的工作和薪酬没关系。因为人除了薪酬，还有别的需求，精神的、文化的、价值的。"

"你已是令人瞩目的研发部主任了，外国人要获得这个职位很难，你非常优秀，放弃的话很可惜。"

"谢谢！我回国还会继续从事这方面工作，希望我们能继续合作。"

"按规定，你离开公司，必须承诺不使用这里的研究成果，否则公司有权追究责任的。这点你应该很清楚！"

"清楚，我会递交辞职报告，签署保密协议，终生恪守承诺。"

"可是黄，请给我一个让我信服的理由，为什么执意离开？公司需要你，你在这里还可以有很多机会和成果。难道中国会给你更好的机会和待遇吗？"

"祖国需要就是理由。科技强国是我的梦想！在我的心目中，祖国利益高于一切。"

"黄先生，请再好好想想。你回国后，无论生活条件，还是工作环境，特别是科技团队都比不上我们公司。"公司老板晓之以理，动之以情，推心置腹地说，"你留在英国还能做出世界级成果，回国就难出成果啦！"

“谢谢您的好意，我意已决。我永远感谢您的好意和厚爱。”黄大年向老板鞠躬致谢。

同事们依依不舍，纷纷挽留：“伙计，我们一起工作很快乐，请你不要走啦！”“黄先生，我们都是冲着你来这家公司的，希望你继续带领我们取得新成果。”“黄主任，我们可是国际水平的科技团队，目前中国没有这样的团队。”

“谢谢大家！你们的盛情和友情让我难以割舍，我们永远是朋友。”黄大年与大家拥抱道别，“必须立刻走，我怕再多待一天就可能改变主意。希望我们在中国见。”

黄大年义无反顾雷厉风行地辞职，卖掉别墅，办好回国手续。妻子张艳以最快的速度、最便宜的价格处理了自己的诊所。她蹲在舍弃的中药及医疗器械堆旁，失声痛哭……他深情地扶起妻子，久久拥抱。

黄大年对妻子耳语：“奋斗图强，是几代中国人民的梦想；建设强国，是几代中华儿女的情结。当祖国给我们‘海漂’实现科技强国的梦想插上翅膀时，我们就应像候鸟一样，把圆中华民族伟大复兴的中国梦视为自己生命价值的必然选择。”

“大年，你年过半百，事业有成，功成名就，应该享受人生，不该放弃来之不易的名利。”在英国的一些中国朋友认为他是“瞎折腾，早晚后悔！”

“作为中国人，在国外的事业再成功，也说明不了什么。只有祖国强大了，才光荣自豪。”黄大年坦言，“我留学的初衷是为了更好地报效祖国，不会后悔。”

其实，黄大年决定回国始于1999年。当年北京时间5月8日凌晨5点（贝尔格莱德时间5月7日午夜），美国B-2轰炸机在1.2万米高空中投下五枚联合制导攻击弹药（JDAM），击中了位于贝尔格莱德樱花路3号的中华人民共和国驻南斯拉夫联盟共和国大使馆。

这件事令全体中国人民愤怒。黄大年在惊愕之余沉思：美国为什么敢于公然践踏国际法，悍然轰炸中国大使馆？他们主要是担心中国会成为竞争对手，企图中断中国现代化建设的步伐！

一些西方学者在与黄大年谈此事时，也认为是美国的阴谋，绝非误炸。他暗自决定，在适当的时候回国，为中华民族贡献自己的智慧和力量。

2009年12月24日，伦敦雪花纷飞。黄大年身着黑呢子大衣，独坐在机场落地窗旁的座椅上，手边放着一只手提箱、一个双肩包，望着窗外机场跑道出神。“祖国，游子即将回家了。”他默默地想，不由自主从兜里掏出机票看看：国航938航班，中转站——北京，目的地——长春。

科技强国之帆高扬，科技强国之船起航！母校，我回来了！站在古朴秀丽的地质宫门前，黄大年深吸一口气。这里的石狮华表、一草一木，令他倍感亲切。

他一口气登上117级台阶，健步来到地质宫大楼五层。走进自己的办公室——507号房间，透过窗户，可以遥望到高高飘扬的五星红旗。

夜晚，黄大年兴奋地在日记中写下：父母那一代知识分子历经了诸多磨难，以吃苦耐劳、兢兢业业、甘愿奉献而著称。他们对祖国的忠诚、对责任的担当、对使命的坚守，令人由衷敬佩。父辈们的爱国情结决定了我的人生选择——祖国的利益高于一切！

黄大年主要从事“航空重力梯度仪”的研发工作，这种设备类似CT或MR扫描仪，安装在飞机、舰船、潜艇和卫星等移动平台上，可透视地下和海洋，被誉为叩开“地球之门”的金钥匙，具有极高的经济价值和军事价值。外媒认为，黄大年回国，使外国在中国周边海域的航母舰队特别是潜艇至少后退100海里。

2009年12月30日，黄大年与吉林大学签订了全职教授合同，成为首位到东北工作的“千人计划”特聘专家。签约期限5年，职务仅是地球探测科学与技术学院教授。

“大年，你在职位和待遇上有什么要求，我们尽力解决。”校领导知道，国内顶尖科研院所和学校纷纷向黄大年伸出了橄榄枝，担心东北这块黑土地留不住他。

“我是从东北这块黑土地走出去的，要在黑土地上实现梦想！”黄大年掷地有声地说，“我在职位、职称和待遇上没有特殊要求。”

## 孤独与坚守

黄大年任“地壳探测工程”第九项目“深部探测技术与实验研究——深部探测关键仪器装备研制与实验”首席专家。“快速移动平台探测技术”研发项目以吉林大学为核心，他负责协调来自多家科研单位的约400人开展工作。

## 管理科学化规范化

黄大年崇尚“不唯书、不唯上，不图名、不图利，只唯实、只求是”，他将介绍美国跨学科研究工作成功经验的《疯狂科学家俱乐部》一书送给有关单位和专家，强调说：“重大科研攻关项目绝非分散自发行为，而是系统集成。我们应学习国外成功的管理模式，组织实施跨学科融合集成创新发展。我们要统一思想和行动，提高管理的科学化、规范化。”

为了确保研究项目顺利推进，他在管理方式上引入一套项目管理软件系统，把研究任务细化到每月、每周、每天，通过系统检查督促，反馈落实。一旦有环节出现技术问题、资源问题、人员问题、组织问题，他可以随时监督、干预、纠正。

黄大年感到有的科研单位和工作人员的工作方式方法过时，难以充分发挥科技人员的聪明才智，必须加以调整，引入国际先进管理模式；但是他很快又发现，新的管理模式与现行的一些规章制度、方式方法相悖。科学有效的刚性约束、评价模式和奖惩办法受到非议和抵制，常得罪人。

比如，黄大年规定，研究课题启动前必须制定工作规划，主管科学家必须集中精力投入。有些专家同时参与多项课题，不愿在一项研究工作中全程参加。对于这种问题，他提出不论名头大小，即便是校长、所长、院士，一律通报批评，按规定处罚。“如果只想点卯挂名要经费，此路不通，要么全程参与，要么退出。”黄大年是这么说的，也是这么做的，对不遵守工作要求或工作不达标的人员，随时按退出机制进行清理。

又如，他参加项目论证评审时，不管是谁，不论谁在场，只要发现数据引用出现问题就立刻指出；不管是书面报告，还是PPT，他都要求“无懈可击”，即使是标点符号有问题，也要立刻予以指正；指标参数不清楚，他不签字。

还如，他坚持购买设备必须货比三家，严格执行招投标工作程序和要求，验收设备时若有“技术指标模棱两可”的问题，或任何一项有说不清、道不明的情况，他就不签收。

再如，他牵头开展的“快速移动平台探测技术”研发项目，被很多单位视为“大蛋糕”，有些人通过各种途径想参与其中。有一回，一个自认为与黄大年关系不错的人物专程拜访他，想走后门。没想到，黄大年把推荐资料一推，给对方说了那句噎死人的话：“我没有对手，也没有朋友，只有国家利益。资料不看，请拿回去吧，你也不要再为此事找我了。”

他在寻找、考察和确定合作伙伴时不按常理“出牌”，不搞提前通知，而是直接到有关单位的研究室、试验场和生产车间，查验其资质、队伍、设备、管理等方面。对“相中”的单位或企业，他主动打电话或登门拜访，直来直去讲明来意：“你们的资质等级、技术队伍、生产能力、技术标准、产品质量和管理模式符合我们科研项目的工作要求，希望我们能够合作，共同攻关，尽快完成任务。如果你们同意合作，我们可以根据双方的权利和责任立即着手商讨合作细则，尽快起草、签署合同。”

在管理工作中，黄大年严格按制度规定办事，不徇私情，不讲情面，盯得很紧，有责必问，严防死守；在科研管理科学化、规范化方面，他是“第一个吃螃蟹的人”。

对黄大年的管理理念和方式方法，有人公开抵制，有人私下散布谣言，有人甚至向有关部门写诬告信。“为什么科学高效的管理模式受到非议诋毁？”他一度因无奈、失望的情绪导致焦虑、失眠，并患了带状疱疹。他认为，这违背了科学精神，是科技人员的耻辱，甚至萌生过辞职的念头。

“大年，你不能走，不能放弃。”校领导旗帜鲜明地支持他，“如果你认为自己的做法是科学的，为什么不坚持？即使遇到人为的阻力，科学家也要有科学精神和实事求是的态度，勇于改革创新。我们认为你实行的管理方法是科学的。全新有序的管埋模式与传统模式之间有一个博弈过程，这期间出现不同声音是难免的。你性格耿直，性子急躁，碰撞会更多些，更强些。”

“大概是自己在管理中过于直接生硬，不讲究方式方法，事先宣讲不到位。”黄大年笑道，“这也许是有些同志说我情商低的原因吧！我应该反省，从自己身上找问题。”

一天深夜，黄大年与中科院科学家在电话中谈完工作后，向这位好友倾吐郁闷：“我把在国外接触到的先进管理模式，毫无保留地用在管理工作上，希望我们不再走弯路或少走弯路。可有些人明明知道这种做法科学高效，但主观上、行动上却不支持，反而认为我哗众取宠，一意孤行，故意与大家作对。当然，也有人认为我傻，早晚会倒霉。”

好友听出他的困惑、孤独和无奈，并不感到意外，他之前对这位黄教授“不食人间烟火”“不懂人情世故”“随心所欲，为所欲为”“用外国的经验在中国生搬硬套，瞎指挥”等传言略有耳闻。

“按科学规范做事，天经地义，为什么有些科技人员不理解，不支持？”黄大年愤愤不平地说，“无非是我无意中动了他们的奶酪，改变了原来的工作状态，增加了工作压力。”

“你在国外工作久了，习惯了科学理性的工作方式方法，按惯性思维和习惯处理科研管理工作，必然与既得利益者发生冲突，得罪人。”好友分析和劝解道，“在国外工作，人际关系比较简单，国内的人际关系成本比较高，你的工作难免受到非议和抵制。”

“我就是想干事，一心一意搞科研、抓管理，不这么干能搞好工作吗？”黄大年不习惯国内的人际关系，当然更不会随波逐流，他表示，“我不管什么潜规则、什么既得利益，科学有效的管理模式就要坚持。工作中，人际关系的负能量越大，我们的内耗就越大，所以，在管理模式上必须坚决杜绝这种现象，积极营造履职尽责、高效和谐的工作环境。”

2010年7月，国家有关部门邀请70多位“千人计划”专家赴北戴河疗养。习近平等党和国家领导人前来探望。回到长春后，黄大年找来钉子、锤头，亲手把习近平同志与专家们的合影照片挂在办公桌对面的墙上。“士为知己者死。国家提倡科技创新，大力推进科技创新，采取各种措施为留学回国人员创造条件，科技强国目标一定能够实现！中央领导同志邀请‘千人计划’专家赴北戴河疗养，提高了社会对‘海归’专家的认可度。我得努力工作，多出成果，培养人才！”他多次对同事说，“国家领导人高瞻远瞩，发展战略明确，科技强国规划具有针对性、操作性，措施具有时代感，科技人员会大有作为，能在实现中华民族伟大复兴的事业中实现自身的梦想。”

2015年4月7日，黄大年在纪念邓稼先的文章《如果他还活着，今年才90岁》中感言：“看到他，你会知道怎样才能一生无悔，什么才能称之为‘中国脊梁’。当你面临同样选择时，是否会像他那样，义无反顾？”研制工作进入冲刺阶段，他感觉“工作步伐迈得不够大，工作进度不够快”。这似乎是在向偶像致敬，又像是自省自勉，他决心向“两弹元勋”邓稼先看齐。

## “滚动中淘汰”

黄大年实施“滚动中淘汰”的管理制度，核心是将以前重视事前管理延伸至重视事中、事后的全过程管理，强化事中的监管调控，确保各项工作顺利进行。“前期科研工作启动后，经费保障及时到位；动态检查中如果发现工作不能按时完成或质量不合格，便终止后续经费，不管是什么单位，一律淘汰。”这种机制的科学性和实效性显而易见。但习惯于事前管理的人员质疑道：“前期的经费都发了，后续的科研经费无论如何也不能终止！如果这么做，就是人为导致工作前功尽弃！这么做，就是浪费国家科研经费！”

面对各种“杂音”，黄大年仍铁面无私，坚守原则。前期工作不达标的，后续经费一律终止！这种做法无疑会得罪人。为此，他也很苦恼。一天晚上，在与中科院好友的交流中他谈了自己的一些无奈和焦虑。

好友理解他的感受和心情："你追求极限并超越极限，工作上不冒进，不做无把握的事；在课题启动前，先明确工作的巅峰何在、极限何在，确定后就争分夺秒去接近和跨越，这是不断创新的过程。为了出成果、出人才，只要是科学高效的制度和办法，你就坚守和完善，哪怕一些同志暂时不理解、不支持，甚至公开反对、抵制。"

"我回国不就是要出成果、出人才，实现科技强国的人生价值吗？当遇到思想意识和管理模式的挑战，应该积极应对，这是首席科学家的职责所在。我相信，随着我国科教事业现代化建设的不断发展，科学高效、先进规范的管理理念和工作制度一定会成为管理模式的新常态，而且这个进程已呈加速状态。"黄大年继续说，"要把我国建成科技强国，我们科技界的主要短板是什么？我们的工作效率为什么不高？是国家对科技的需求不紧迫？是国家不重视科技事业？是国家科研经费投入不足？是科技人员不努力、不拼命？还是思想观念、文化取向、管理模式、体制机制等方面的问题？"

"你抓科研管理的科学化、规范化、效益化，天经地义。人们都明白，科研工作不是个人爱好，科研单位不是自由市场，不可能随心所欲、自由自在，为什么有人排斥绩效管理呢？"黄大年的好友分析说，"关键是利益和习惯。所以，我们在推进科学管理时要讲究方式方法，要有遭受反对的心理准备，实施起来也要有一个过程。国内科技界的管理思路和方式是长期形成的，现在已经落后了，你们'千人计划'专家带回来的管理思维和工作方法，必将潜移默化地促进管理模式的科学化。"

距离地质宫不远处的校园一隅，李四光的塑像安放在红色花岗岩基座上。塑像身着中山装，面带微笑，目光深邃，仿佛在凝望远方，又像在祝福着学子。

为了舒缓疲劳和排解负面情感，黄大年习惯在校园里漫步。夏天，他沿着幽香的小径，穿过“科技之星”广场来到雕像前，瞻仰李四光老校长；冬天，他踏着积雪，一路看过青松挺立、闻过蜡梅芬芳，到老校长面前伫立、沉思，耳边仿佛响着老校长的声音：“我是炎黄子孙，理所应当要把学到的知识全部奉献给我亲爱的祖国。”

“看来科研管理的理念和文化需要进一步净化，管理模式要与科技强国的伟大实践相匹配。”他常常在学校操场的跑道上独自漫步，优美安静的环境驱赶了烦躁，让他心神安详，理性思考，“由于习惯和风格、文化和理念的不同，回国后难免遇到不适和苦恼，关键是要理性认识和积极应对，不断优化工作环境。

“为梦想而行动的人是不会被埋没的。科学高效的方法早晚会成为时代的主流，因为科学最有力量。大幅度的改革难免遭遇各种困难，拼搏中聊以自慰的追求其实也简单：青春无悔，中年无怨，到老无憾。”他在朋友圈中发微信说。

## “我不能容忍工作拖拉敷衍”

面对国家重大科研项目，如何做到组织有序、协调到位、有序推进？唯有管理科学化、规范化。

黄大年利用互联网和在线管理系统，把技术任务分解到每月、每周，甚至每天。他每晚登陆项目管理系统，浏览每个环节的工作进度：工作是否进展顺利？主要问题是否制定了解决方案？系统协调是否形成闭环？谁偷懒、谁落后、谁窝工，在电脑上都一目了然。他针对问题，立即提出建议和工作要求，该批评的批评，该表扬的表扬。

“黄教授，请不要用管理生产流水线的方式对待我们科研人员！”“黄先生，你不应该把我们当工程师、装配工管理！”质疑的声音不时传来。有人叫苦连天，抗议道：“我们是科学家，不是机器人！”

“你没金刚钻，就别揽瓷器活。岗位职责很明确，每天、每周、每月的工作目标很明确，就应该按时完成任务。”黄大年说，“按时完成工作任务天经地义，无须讨论。习惯成自然，习惯就好了！只要有利于科技工作，能提高质量和效率，可以节约经费，加快人才队伍成长，我们就应该坚持和完善。”

按照项目研究计划和工作进度安排，课题组组长每月要进行视频汇报答辩。这是实现项目系统跨学科、跨地区有效管理的必然要求，否则系统将失控。视频汇报前，黄大年总是提前做好准备，认真阅读课题组的汇报材料，了解情况，构思推动工作的办法。

2010年春天的一个上午，按计划10点要举行课题组组长汇报答辩视频会议。黄大年的秘书看了一眼墙上的钟表，9点50分！此次工作协调会议涉及的是一个大项目，工作千头万绪，无论哪个环节滞后，都会引起连锁反应，影响后续工作的开展。当天的会上要确定各课题的具体目标、时间节点、工作要求等。此时此刻，要求提前上交的材料尚未交齐，多个视频会场的人还没有到齐。“怎么回事？小王，你催过了吗？搞什么搞，不像话！”黄大年焦急地说。“黄老师，我马上再催一遍。”秘书答道。

“同志们，我们承诺的工作要按计划有序推进，每个人、每个组、每个部门决不允许人浮于事！有些同志，今天失言了，失职了，太不应该了！”怒气冲天的黄大年把手一挥，愤怒地把手机摔向地面。

“我们花着纳税人的钱，竟如此不负责任，职业操守何在？有的课题组工作汇报内容跑题，有的是上个月的材料，有的开会不到场！我们不讲无私奉献，起码要有职业操守吧？”黄大年拍着桌子怒斥道，“汇报材料退回，重新修改，未到会的组长一律做检查。”

“我不能容忍工作拖拉敷衍，这是对工作的亵渎，这种人不配从事国家重大科技攻关工作；凭这种精神状态，别说赶上发达国家，跟都跟不上，距离会越拉越大！”黄大年对同事说，“科技强国梦想，唯有努力奋斗才能实现，努力工作是我们大家实现社会价值的必经之路！”

## 交叉融合　集成创新

科技人员有祖国，科学技术有国界。战略科学家黄大年深知，高新科技历来都是各国综合国力的战略性支柱，是国家的核心机密，买不来、学不到。中国要在地质探测领域赶超世界先进水平，就必须走技术创新之路，以学科发展趋势和市场需求为导向，不断融合创新、集成发展，实现“改道超车”的跨越式发展。

担任“深部探测技术与实验研究——深部探测关键仪器装备研制与实验”项目首席专家后，黄大年深感学校现有的学科划分和管理模式与国际学科发展趋势格格不入，必须走交叉融合、集成创新之路，在改道创新发展中实现超越。他向校领导班子上书，建议“从移动平台、探测设备两条路线加速推进”，创立“移动平台探测技术中心”，启动“重载荷智能化物探专用无人直升机研制”工作，填补国内空白。

那些习惯传统工作模式的人纷纷反对：“实施学科交叉、融合发展，将导致体制机制混乱，扰乱学校正常秩序。”“我们不能盲目地照抄照搬外国的经验，国情不同，中外体制机制不具可比性。”“搞交叉融合，重新划分学科，将导致思想观念、学科发展、管理模式、评价体系的混乱，影响学校形象。”“这是主观主义、经验主义的表现。”“想出风头，拿学校做实验。”

“从科学发展史来看，所有学科最初是混沌不分的，都包含在哲学范畴之内，自然科学、社会科学的若干学科分别从哲学中分立出来，20世纪上半叶，确立了自然科学、社会科学和人文科学中若干经典学科的独立地位。学科分化是学术研究深入和细化的必然结果，也促进了科学的发展。”针对不同声音和反对意见，黄大年利用各种机会反复与校领导沟通，他从科学发展的战略高度进行分析，“从20世纪下半叶开始，课题研究往往需多学科融合，学科融合发展的趋势越发明显，学科界限被打破，交叉学科和多学科的研究不断孕育新知识新技术。这既是学科发展的大势所趋，也是知识和技术创新的必由之路。”

“知识创新、技术创新，需要由多学科共同孕育而成，而我们的学科组织仍在搞学科分类，追求单个学科的专业化与精深化；未来的发展要依靠学科间的关联和融合。所以，要调整现有学科组织，整合重组院系，让交叉融合的学院或中心设多个系、多个学科，消解狭窄的学科壁垒，围绕课题让多学科合作攻关。”黄大年强调说，“我们已经进入‘交叉学科时代’，自主创新能力及学科间的交叉融合已成为高校竞争力的基石。”

2010年10月，吉林大学成立了“吉林大学移动平台探测技术研发中心”，黄大年组织开展空中和空天、水面和深水环境下，高效率获取重力场、磁场、电磁场、放射性能谱和光电等地球物理探测研究，开启了我国研发和应用精确移动测量陆地、海域、复杂地理环境和地质条件下的勘测设备的先河。

“深部探测”包括无缆宽频带地震勘探系统、大功率地面电磁勘探系统、无人机航空磁测系统、大陆超深科学钻探装备及相关软件系统和试验基地建设等。航空重力梯度仪涉及材料、机械、电子、软件、大数据等学科，是国家急需的战略性高技术平台。它起的作用就像在飞机、卫星上安装了“千里眼”“透视镜”一样，可以不受地形和天气影响，透视地下万米深处一辆卡车大小的物体的形状和属性。

思路决定出路，选择决定未来。为了赶超国际先进水平，使我国“深部探测技术与实验研究——深部探测关键仪器装备研制与实验”达到甚至超过国际一流水平，黄大年率领团队沿着多学科交叉、融合、集成之路不断创新发展。

怎样实现学科交叉？如何促进跨界融合？能否集成所要求的新技术？……他经常思考这些问题。与探测仪器专家合作研发深部探测仪器装备，与机械领域专家合作研发重载荷物探专用无人机，与计算机专家合作研发地球物理大数据处理与解释系统……在学科碰撞融合中寻求突破和创新，不断在交叉、融合和创新中实现“化学反应”“裂变反应”。

在507办公室对面，有一间十几平方米的房间，干净素雅，有沙发、音响、投影、吧台……门旁边的书架上，摆放着最新出版的国际期刊和学术杂志。在直抵屋顶的欧式酒柜的最上层，摆放着团队的奖状奖杯，中间摆着白酒、红酒、香槟，下面有微波炉、咖啡机、面包机。这里被黄大年命名为“茶思屋”，房间的布局也是他设计的。

黄大年喜欢在茶思屋煮咖啡，在香味四溢的惬意氛围中，与来访的专家交流工作或与学生们开展“头脑风暴”。“咱们学校有人参加南极科考，能不能研制全地形车，完成极寒、沟壑、全时段极限条件下的通信、交流和作业？”“云端远程控制技术发展很快，能不能开发野外作业医疗看护车？”“各国尚未在南极内陆钻取冰下基岩岩心，能不能在海洋资源与安全领域同建设工程学院、环境与资源学院搞联合创新？”“手机能否变成我们身体的一部分？”“交通枢纽能不能变成拓扑网？汽车能不能实现无人驾驶？”“能不能在外太空开发矿产？”……一旦有了新想法，他便与专家探讨，连夜查找资料，然后组织调研论证。

他站在国际学科前沿，以精深的专业知识和丰富的实践经验，瞄准海陆空三栖的移动平台探测技术——海上有无人船、水下有无人潜航器、空中有无人飞机——做前沿布局谋划。

实现梦想，需要新技术支撑。为了更好满足国民经济和国防建设需要，黄大年找到校领导，建议吉林大学尽快设立“新兴交叉学科”学部。他认为，学科融合对高校学科建设、培养新的增长点、提升核心竞争力是难得的机遇，早落实早主动，早主动早获利，早获利早发展，早发展早引领。

他提出：“学科的融合需要学者在学科边界开展交叉研究，具有多种学科背景的学者更容易融会贯通，实现观念创新、思路创新、课题创新、技术创新。”为此，黄大年牵头，成立了“新兴交叉学科”学部，亲自确定了交叉创新思路，将技术途径、时间表、路线图、人才队伍一一落实。

为了完成全新的研究课题，为了形成满足设计标准的新技术，核心是培养创新型人才。于是，他成了知人善任的伯乐，把“选人才、建队伍”作为重点工作，常抓不懈。

2012年，慧眼识珠的黄大年请焦健加盟自己的团队，他根据工作需要和焦健的特点，共同协商确定了“平台和传感器”科研方向。“这是移动平台探测急需的，把硬件和软件有机结合了起来，也是未来交叉学科研究的方向。”黄大年对焦健寄予厚望，他强调说，“你在这个研究方向如果能持之以恒，一定大有作为。”

2014年7月，在水下通信和水下网络领域专家、吉大校友崔军红回国时，黄大年找到她，开门见山地说：“你从事的水下通信研究，在国内还是一块短板，开展这方面的研究将大有作为。咱们学校的‘新兴交叉学科’学部正在筹备，建议你申报国家

‘千人计划’特聘专家，回国创建‘智慧海洋研究中心’，一定会在交叉融合、集成创新方面闯出一片新天地。”

黄大年的人格魅力和学术影响，特别是科技强国的情怀，令崔军红心动不已，她心想：若与黄大年联手，前景可期。同时，她也担心回国后会有不适应，自己毕竟在美国工作生活了16年，现在重新创业，要使尚在概念层面的科学梦想变成现实，何时成功还是未知数。

黄大年懂她的心思，就以自己的经历做现身说法，然后邀请她到母校参观交流，决定用事业吸引她、激励她。

2016年6月，崔军红作为“千人计划”专家签约吉林大学。她的加盟，让黄大年的团队在学科交叉融合、集成创新等方面的能力得到进一步提升。

2016年9月，吉林大学“新兴交叉学科”学部初步形成，辐射地学部、医学部、物理学院、汽车学院、机械学院、计算机学院、国际政治系等院系，是一个非行政化的“科研特区”。这里建立了“什么都能想，什么都能做”的“容错机制”。

作为吉林大学“新兴交叉学科”学部首任部长，黄大年倾心打造“交叉学科集成科研中心”，创造性地解决了与之配套的观念、体制、队伍方面的问题，特别是破解了交叉学科建设在可持续性等方面的难题。

在黄大年领导下，这个以地质科学为核心，涵盖卫星通信、汽车设计、大数据交流、机器人研发、海洋声呐、人工智能等领域的科研集合体，经多学科、多专业的交叉融合、集成创新，不仅形成了新技术，满足了科研需要，还衍生出一系列全新的应用方向。他敢于"第一个吃螃蟹"，创造了若干"中国第一"，填补了"巡天探地潜海"的探测技术和装备领域的多项空白。

# 一波三折建机库

移动探测平台是指以飞机、卫星、舰艇等为载体，对地、对海进行勘察探测的平台。其中飞机平台包括：侦察机、战斗机、轰炸机、直升机、无人机等。

## 建库手续　难关漫道

2014年9月的一天，黄大年在507办公室听取"重载荷智能化物探专用无人直升机"机库筹建情况的汇报时，一拍桌子，对团队成员于显利吼道："显利，别说了，没想到建机库的手续如此麻烦，难以忍受，要知道这么难，就不建机库了！"

"黄老师，申请建设飞机库的手续确实难办，我天天跑，却进展不大。您消消气，经过几个月的奔波和沟通，已有一多半职能部门盖章了，放弃了就前功尽弃，太可惜了。"于显利劝说道，"我知道您说的是气话，您不会放弃。何况我们需要飞机库，而且越快越好。"

无人飞机在"移动平台探测技术项目"中发挥着载体的作用，无人机需要机库。而机库的选址、搭建、使用等都需要学校有关职能部门一一审批盖章。审批必须是各部门一把手签字，如果赶上哪个部门的一把手出差，一等就是十天半个月。而且签字盖章的顺序必须按照部门的行政级别排序，即使排序靠后部门的领导在办公室办公也不能越位签字盖章，否则违反“规章制度”。因此，经过半年奔波，审批签章才完成一半。

终于，建飞机库的手续办完了，心急如焚的黄大年认为机库总算可以开工建设了！

## 群众上访　机库移址

然而，一波未平一波又起。学校批准无人飞机库建在食堂旁边的空地上。公示期间，食堂附近的居民议论纷纷：一旦无人飞机库房建成，必将遮挡阳光，影响老人和孩子的健康。他们成群结队地到施工工地静坐。有人找校领导上访，有人找黄大年理论。

“这间办公室就是黄大年的办公室！”在黄大年办公室门口，几位大爷大妈边议论边敲门。

“各位大叔大婶，请进。”黄大年打开办公室的门，恭恭敬敬地请他们进屋，给他们上茶。

“你是黄大年？听说你要在食堂的空地上盖什么无人机库？你为啥非得在我们家门口盖机库？你知不知道建机库会影响我们采光！你盖的机库影响采光，影响健康，我们坚决反对！”他们你一言我一语，吵闹声不绝于耳。有的指着黄大年的鼻子说：“如果你们在这里建了飞机库，飞机一会儿起飞一会儿降落，巨大的噪声会严重干扰我们的正常生活，特别是对老人和孩子影响更大。我们决不允许你的机库建在这里，必须挪到别的地方，你不答应我们就不走了！”

“大叔大婶们，我们从事的是国家重大科研项目，时间紧迫，请大家理解和支持我们。”黄大年心平气和、耐心详细地解释道，“事先我们也考虑到噪声问题，经测评，噪音不会对附近居民造成影响。”

来人七嘴八舌围攻黄大年，搞得他口干舌燥，无法工作。学校只好将机库建设地址改到地质宫旁边的空地上。

事情虽然解决了，但一个多月的时间已经过去了，而这段时间正是长春地区最佳的施工期。机库终于破土动工了，但长春进入了冬季，不宜施工。“时间不等人，我们不能等到明年春天再施工。”黄大年决定立即开工。施工期间，只要他不出差，他每天都到工地去走一走，看一看，不分白天黑夜。

## “再看看，再试试”

新研制的“空中移动探测设备”即将进入试验阶段。要试验就必须借助与之配套的无人飞机，为了寻找符合试验需要的样机，黄大年常常光顾无人机模型商店，兴奋地看看这个，摸摸那个，问问这个，试试那个，反复比较各种飞机的性能，一待就是几个小时。

这段时间，神态儒雅慈和的黄教授成了若干家无人机模型商店的常客，而且只看不买。头几次，到了关门时间，店主催促黄大年：“你到底买不买？要不你明天再来挑选？”“再看看，再试试，我们再商量商量……”他爱不释手，不停地观察、询问，甚至还要继续试飞。

时间长了，各家店主都认识了黄大年，得知他选购无人机的目的后都很配合，纷纷表示："这样吧，黄老师，你的时间更宝贵，样机拿回学校试验比较吧，想买的留下，不买的让学生送回来就行了。"

"谢谢，谢谢，我买，我买。"由于占用店家过多时间，黄大年致歉道。

返回学校，他立即召集有关人员，连夜对飞机进行反复测试。

## 躺倒拦卡车

2015年3月，机库即将竣工。望着拔地而起的机库，想到即将进行的空中探测试验，黄大年露出了微笑。

一天早上，于显利发现机库门上贴了一张告知书，上面写道："限该建筑所有权人于2015年4月2日前自行拆除。逾期不拆除，我局将依照市政建设有关规定申请有管辖权的人民政府依法强制拆除。"

于显利慌忙跑到黄大年办公室报告。黄大年立刻向学校汇报，又向市政府有关部门上书："这个机库属于临时性科研建筑，试验完成后自行拆掉。"长春市市政建设主管部门回复是"来函收到了"。

一天中午，一阵急促的敲门声响起。"黄老师，市政建设部门的人员开着卡车要依法拆除机库！我们和他们讲理，他们不听，您快去看看吧，去晚了就来不及啦！"一位学生前来报告。

黄大年听罢，头嗡嗡作响，顿感天旋地转，急忙伸手扶着桌子稳住身体。休息片刻后，他没顾上穿大衣，便一口气跑到机库，气喘吁吁地站在机库大门前的水泥地上，伸出双臂拦在大卡车车头前。正午的阳光，有些晃眼，他用手遮挡刺眼的阳光，打量着面前这辆隆隆作响的执法车。

黄大年高喊：“同志们，你们不能拆！我们给你们打过报告的。”

“你们的报告我们收到了，但机库属于违法建筑，按照有关法律规定，必须拆除！我们要求你们限期自行拆除，但你们未按照规定和要求拆除，今天我们依法强制执行拆除任务，希望你们配合！”

卡车的引擎咆哮着，掀起雾状灰尘，四处弥漫，令人窒息。

“如果把刚建成的机库拆除，科研试验将无法进行，怎么办？”急中生智的黄大年，突然向前跨了一步，迅速地躺倒在车头前！

在场的人都震惊了，但卡车车头的引擎盖仍在抖动着。黄大年躺在积雪未化的水泥地上，双方僵持着，互不退让。

时间一分一秒地过去，师生越聚越多，校长也来到了现场，卡车终于熄火了。

黄大年站起身来，诚恳地向市政人员说：“没有履行建设报批手续，是我们的问题，立即纠正。我们认打认罚，积极配合你们的工作，协商解决问题。”

市政人员不知道眼前这位“勇士”是世界级科学家，但被他的敬业精神所折服，同意协商解决问题。

这件事立即成了学校的热点新闻，师生们议论纷纷，还有一些风言风语：“脑袋进水了，傻了。”“弄得灰头土脸，掉价。”“又不是自己的事，犯不上。”“万一身体受伤，不值得。”对此，黄大年既不生气也不反驳，他笑道：“作为项目负责人，这个时候我必须有担当，这是义不容辞的责任和使命！”

# “黄大牛”“大黄牛”

2006年国务院颁布《关于加强地质工作的决定》，我国启动地壳探测工程，旨在提高相关部门的地球认知、资源勘查和灾害预警的能力和水平。自然资源部“深部探测技术与实验研究专项项目”（简称“地球深部探测专项”），下设9个项目49个课题118个专题，使用经费达12亿元。

## 众里寻他千百度

2010年春，北京三里河路百万庄大街26号。这栋灰色五层楼是中国地质科学院，大门外，副院长董树文正在东张西望。

董树文是我国著名地质学家、中国地质科学院地球深部探测中心首席科学家，他正在组织我国地球深部探测专项。该专项涉及1600多人。

一辆出租车从东边国家外文局大楼方向驶来，停在路边。戴着眼镜、背着双肩包、穿黑皮鞋的黄大年下了车，健步朝大门口走来。

董树文看了一眼手表：比约定时间早了十分钟。他们来到办公室，双方落座后，董树文介绍了“地壳探测工程”是国家重大科学项目，系“上天、入地、下海”的重要部分。该工程要扩展对大陆岩石圈结构、活动过程与动力学机制的认识，科学把握地壳活动规律，拓展深层找矿新领域，为国家安全提供深部物性参数，实现能源与重要矿产资源利用的重大突破，提升地质灾害监测预警能力，回避或减轻灾害，深化对岩石圈结构与组成认识，提升地球科技水平。

“大年，你的工作经历和主要科研成果让我很敬佩，这是约你来的主要原因。”董树文谦逊地问，“凭你在国外的科研和勘探经验，对国家的‘地壳探测工程’有何建议？我们能否少花钱，少走弯路，做得更快更好？”

“我在英国工作十多年，主要从事地质探测研究和探测设备研制等工作，是唯一没有发表过论文的国家‘千人计划’专家。科技发展有规律，可以借鉴，我们作为后来者，应该做得更好。”

董树文暗自赞许，微笑道：“如果请你负责一个重大国家地球物理勘探技术研究和设备研制项目，时间紧、标准高、工作量大、头绪多，你敢承担吗？能按时完成任务吗？”

“董院长，我有这方面的专业基础和实践经验，对于地质勘探项目，十分向往参与其中。我会全力以赴的，应该没问题。”

董树文与中科院地质与地球物理研究所等单位的专家，向科技部、自然资源部、教育部力荐黄大年挂帅。

2010年2月，科技部有关领导到长春约谈黄大年时说：“黄教授，航空重力梯度仪研究项目，拟在‘十二五’时期落地。高精度航空重力测量技术是国家‘863’计划主题项目，急需确定领军人物。中国科学院和中国地质科学院的专家推荐了你，我特意来拜访。”

全国科技主管部门派人不远千里来考察项目负责人，表明国家高度关切重大技术装备能否顺利落地。

“黄教授，我带来一些国务院、科技部、自然资源部关于加强地质工作的文件和发展规划，您看看。”科技部的同志说，“您看后会感兴趣的！”

黄大年接过来文件和规划，眼睛一亮。作为科学家，他看中的是项目、事业，追求的是科技强国的理想和人生价值，因为该项目旨在为移动平台安装“千里眼”“透视镜”，给地球做“CT”“MR”，扫描观察深地深海物质及其多维状态，如液态的石油、固体的矿物，静态的舰船、动态的潜艇等。

科技部的同志感到黄大年在组织管理、技术路线、核心部件、质量保障等关键问题上思路清晰，创新意识强，见解独到，还有奉献精神，认定他是科研项目需要的领军人物。

“如果请您挂帅这个项目，您能按时完成任务吗？”科技部同志的话锋一转。

“我在国外从事过类似的科研任务，有一定的技术积累和工作经验，应该没问题。”黄大年回答，“只要国家需要，我能完成任务。”

“黄教授，我要强调指出，这个课题对你们学校和你个人没什么实际好处，但却要求你付出全部精力，确保如期完成任务，愿意吗？”

“我心甘情愿接受这项任务。”黄大年表示，“因为这是事关我国地质科技发展的战略举措，我责无旁贷。”

## “黄大牛”

黄大年担任了“十二五”“863”计划主题项目“高精度航空重力测量技术”的首席专家、“863”计划资源环境技术领域主题专家。面对十余个大项目和众多参研人员，他一方面着手组织协调、科学管理，一方面到相关院所调研，从立项阶段对技术思路和关键指标的讨论，到各课题任务的细化和实施进度的制度，包括年度进展和中期评估，他都做了通盘考虑、细致规划。

“人口膨胀、环境恶化敲响了‘资源枯竭’的警钟，而地层深部丰富的资源却在沉睡。地球可利用的成矿空间，分布于地表到地下1万米区间。我国人口众多，人均资源远远低于世界平均水平。由于科技水平和勘探设备的制约，我国矿产资源勘探平均深度为400米，油气开采平均深度约4500米，地形复杂的国土尚未勘查，‘海洋国土’和公海资源亟待探测开发。”黄大年在讨论会上首次亮相时说，“既然我们落后很多年了，就不能从零开始，而是要把国外最先进的勘探设备买过来，对关键部位和插件进行升级改造，实现跨越发展。”

“好比马拉松比赛，别人已跑了半程，我国要从头起跑的话，恐怕再努力也很难赶上，应该借助新技术另辟蹊径！弯道超车难，就改道超车！新技术、新思路、新模式是我们改道超车的底气和自信。”会后，面对人们的议论和质疑，黄大年找到中科院和中国地质科学院的专家解释，“我国深部探测设备九成靠进口，国内生产的设备中也有不少关键部件是进口的。国外的新设备，一般使用一套，备份一套，升级一套。我们可以购买国外现有的先进设备，然后安装国产软件系统，形成全新的工作平台，利用新技术实现改道超车。

“董院长，我们研制深地勘探平台，改道超车是最佳途径，有可行性和操作性。”不久，黄大年提出了技术实现途径，“我们购买他们的备份设备，将我们研制的先进软件系统安装上去，让‘中国芯’跳动起来，我们的深地勘探设备就可以实现国际一流的发展目标。”

“什么深地勘探平台？”董树文似乎没听明白，追问道，“你是说为进口设备更换‘中国芯’，实现我国深地钻井的跨越式赶超吗？”

“是的，董院长，‘中国芯’是指移动平台综合数据处理一体化软件系统。”黄大年很自信地说，“凭我国制造设备的能力和水平，可以确保设备的硬件设计和生产质量达到国际先进水平。只要能集成创新设备‘大脑’的数字化、智能化能力，我们的钻井设备的深钻能力可以赶超国际水平。”

“大年，你说的平台是指设备的软件系统，将地质、地球物理和钻探数据集成，实现数字化管理。关键是，它是拥有完全自主知识产权的软件控制管理系统。”

黄大年笑道：“我们能成功。我建议先在石油钻井设备上进行改造升级。”

“大年，恐怕你的建议难以实现，因为我们目前正准备为研制5000米钻井设备立项，研发目标是7000米，而且经费已经下拨了，哪还有经费购买外国设备搞升级实验？”董院长实话实说。

“国外石油勘探已用万米钻机，我们可以在他们平台上，研制核心部件进行升级改造。实验成功后，我国就可以自行设计、生产万米钻井设备了。”黄大年不肯放弃。

“我们申请到的1900万元是购买7000米平台设备的。这笔经费买不了万米设备。”董院长看着黄大年问，“你还有什么好办法？”

“那就修改工作计划，重新申请购买万米设备的经费，争取一步到位。”黄大年很自信，“这既能为国家节约科研经费，又能早日实现深地探测设备跨越式发展。”

“那我们就重新申请经费，修改工作计划，争取一步到位。”两位科学家的手紧紧地握在了一起，相视而笑。

2009年至2014年，国家财政投入深部探测关键仪器装备研制与实验项目4.4亿元。随着深部探测专项研究和实验的推进，科研人员集成创新了一系列技术，研制了关键仪器装备，实现了建立固体地球深部层圈立体探测技术体系的目标。

黄大年团队创下多项“中国第一”：地面电磁探测系统工程样机研制取得长足进步，为产业化和参与国际竞争奠定了基础；研制了固定翼无人探测样机，填补了国内无人机大面积探测的空白；无缆自定位地震勘探系统工程样机突破关键技术，为开展大面积地震勘探提供技术支持；成功研制出万米大陆科学钻探工程样机“地壳一号”，为实施我国超深井钻探提供了技术装备；自主研制出综合地球物理数据处理与集成软件系统，为实施“深探计划”提供强有力技术支持；建成首个国家“深部探测关键仪器装备野外实验与示范基地”。

他们完成了移动平台综合数据处理解释一体化软件平台的24个插件，这颗“中国芯”使“地壳一号”万米钻井设备完成了升级换代，实现了我国“挺进地心”的第一步，使中国成为继俄罗斯、德国后，第三个掌握地下万米钻探技术的国家。

“地壳一号”万米钻井设备是我国自主设计、独立生产的重型装备。这套自动钻井系统，具备智能导钻功能，能够时时对钻头所处位置的物理、化学等因素进行数据化分析，钻头根据‘中国芯’的指令调整钻探方向，既可上下调整，又可左右掉头，相关人员可以在电视屏幕上监控。

2011年，“深部探测专项”被评为“2011年度中国科技十大进展”，评选专家认为它开启了地学新时代；不久，黄大年他们入选第一批“国土资源科技创新团队培育计划”；2014年，黄大年团队获得“第五届中国首届创新团队奖”。

黄大年敢于担当，勇于创新，在科学研究上不懈努力，结出了累累硕果。因此，人们亲切地称他“黄大牛”。

## “大黄牛”

认知地球深部的物理现象、化学特性、内在规律、演变逻辑的前提，是常态化地获得地球深部天文数字般的大数据，并建立数据库，实现数据化。

黄大年团队通过“千里眼”“透视镜”“照妖镜”对陆地和海洋中的物体进行“透明观察”“精准定位”，动态掌握多时空尺度，客观揭示深部物质的“脾气秉性”，把握其现象、过程、规律。

2016年6月27日23点，黄大年飞抵北京，参加“深部探测关键仪器装备研制与实验项目”专项成果答辩验收会。次日14点30分，他含上几粒速效救心丸，精神抖擞地进行了两个半小时的答辩发言。专家组验收结束后给出一致结论：项目成果整体达到国际领先水平。以“深部探测技术与实验研究——深部探测关键仪器装备研制与实验”结题为标志，中国“深部探测技术与实验研究”项目探测能力达到了国际一流水平，中国进入了“深地时代”！这是国内同类项目评审中的最高评价。该项目标志着中国重型探测装备技术研发实现了改道超车，其成果入选了“国家科技创新成就展”，与诺贝尔奖获得者屠呦呦的成果并列展出。

在验收会上，他还兴奋地建议国家统筹安排，抓住国际地球科学发展大趋势，面向国家能源资源和环境保护需求，利用好国土资源深部空间，实现地质调查由浅表走向深部，提升资源发掘能力；启动深地颠覆性先导技术研究计划与地壳探测工程；组织开展深地实验室国家重大科技基础设施建设。

当晚，不好饮酒的黄大年与大家举杯庆祝，并在微信朋友圈中说：我和我的团队成员五年多来从没轻松过，没睡好过，我们之中有累倒的，有因委屈而忧郁的，有半途放弃的，还有失去家庭生活的……

了解情况的人都知道，几年来，黄大年和他的团队一直在不知疲倦地工作，一路攻坚克难，才取得这样骄人的成绩。为此，他们在个人生活方面付出了很多。作为项目负责人，黄大年重任在肩，但是他有一股在困难面前不退缩的勇气，一股“咬定青山不放松”的韧劲，在整个团队中起到了模范带头作用。因此，大家都称赞他是“大黄牛”。

鉴于黄大年的国际学术地位和他所取得的国内外公认的科研成果，学校领导几次催他申报院士，做他的思想工作时说：“你是我们学校最具竞争力的专家，如果被评为院士，学校也光荣。这对提高学校的知名度和社会影响力都很重要，一定要积极配合工作。”他总是摆摆手，摇摇头，重复那句老话：“先把事情做好，名头不重要。如果工作没做好，材料写得再好也没用。这是水到渠成的事，主观刻意追求是浪费时间。”

但凡遇到填报评奖表格，他总是能推就推，能躲就躲；实在躲不过，他写的字数也不足半页纸。然而，参加学术会议或讲座，他往往精心准备万字以上的材料。

## “教师最光荣”

2009年秋，黄大年回国开会。利用这个机会，他为吉林大学地球探测科学与技术学院的新生做了一场报告，介绍了国内外地球物理学科的现状和发展趋势，并且有理有据地描绘了一幅催人奋进、大有作为的“美好蓝图”，澄清了一些存在于学生中间的模糊认识，改变了一些学生的片面认识。

### “李四光班”班主任

“我这辈子主要做了两件事，一是做科研，二是当教师。”黄大年最倾心于教师职业，他强调，“教师最光荣。”

2010年吉林大学启动“名师班主任计划”，鼓励博士生导师、资深教授、“千人计划”特聘专家等名师名家担任本科生班主任。8月的一天，地探学院党委书记黄忠民老师找到黄大年，试探说：“大年，咱们学院想设置‘李四光’本科实验班，正考虑班主任人选，你是国际著名科学家、国家‘千人计划’特聘专家，无疑是最佳人选。我们想请您担任班主任……您看行吗？”

“太行了，没问题，我愿意。”黄大年脱口而出，“这是好事呀！我非常愿意担任这个班的班主任。这事咱们就算说定了。”

开学时，“李四光班”教室里爆发出两次掌声。第一次掌声是黄大年老师神采奕奕地走上讲台，同学们被他的“气场”所征服；第二次掌声是他宣布为全班24名同学配发笔记本电脑。他强调：“信息时代就要用现代化的信息搜索手段，追求先进的理念必须从细节开始。”同学们并不知道，这24台电脑其实是黄教授自费买的。

黄大年的办公桌旁有两把椅子、两台电脑。这种设计是专门为指导学生准备的，师生可以一人一台电脑，学生提问，他通过电脑解答。

黄大年时常在晚饭后去看望学生。只要走廊里传来又急又重的脚步声，上自习的学生们就知道是黄老师来了。他走进一间间教室，与大家见面，嘘寒问暖。不过，他讲的最多的还是学习和科学研究。他说：“外面的世界很精彩，也很有诱惑力。你们要静下心来，把时间用在学习上。”“做科研绝非写写文章就OK，要耐得住寂寞，坐得住冷板凳。”“一定要走出去，要参与国际竞赛，但一定要回来，一定要有出息，出息了一定要报效祖国。”黄大年还经常与学生们分享他自己的成长经验：“吃东西可以汤汤水水，但做学问、搞科研千万不能汤汤水水。唯有认真细致，精益求精，才有成就。”

黄大年工作头绪多，不肯腾出时间锻炼身体和休闲，但是他却舍得花时间陪学生：周末打羽毛球，净月潭徒步游，南湖沿岸走……有一次，在一个夏日的傍晚，他把大家拉到操场，带头脱下鞋带着大家做“免费足疗”。又有一次路过游乐场，他发现学生们想进去玩又不敢开口，就主动陪着他们玩遍了所有活动项目。

吉林大学的6月，是一年中风景最美的时节，也是黄大年最开心的时候。每年在学生们毕业答辩后，他就背着相机，拉着学生们置身于大自然中，把一个个美好瞬间定格在相片里。

黄大年不仅关心和爱护学生，而且还给予困难学生无私的帮助。2014年国庆节，黄大年又带学生们去净月潭徒步走。这一天的净月潭，风拂杨柳，碧波云影，醉人心神。他健步走在前面，一会儿给大家照相，一会儿与大家赛跑。

在欢快的人群中，他发现有三位学生心事重重，愁眉不展。他知道他们家庭条件不好，心里想大概是学费问题在困扰着他们，便走近悄悄询问：“我知道你们几个人的家庭经济条件一般，是在为读研的学费发愁吧？如果是，先别向父母开口，说了会难为他们，我想办法先帮你们垫上。”

第二天，黄大年吩咐秘书王郁涵将三万块钱分别交给这三位学生，告诉他们钱是从学科经费里节省出来的。第二年他又帮助这三位学生交齐了学费。直到黄大年去世后，这三位同学才知道，学费是黄老师垫付的。

## "导师责任重大"

作为研究生导师，黄大年对学生悉心指导、严格要求，为他们打下坚实的专业基础，搭建广阔的交流的平台，在教学上取得了丰硕的成果。他用春风化雨的关爱，用科技强国的情怀，感染学生，引领学生，恪尽导师的职责，留下了让人感动的故事。

黄大年特别关心学生的成长。在他眼里，每个学生都是一块璞玉，通过精心打磨和耐心引导都能培养成才。在研究生入学考试的面试阶段，除了考察专业知识之外，他还要询问考生的入学初衷、专业特长、职业规划等等，有时一谈就是几个小时。在学生选择研究方向时，他会与学生一起通盘规划，既考虑学生的素质，又考虑国家的需要；既从眼前项目出发确定近期学习目标，又从学科发展趋势和国家战略高度制订长远发展计划。

有一年秋天，身材高挑、举止斯文的乔中坤带着成绩单，小心翼翼地敲响了黄大年办公室的门。读本科时，他被黄大年讲的课深深吸引，从此视黄教授为偶像。

"中坤你好，来，来，请坐。"黄大年看见他来了，便站起身，绕过办公桌迎过来。他示意乔中坤在沙发上坐下，亲自给他泡了一杯茶。小伙子性格内向腼腆，手持成绩单，忐忑地望着自己崇拜的导师，手足无措，不知说什么好。为了缓解他的紧张情绪，黄大年主动与他谈起自己的学习经历和以前在国外工作的情况。

等到气氛变得轻松自然了，黄大年才问起他的家庭情况、学习经历、爱好兴趣、职业规划、理想信念，等等。那一天，他和这位同学谈了整整一下午，指导他确定了自己未来的研究方向和发展重点。

“中坤，欢迎你加入我们团队。你要有思想准备，跟我做科研又苦又累，但是很值得。”太阳西下，黄大年握着他的手，对他说。

在学习上，黄大年严格要求学生，不容有半点马虎。一次，一位研究生在报告中把外文字母拼写的大小写弄错了。黄大年要求他当场修改，那个学生感到很没面子，便小声嘟囔说：“其实大家都明白是怎么回事，没必要这么认真。干吗非得马上改，开完会回去改不一样吗？”黄大年认真地说：“大小写区别很大，写错了会导致多重理解。做学问容不得半点儿马虎，更不能有丝毫的懒惰和主观臆想，必须严谨。你要端正态度，提高认识。现在就改！”

黄大年经常出差，为了不让学生的学习因为他出差受影响，他在出差前会给他们安排好学习任务、研究项目；出差期间，他会找学生开视频会议，或者通过电子邮件，了解他们的学习情况，帮助他们分析和解决问题。

有的老师劝他，导师带学生差不多就行了，不必管那么细，不必那么劳神。但是，他有他的考虑：“我国急需创新型人才。我现在对他们多用点儿心，严一点，帮助他们打好基础，他们日后就会有出息。”黄大年清楚导师的责任和使命，他一再表示：“导师责任重大，我不能失职。”

在教学上，黄大年注意根据学生的特点，有的放矢，因材施教。他在自己的笔记本电脑里，为每个研究生都建了一个专属文件夹，里面装着他们提交的学习笔记和读书报告。他还经常到实验室去指导学生，找学生谈话，询问他们近期学了什么、想了什么、有什么问题，等等。

他了解学生，善于发现他们的长处，然后进行有针对性的指导。例如，他发现博士生侯振隆喜好推导公式，就送给他一些专业书籍，支持他拓展学习深度；他鼓励周文月学好英语，建议她多看英文电影；得知张代磊准备申请对外交流项目，他就仔细阅读、反复确认所要提交的各种材料，在录取结果公布后，又耐心叮嘱他研究的细节……

黄大年一向倡导学科融合，认为一门学科的发展离不开诸多学科的支撑。因此，他对学生的培养不仅仅限于他们所学的专业，而是鼓励学生既专又博。学生周帅动手能力强，对无人机感兴趣，黄大年就购置航模，并送他去参加无人机驾驶培训，还出资上万元资助他考取了“无人机驾驶证”。侯振隆对数学和编程感兴趣，黄大年就买来相关的书籍送给他，并指导他推导公式。

黄大年鼓励学生树立远大理想，不要满足于仅仅成为国内的佼佼者。他常语重心长地对学生们说：“你们的竞争对手在外面，要与国外一流高校的学生看齐比肩，追赶并超越他们，引领世界科技潮流。这才是真正的强者。”

“中国正努力从科技大国向科技强国迈进，这需要几代人的不懈努力。培养优秀人才是基础。”作为一个高瞻远瞩的教育工作者，黄大年既关注当下的科研工作，更关心未来的科技发展。

因此，他努力为学生们搭建进行世界交流的“窗口”和互动的“平台”，培养“出得去，回得来，敢创新，有作为”的人才。他尽可能地创造有利条件，方便学生走出去参加国际会议。有的同学外出参加国际会议的费用不能报销，黄大年便撕掉票据，自掏腰包报销。他认为这样做是值得的，可以帮助同学们开阔视野、提高能力、增强自信。每当有他熟悉的外国专家到中国来，黄大年都邀请他们来学校与自己的学生们交流。他还通过各种方式，让学生接触世界前沿科学理念和先进技术，为此专门引进了国际前沿地球物理综合分析软件平台。

在学生们眼里，黄大年既是“严师”，又是“慈父”。夏天，他让爱人给学生们煮绿豆汤；雾霾天，他给同学们准备口罩。天热了，他给每个学生的房间都装上电风扇；天冷了，他又送来电暖气。学生丢了钱包，他自己掏生活费去资助；学生的母亲生了病，家庭经济困难，他资助医疗费用，帮助联系医生。在学生们心里，他们的导师不是“高高在上的学术权威”，而是“严格慈祥的长辈”和“推心置腹、鼎力相助的朋友”，是他们学习和生活上的忘年交。

“作为老师，不能亏待了孩子，不能耽误了人才。”黄大年用父亲般的关爱呵护着学生。他发现马国庆说话特别快，像“机关枪”。于是多次找他谈话，告诉他该怎么讲、怎么说：“你讲话快，是源于不自信，所以就想着快点结束。其实你做得很好，干吗讲话不自信？不要害怕，要自信！我讲这些，是给你听的，更希望你讲给同学们听。”

马国庆和李丽丽来自农村，黄大年非常看好他俩的学术潜质，于是创造条件、寻找机会送他们去提升英语、参加国际交流。两人毕业时，又帮他们争取留校的机会。后来俩人结婚，黄大年又张罗着帮他们租房。有人劝黄大年别婆婆妈妈地管太宽，他却说：“我们的国家太需要人才了，现在多用点心，他们中就有可能出大师、出诺贝尔奖获得者。”

黄大年在学生身上付出的心血，同学们铭记在心。2016年9月8日，同学们自发置备了蛋糕、水果，一起到黄大年家庆祝教师节。学生们联名写了一张贺卡：亲爱的黄老师，在别人眼中，您是一位儒雅且有风度的大学教授、健谈而不失风趣的闻名学者、博学多识又精益求精的科学大家。而在我们眼中，您是传道授业、解疑释惑的严师慈父，幽默风趣、推心置腹的忘年之交，多才多艺、帅气爽朗的吉大“欧巴”。老师您辛苦了！

春去秋来，黄大年一年又一年在科研和教学两条战线上夜以继日地工作着。谁也没有料到，疾病正在悄悄地侵蚀着他的身体。2016年12月5日傍晚，黄大年刚从外地出差回来便风尘仆仆地往学校赶，因为在他的办公室门外，提问的学生已经排好队，在等着他了。当轮到最后一位研究生王泰涵时，时间已经快22点了。王泰涵在门边探头一看，发现导师靠在椅子上，神情疲惫，便关切地说：“老师，您回家休息吧，我明天再来请教。”黄大年定了定神，把腰板一挺，直起身体，用右手拍了拍旁边的椅子说：“来吧，没事，坐下讲你的问题。”

一个多小时后，黄大年用有些嘶哑的声音说：“我觉得我今天的思维有些迟钝，你提的另外两个问题我明天再回答。”顿了一顿，他又说，“大概你还没吃晚饭吧？这样吧，我们一起去吃饭，我请客。”王泰涵这才知道，原来黄老师从出差回来到现在还没顾得上吃饭。

子夜时分，疲惫的黄大年终于回到家里。凌晨，他突然胆病发作，紧急入院治疗。但是，第二天病情稍有稳定，他又把王泰涵叫到病房，继续前一天的讨论。他手腕上埋着针管，身体显得有些虚弱，语速缓慢地说：“你提的问题比较超前，我的理解是……”一个小时后，王泰涵感到导师讲话的声音越来越微弱……他发现黄老师躺在病床上睡着了。

“黄老师是在用自己的信念和生命来诠释‘春蚕到死丝方尽，蜡炬成灰泪始干’的师者风范。”在王泰涵的心目中，导师的形象无比高大。

桃李不言，下自成蹊。黄大年辛勤的耕耘结出了累累硕果。他指导的44名研究生当中，14人获得省部级奖励，1人获得国家地球物理学会颁发的“刘光鼎地球物理青年科学技术奖”，1人获得教育部博士学术新人奖，3人获得吉林大学研究生优异成绩最高奖“李四光奖”，1人获得吉林省自然科学学术成果二等奖，8人获得国家奖学金。

## 生命有限　信念无限

人生在世，面对林林总总的纷扰、形形色色的诱惑，看重什么、坚守什么，就像一把无形的尺子，量出一个人品格的厚度，标出一个人境界的高度。

## 507室

在华灯初上的傍晚，在皓月当空的深夜，在夜深人静的凌晨，无论寒暑，无论春秋，当你从地质宫大楼前经过，如果发现五层还有一间办公室亮着灯，那准是黄大年还在工作。

“在历史的长河里，人的生命不过是短暂的一瞬，随波逐流只能是枉费一生；做一朵小小的浪花，奔腾着、呼啸着加入奉献者的滚滚洪流，推动历史向前发展，我觉得这才是一生中最值得骄傲和自豪的事情。”黄大年在入党志愿书中这样写道。

在吉林大学文化广场旁，矗立着一栋庄严肃穆的建筑——地质宫。这座大楼的507室，黄大年一天中大多数的时间是在这里渡过的。办公室靠门的地方立着一块白板，上面写满了各种公式和图形。有一张巨大的表格覆盖了一整面墙，非常地显眼。那是他2016年的工作日程表，上面密密麻麻写着：赴西北指导科研工作；到沿海地区指导经济转型；在省内调研产业转型；“千人计划”“长江学者奖励计划”评审……

繁重的工作养成了黄大年珍惜时间的习惯。早起后，他用冷水洗脸，喝一大杯黑咖啡，然后来到办公室埋头工作。他觉得冷水洗脸、喝咖啡，既便捷又能保持头脑清醒、精力充沛。

中午，同事们都去用餐了，他的眼睛仍盯着电脑，右手操作鼠标或键盘，左手熟练地从提包里摸出面包、馒头、红薯，边工作边吃饭。身为南方人，他最爱吃大米，但为了节省时间、加快工作进程，他宁愿吃面包、啃馒头、嚼红薯。

下午，他的办公室摇身一变，宛如“名医诊室”，来访者络绎不绝，有来找他商量项目进展的，有来请教管理问题的，有其他单位来协调工作的，也有来找他审批签字的……

黄大年一心扑在工作上，对他来说，几乎没有下班这个概念。他常常加班，而且一加就加到半夜。夜幕降临在吉大安静的校园，黑沉沉的大楼上，507室的窗口还亮着明亮的灯光。人们都结束了一天忙碌的工作，享受难得的闲暇时光，这时候黄大年还有许多事情要做：与自然资源部、科技部、教育部、中科院、中船重工、浙江大学等科研院所的专家电话交流；给同事、学生发邮件，制订第二天的工作计划，完善研讨报告，修改科研规章制度；读书学习，为自己“充电”……

## “拼命黄郎”

言出必行、行出必果、令行禁止，是黄大年的工作作风；争分夺秒、惜时如命、只争朝夕，是他的工作状态。他是“三点式人物”，往返于住所、学校和机场之间，一年之中出差的时间超过三分之一。他习惯订夜间航班，这样既不会影响白天的工作，乘机时还能修改资料。鉴于他这种超人的工作强度和高度的工作热情，大家都称他是“拼命黄郎”。

地探学院位于地质宫大楼内，每晚10点关大门，黄大年常常工作到凌晨。最初看门的大爷不理解，多次抱怨他走得太晚了，影响自己休息，并向有关领导反映。有一天黄大年又加班到半夜，下楼时他走了神，踩空跌倒崴了脚。守门大爷以为，这位教授一周内肯定上不了班。可是没想到，第二天黄大年一瘸一拐地第一个来上班了。大爷被他的敬业精神感动了，在得知黄教授是自愿回国工作的国际著名科学家后，更是敬佩不已，多次表示：“以后无论多晚，只要黄教授喊一声，我立即开门。”

由于超负荷工作，特别是长期熬夜，导致黄大年肝胆功能障碍和病变，他的肝部、胃部、腹部出现胀痛，且发作频率越来越高。每次胀痛往往持续8个小时，而且多在晚上发生，吃药也不见效。黄大年常被病痛折磨得辗转反侧无法入睡，汗水湿透衣衫。

当下，知识创新和科技创新的周期越来越短，稍有懈怠或停滞便会落伍，黄大年的紧迫感非常强烈。他以追赶甚至引领国际先进水平为使命。这一目标给他造成的“不安全感”“本领恐慌”“紧迫感”，是他变成“拼命黄郎”的精神动力！他认为，这应该是中国科技人员的新常态，要想科技强国，就得比别人付出更大的努力，吃更多的苦。

2016年伊始，为了做好深探项目课题答辩的准备工作，黄大年带领团队成员经常忙到子夜，资料在桌子上堆成小山。有一天，正当人们伸着懒腰，打着哈欠，准备打道回府时，他发现一张配图有问题，便立即要求修改，然后重新打印，重新装订全文，一直忙到凌晨3点才收工。然而，次日一早，他又精神抖擞地投入工作。

2016年6月底，在三个昼夜连轴转后黄大年晕倒了。“不要告诉别人。”他醒来对秘书说，“如果跟别人说了，会影响开会。”

几天后，深探项目的答辩验收会如期召开。开会当天，黄大年眼圈发黑发肿，眼睛布满血丝，胸口憋闷。会前，他打开提包，拿出装速效救心丸的小瓶子往手里一倒，一仰头把药丸扔在嘴里，步入会场……

2016年7月19日至22日，黄大年参加了中央党校“高层次科技领军人才专题研修班”。回到学校后，他兴高采烈地告诉大家：“我代表讨论小组发言了，效果特别好，党和国家很重视科技事业，咱们有很多事要做啊！”

说着，他就打开自己的背包，小心翼翼地拿出一个塑料袋，打开外面包裹着的毛巾，里面是个白瓷茶杯，茶杯配有金色镶边托盘。黄大年打开书柜的玻璃门，把这套茶杯摆在了专门存放各类奖牌证书的格子里。

有人问：“黄老师想收藏这个杯子吗？”他乐呵呵地指着上面印的“中共中央党校”几个字说，“这是中央党校发的，我感到很光荣、很亲切，留作纪念。”

“科技强国是实现‘两个一百年’奋斗目标的伟大‘长征’，在这个过程中，我们会遇到意想不到的苦难，但是只要有‘长征精神’，我们就能圆梦。”在党校学习期间，他读了长篇报告文学《长征》。

这是黄大年2016年11月的行程表：北京—宁波—长春—北京—长春—北京—长春—北京—长春—北京—成都。

11月29日，日程表上留下他的绝笔：“第七届教育部科技委地学与资源学部年度工作会”。当天凌晨两点，当北京飞往成都的航班刚刚落地时，他休克了。

在医院里，医生想拿开他怀里紧紧抱着的笔记本电脑，连试了几次都拿不动。这时黄大年醒来了。他先愣了一下，下意识地摸了摸怀中的电脑，然后嘱咐身边的同事说：“我要是不行了，请把电脑交给国家，里面的资料很重要。”

“这个会很重要，我必须参加。”第二天清晨，黄大年吃了一把速效救心丸，头也不回地离开了医院。无论医护人员怎样劝说和警告，他都不听。

“生命有限，但理想信念可以增加生命的厚度，提升生命的高度。”在去往会场的路上，黄大年对同事说。回到长春，组织安排他进行体检，等待结果期间他又到北京开会。不久，检查结果出来了，他患的是胆管癌！此时，他正在返回吉林的飞机上修改资料……

2016年12月13日，黄大年委托于显利等人把无人机运到广州，参加“千人计划”专家科研成果展。

他倚着床头，打着点滴，身上插满了管子。他嘱咐于平“把咱们的经费再压缩一些”，确保其他单位能够参与。过一会儿，他又想起姚永明参评副教授的事，用他颤抖的手，歪歪扭扭地写下一段推荐语。

2017年1月1日，黄大年收听了习近平主席发表的新年贺词：2016年，“中国天眼”落成启用，“悟空”号已在轨运行一年，“墨子号”飞向太空，神舟十一号和天宫二号遨游星汉……。听到这些，他有些激动，对同事说：“国家对科技创新这么重视……国家有决心……我们的技术马上就要派上用场了。”

1月2日，他开始高烧。1月3日，高烧持续、咳嗽不止。1月4日，内脏大出血、肝功能衰竭……

1月8日13点38分，我们的黄大年化作了永恒的丰碑。

2017年5月25日，习近平总书记对黄大年同志的先进事迹做了重要指示：黄大年同志秉持科技报国理想，把为祖国富强、民族振兴、人民幸福贡献力量作为毕生追求，为我国教育科研事业做出了突出贡献，他的先进事迹感人肺腑。

人最宝贵的是生命，生命对人来说只有一次。人的一生应当这样度过：当他回首往事时，不会因为碌碌无为、虚度年华而悔恨，也不会因为为人卑劣、生活庸俗而愧疚。

——奥斯特洛夫斯基

# 多彩的人生　丰硕的成果

——记“中国海洋地质之父”刘光鼎院士

全国政协委员、中国科学院院士、第三世界科学院院士刘光鼎开启了我国地球物理学和海洋地质学先河，推动了我国海上油气田事业，被称为“中国海洋地质之父”。2018年8月7日18点，刘光鼎在北京逝世。他的一生精彩而传奇，是对“多彩的科技人生”的最好诠释。

## 少年光阴

刘光鼎（笔名石樵），1929年12月29日生于北平，祖籍是富有传奇色彩且历史悠久的“仙境”——山东蓬莱大辛店西徐家沟。其曾祖父、祖父以教书为生，历任府县教官，主掌贡院，刘家可谓是“书香门第”。父亲刘本钊（字康甫），从小深受中国传统文化的熏陶，先后在清华大学、北京艺术专科学校、青岛大学、西南联大、山东大学和台湾新竹清华大学任教，在京剧评论、历史小品、金石书法等方面颇有成就。母亲董德玉自幼熟读经书，擅长写诗和书法，又得祖辈中医亲授，精通脉络机理，常行医治病救人。她教子有方，从小培养孩子们的爱国思想，引导他们学习中华民族的灿烂文化和辉煌历史。

在十个兄弟姐妹中，刘光鼎排行第八。1934年年初，父亲刘本钊离开清华大学到山东大学工作，举家迁往青岛。1936年，刘光鼎开始在青岛太平路小学学习。1937年7月7日全面抗战爆发，不久，青岛被日军占领。为了躲避战火，父亲带大姐光裕辗转前往云南西南联大，母亲携六姐光仪、九弟光鼐、十妹光昆和光鼎回老家蓬莱，行医度日。在当地，刘光鼎考入良弼小学，后转入县立第一小学，1940年，以优异的成绩毕业。二姐光运、三姐光荣、四姐光耀和五姐光礼怀着救亡图强的理想，奔赴了革命圣地延安。三姐光荣在“反扫荡”战斗中为国捐躯，这对刘光鼎触动很大。从此他对八路军、共产党产生了敬仰之情，决心成为像三姐那样的爱国者。

母亲具有强烈的民族意识和爱国主义精神，秘密投身于民族解放事业中。她不仅将家产捐献给八路军，而且义务为子弟兵看病，为八路军医院免费提供药品。她经常利用自己医生的身份，走村串户向敌占区的广大群众宣传抗日救国的道理，同时了解日伪军的动态。她深受战士们喜爱，被八路军指战员称赞为“八路军的妈妈”。

大哥刘光斗（刘元化），毕业于北京朝阳大学法律系。在北京（时称北平）上大学时，他拜太极拳大师练武强身，因天资聪明，身体素质好，深受恩师器重，幸得真传，精通太极、八卦拳术，成为太极拳的第五代传人。他大学毕业后，返回山东老家，一边工作一边收徒授武，成为当地著名的拳师，威望颇高。

1940年日本侵略军攻占蓬莱期间，日伪方面想利用刘光斗的名望，多次邀请他出任蓬莱的伪县长，均遭到拒绝。一天，恼羞成怒的日本宪兵突然包围了刘家，以“私藏枪支、私通八路”的罪名将他抓到宪兵队。他受尽酷刑仍不肯屈服，被投入监狱。此后，日本宪兵队多次闯入刘家搜查、抢劫、行凶、纵火……母亲在悲愤中含恨辞世。面对国破家散、兄囚母亡的残酷现实，国仇家恨的种子深深地埋藏在刘光鼎的心中，他与六姐、弟弟和妹妹靠借贷艰难度日，饱受生活磨难。刘光鼎从国家、家庭的不幸中感悟到：祖国富强是民族、百姓、个人的保障，没有国家的独立，国民就没有太平的生活，于是他决心习文练武，希望长大以后承担起救国的重担。在这段动荡、艰苦的时期，亲友们纷纷伸出援救之手：二姨将小妹带到天津，父亲的友人张余三辗转将六姐送交八路军，刘光鼎和弟弟则靠借贷乞讨过活。他在贫困的煎熬中期盼着八路军早日解放蓬莱。

1941年8月，刘光鼎欣喜地收到父亲从昆明寄来的信。信中父亲让他到堂叔刘明斋的钱庄借钱。借了十几元钱，安排了九弟后，刘光鼎只身前往北平。然而，等他匆匆赶到，学校已经开学。经过补考，刘光鼎成了竞存中学住校生。初二时，这家私立学校倒闭了，他转学到成达中学。该校位于碧波荡漾、垂柳摇曳的中南海，不仅环境优雅，还有令刘光鼎流连忘返的图书馆。从初二到高一，他在这里醉心于学业，阅读了一些社会科学的书，产生了“科学救国”理想，也萌发了“社会革命”思想。

当时，在日本侵略者的高压统治下，北平的学校被迫开设日语课，只有西方教会学校开设英语课。刘光鼎不肯在开设日语课的学校学习。幸好，他得到曾在河北省开滦煤矿工作的表伯曹伯垣的帮助，转入了辅仁中学读高中。在高中阶段，爱国主义、共产主义、社会主义思想进一步在他心中扎根。

表伯家里生活比较困难，虽然他关心和疼爱文武双全的刘光鼎，但心有余而力不足。此时父亲远在昆明，通信中断，无法联络，所以他的学费和生活费全靠自己解决。由于树立了“科学报国”的理想，他学习刻苦，成绩始终名列前茅，年年荣获奖学金，还被减免学杂费，吃住在学校。他酷爱体育运动，参加的垒球队、篮球队多次获北平市冠军、亚军；在铅球项目上创造了北平市学生纪录；体操和双杠也是“拿手好戏”。各种球队的队服、鞋帽成了他四季的服装。

当时，中国人民在中国共产党的领导下，进行了可歌可泣的抗日救亡斗争，其影响波及社会各个角落。由于哥哥姐姐大多参加了八路军，加入了中国共产党，更因为中国共产党领导人民坚决抗战，是民族的脊梁，刘光鼎十分关注共产党、八路军的消息和抗日根据地军民消灭日伪军的捷报，希望自己能早日投身于民族解放事业之中。

## 树立科学的人生观

1945年8月，中华民族取得了自鸦片战争以来第一次赢得全胜的民族解放战争的伟大胜利。日本帝国主义宣布投降之日，刘光鼎彻夜未眠。同年，他进入辅仁中学高中部，初步确立了马克思主义世界观。1946年，北京大学历史系的学生王云轩（中共地下党员）在辅仁中学代授国文课，将英俊豪放、沉稳精干的刘光鼎作为重点培养对象，常与之接触和交谈。在王老师的教育和影响下，他读了大量课外书籍，如艾思奇的《大众哲学》等，并积极参加学生运动。他的言行引起了当局的注意，辅仁中学勒令他搬出学校并予以除名。经党组织周旋安排，他搬进了北大校园。刘光鼎配合王老师开展宣传共产主义思想和秘密联络等工作，经历了“反饥饿、反内战”的学生运动。这使他进一步理性地接受了马列主义，共产主义理想信仰更加坚定，主动向党组织表明了加入中国共产党的意愿。

广岛、长崎的原子弹爆炸让世界认识到核武器的巨大威力，所以他在报考大学时拟学核物理，打算日后研制原子弹。他的理由很简单：如果中国拥有了原子弹，帝国主义国家就不敢再侵略我们了！

1947年夏，刘光鼎经北京大学地下党组织的同意，考取了北平师范大学体育系和山东大学物理系。之所以报考体育系，是因为体育系不仅有奖学金，而且吃饭免费。由于山东大学物理系也有奖学金，所以经再三考虑并请示党组织同意后，他南下青岛，走进了山东大学。这时，解放战争的天平已向共产党倾斜，国民党反动派开始更加残酷地镇压进步力量，人民生活在白色恐怖之中。青岛的政治气氛十分紧张，国民党当局到处追捕、杀害进步人士。根据青岛地下党的指示，刘光鼎秘密从事学生运动，创办了壁报《死水》。但《死水》仅办了一期，便被校方强行停刊，他也受到训导处的严厉批评和恐吓警告，为了安全，党组织建议他返回北平，重新报考学校。

1948年5月，刘光鼎带领九弟返回北平。他将九弟安排到孔德中学学习，自己却因找不到王云轩和党组织，一时不知下一步该如何行事。一天早上，他突然碰到“学运”中的好友——北大中文系的杨赓和，他激动得流下了眼泪，这意味着找到了党组织。杨赓和把他的组织关系转给了王文（张硕文）。不久，刘光鼎与王文接上了头，在王文领导下，从事宣传、调查、交通等工作。1948年夏，刘光鼎正式向党组织递交了入党申请书。同年9月9日，由王文介绍，刘光鼎加入了中国共产党。当天，在他秘密举行入党宣誓仪式时，国民党特务围住北大校园，闯入学校任意搜查和抓人，气氛非常紧张。加入中国共产党、从事地下工作，随时都有掉脑袋的危险。然而，早就把一切交给共产党的刘光鼎，在北大理学院的生物楼里，毅然举起右手，面对党旗宣誓，成了一名光荣的共产党员，从此全身心地投入到人民解放事业中。

1948年，他再次参加大学入学考试。他原本打算报考清华大学，但王文要求报考北大物理系，理由很简单——党组织需要，并说如果未能考上北大，党组织将送他去解放区。刘光鼎服从党组织决定，考取了北京大学物理系，并获得了奖学金。

在北京大学期间，刘光鼎一方面在饶毓泰、郑华炽等老师的教导下，学业有了长足的进步；一方面在张硕文、华顺（数学家华罗庚的女儿）的领导下，积极投身于地下工作。在北平解放前夕，党中央做好了两手准备：和平解放或武装解放。王文命令刘光鼎负责侦查东单地区国民党军队的驻防、番号、兵力、武器装备等情况。同时，要求刘光鼎秘密配合有关方面，做好保卫北平市委的安全工作。

1949年年初，千年古都北平迎来了和平解放，中国人民解放军浩浩荡荡地进入了城区，地下党开始公开活动。北大党委组建支部，刘光鼎任组织委员。

1949年10月1日，五星红旗在天安门广场徐徐升起，宣告了新中国的诞生。刘光鼎对祖国的未来和自己的“科学强国”的理想充满了无限的憧憬，他和同志们一起走上街头，载歌载舞。

1950年，在声势浩大的“三反”“五反”运动中，北京市委与北大党委协商后，调刘光鼎到北京市节约检查委员会任秘书。他出色地完成了组织交给的各项工作，一年后返校继续学习。这时在抗美援朝战场上，志愿军取得节节胜利，美国侵略者为了挽回败局，一再叫嚣要对中国大陆和朝鲜进行核打击，恐怖的“蘑菇云”开始笼罩在中国人民头上。这让他想转学核物理，决心研制我国的原子弹和氢弹，打破美帝的核威胁。他多次向组织提出申请，但均未被批准。

刘光鼎与石油的不解之缘，是在一次与两位石油界前辈的倾心夜谈中结下的。1951年7月，谭承泽老师带领刘光鼎等9名同学前往陕西延长实习，这是党组织有意安排的。系主任饶毓泰是爱因斯坦的博士生，他认为，要在理论物理上学有所成，就要到国外进修，吸取国际最新理论知识。此时，为了创建新中国的石油工业，地质矿产部和燃料工业部向北大要人才，于是就有了这次实习活动。这次活动，拟选拔出国进修人员。

在陕北铜川，刘光鼎等人见到了陈贲、王尚文两位地质学家。陈贲曾是中共地下党员，1938年毕业于清华大学地质系，王尚文与陈贲同班。在铜川四郎庙期间，陈贲教授主动找同学们谈话，介绍了自己工作的经历和体会，希望同学们投身到祖国石油建设中来。“一个国家要发展，不能没有石油，没有石油国家就没法发展。”陈教授强调，“20世纪三四十年代，全球石油都是在海相地层里找到的。国际学术界按此理论主观地给中国戴上了‘贫油国’的帽子。石油是现代工业的‘血液’，如果没有源源不断的石油，我国就不可能进行大规模的工业化建设，更不可能实现工业现代化。所以，打破西方炮制的中国‘贫油国’论调，在我国大陆上发现大油田并且使石油生产满足社会生产和人民生活需要，是新中国迫切需要解决的问题。”

这次秉烛夜谈，对刘光鼎来说就像一次启蒙，使他真切地认识到地质工作的重要性。他心想：报效国家的途径是多种多样的，研制原子弹是一条途径，石油关乎国家的经济命脉，国家对石油有更为现实且长期的需要。从此，他与石油结下了不解之缘。

他和同学们先后在西安、四廊庙学习石油地质与钻井技术，又在洛川实习测量与重力，后经延安到延长县，在翁文波、赵仁寿领导的中国第一个地震队参加工作。回京后，学校请中国地球物理界三元老之一的翁文波先生到校讲授“地球物理勘探”课，王鸿桢教授请刘光鼎任助教，负责课程的小课辅导。教学相长，助教工作使刘光鼎进一步深入学习了地球物理勘探的科学知识和工作方法，在讲课与答疑环节得到锻炼。这让他的地球物理基础知识更加深厚，他与石油的关系更近了。

1952年，刘光鼎大学毕业，来到北京地质学院工作，与另外两位同事一起创建了地球物理系。

## 中国海洋地质之父

刘光鼎大学毕业时，为自己的未来编织了“金色梦想”。作为党员，刘光鼎服从组织安排，来到北京地质学院。学校指定他协助薛琴舫教授工作，担任地球物理探矿系和石油系物理课的辅导与实验等工作。因工作出色，他得到北京地质学院院长刘型的高度评价和充分肯定。同年年底，经刘院长举荐，他赴哈尔滨工业大学研究生班学习俄文。

1953年，苏联地震勘探学家顾尔维奇教授来华讲授地震勘探知识。为了协助其做好教学工作，刘光鼎提前回京，担任系主任助理、教研室主任、顾尔维奇先生学术秘书，既要翻译《地震勘探教程》（上、下册），还要协助顾尔维奇教授带十名研究生。他通过旁听，系统学习了普通地质学、结晶矿物学、岩石学、古生物地层学和大地构造学等课程，对地震勘探、重力勘探、磁力勘探以及电法勘探有了系统认识，大开眼界。

1958年，刘光鼎奉命到青岛中国科学院海洋所创立的“中国第一个海洋地球物理勘探”担任队长，在渤海、黄海开展工作。从此，他把全部精力倾注在祖国的海洋地球物理勘探事业中，不仅开创了中国海洋地球物理勘探科学技术的先河，而且将中国海洋地球物理勘探事业推向了世界，促进了国际海洋地球物理勘探事业的发展。

1959年，组织决定送刘光鼎前往苏联深造，学习海洋物理探测专业。他先后在莫斯科全苏石油地球物理科学研究院、巴库阿塞拜疆石油开发科学研究所从事海洋地震、海洋石油勘探、偶极电测探等方面的研究工作，还访问了莫斯科大学、莫斯科地质勘探学院、莫斯科石油学院、苏联科学院大地物理研究所、列宁格勒矿业学院和列宁格勒大学物理系。

1960年，刘光鼎回国，在北京地质学院成立了海洋物理探测研究室并担任主任，讲授海洋物理探测课程。同年，他奉命组建地质部第五物探大队。他没有可用的探测仪器，是白手起家。他组织四个人，用三年时间研制出了海底重力仪，又通过转口贸易进口了一台航空磁力仪。由于海上与空中条件不一样，必须想办法克服噪声干扰。于是，他进行了改装航空磁力仪的研究，突破噪声关，使测量精度达到2纳特，接近国际先进水平。

海洋物探最重要的仪器是地震仪，当时我国仅有陆地使用的地震仪，无法满足海洋环境的需要。刘光鼎便带领大家改装陆地地震仪，又研制了地震组合检波器与接收电缆等仪器设备。

1964年，地质部决定成立海洋地质研究所。刘光鼎奉命率领北京地质学院海洋物理探测研究室全体教师到南京地质研究所组建“海洋地质研究所海洋地球物理研究室”，并担任研究室主任、第二海洋地质调查大队技术负责人、海洋地质调查局副总工程师、综合研究大队长，开展压电晶体地震检波器的研制工作。期间，他还担任了中国科学院海洋研究所副研究员、国家科委海洋专业组成员，并利用酒石酸钾钠压电晶体检波器、锆钛酸铅压电陶瓷检波器等仪器在渤海湾和辽东湾以及长江中游进行调查，试制水下压电检波器。

1965年，依靠这些自行研制的重力仪和地震仪器完成了渤海海底构造探测和油田发现工作。有了仪器，还必须有探测船。一开始刘光鼎向海军借用“831汾河号”登陆舰，后来买了两条渔船，起名为“星火1号” 和“星火2号”，一条做爆炸船，一条做接收船，用来开展地震勘测。后来又增加了两条，分别叫作“燎原1号”和“燎原2号”，一条做重力勘测，一条做测深。再后来，又造了两条1700吨的“奋斗1号”和“奋斗2号”，取代了“星火号”地震勘测船。

刘光鼎采用单船连续爆炸的方法和多种定位措施，对塘沽至龙口进行海洋地震试验工作，还开展了海上重力、磁力、电流和放射性的试验工作，撰写了《海洋底的发现》等科普文章和相关论著，发表了多篇论文，翻译出版了数百万字的图书，开启了中国地质学、地球物理学的先河。

期间，刘光鼎一度面临“转行”的诱惑——从苏联回国不久，二机部（核工业部）曾来人要调他参加我国“两弹”的研制工作。原来，他在北京大学物理系的一些同学后来转学了核物理，并在核物理领域崭露头角，为了加强科研力量，他们多次向党组织推荐刘光鼎，建议让他“转行”从事核物理研究。于是，二机部干部局专门派人上门协调，征求刘光鼎的意见。这无疑是两难选择。在北大物理系学习期间，他曾主动向组织提出申请，要求转学核物理，立志研制原子弹、氢弹，但未能如愿。多年过后，突然“峰回路转”，这使他感到很纠结，一时间心情难以平静。考虑到我国海洋地球物理勘探工作刚刚起步，而且父亲又在台湾清华大学工作，在当时的历史条件下，他去二机部工作可能不妥，于是，他谢绝了邀请。

1965年，刘光鼎提交的《渤海地质构造及其油气远景》研究报告，被国家科委评为该年度60项重大科技成果之一。1966年，他在《海洋地质》杂志上发表了论文《压电晶体检波器的频率特性》，从理论上计算了酒石酸钾钠晶体与锆钛酸铅陶瓷两种压电（加速器）检波器的频率、相位特性和最佳接收深度。同年，他被地质部任命为海洋地质研究所副所长。

1970年，海洋地质研究所南迁到广东湛江，改名为“地质部第二海洋地质调查大队”，刘光鼎担任技术负责人，开展北部湾地质地球物理调查。在艰难动荡的政治环境中，他以其高度的责任心和科学求实的工作精神，组织科研人员开展各种科学试验和探测工作，使科研任务在逆境中不断取得突破。他们在北部湾涠西南发现含油构造，推测其具有良好的油气性。作为科学家，他从第二海洋地质调查大队的宏观发展着眼，认为北部湾的工作仅是练兵和获取经验，更重要的战场是珠江口。不久，他们的先遣地震队就在珠江口发现了巨大的新生代沉积盆地。

1973年，刘光鼎奉命调往上海地质部海洋地质调查局，任副总工程师，兼综合研究大队队长、高级工程师。综合研究大队综合分析后，发现南黄海盆地中央隆起，由此分隔成南北两个坳陷，其中南部坳陷是与苏北盆地相通的，钻通后均未获得良好的油气显示。他认为，上海海洋地质调查局应着眼于深部的古生界地层，并解决物探船只、设备及其处理解释手段，为钻探提供有科学依据的井位。从地质条件上看，他认为，勘探工作不能局限于南黄海，应大力开拓东海。为此，刘光鼎和有关专家一再向中央提出建议，并率先在东海进行区域地球物理调查，发现东海海底具有“三隆两盆”的构造格局。他集中力量，调查位于浙江东部的西湖坳陷，发现其中局部构造成串发育，第三系地层厚，油气性良好。在此基础上，他们进一步开展了系统的地震详查。不久，“勘探二号”桩脚式平台终于在平湖构造的第三系地层中，钻探到工业油气流，实现了我国东海油气资源开采的突破。同时，刘光鼎还受聘于同济大学，任海洋地质研究所所长、教授，为同济大学地质系的建立与开拓做出了贡献。

随着社会主义建设事业的快速发展，中国对石油的需求量越来越大，钻探和开发海洋石油，成为我国能源工业的重要组成部分。石油工业要靠我们自己的科学技术来发展，因为它不仅具有广泛的科学和经济价值，而且具有长远的战略意义。在刘光鼎主持下，中国海洋油气勘探呈现出生机勃勃的局面：在渤海、东海陆架、珠江口、北部湾以及琼东南和莺歌海域，相继发现工业油气流，并在有些海域实现了工业钻探和开采，填补了我国海上石油开采的空白。1980年，这项工作获“国家自然科学二等奖”。

1980年，关闭了23年的中国科学院学部大门，在举世瞩目中徐徐开启，刘光鼎因为在地质科学特别是海洋地质科技领域的杰出贡献，当选为“中国科学院学部委员（院士）”。同年10月，他被任命为地矿部海洋司副司长、部科学技术委员会常委、石油地质海洋地质局副局长。从此，他又开始了《海洋法》的研究工作，为参加“联合国海洋法会议”以及开发大洋底多金属结构的“海底委员会”做准备。同时，他积极参与海洋地质、地球物理调查，始终活跃在我国海洋资源勘查第一线。虽然我国在渤海油气勘查中积累了28万测线公里的地球物理资料，并且已在六大近海沉积盆地中发现了工业油气流，但其相互关系、基本规律是什么？这些课题成为他关注的热点。

1984年夏，刘光鼎刚从中央党校哲学班结业，便着手组织国家重点攻关项目“寻找大油气田的理论与方法技术研究”，重点解决中国的天然气、南方碳酸盐岩的油气、塔里木油气和东海油气四大课题。同时，开始主编《中国海区及领域地质地球物理系列图》（比例1：200万）。

中国海区地处欧亚大陆边缘，是三大板块的交汇部位，发育了一系列不同时代和不同成因的边缘海，对它们展开研究，其成果对学术、经济和社会均有重要意义。刘光鼎根据地球物理学科发展和我国能源需要，开展了立足全球地质地球物理的综合研究，并把以“活动论”为特征的“板块大地构造理论”作为指导。这一综合了各种地球物理方法，包括地质学与地球物理学、正演方法与反演方法、观测和数据采集与处理方法，并吸收了现代技术成果。在这一研究的基础上，他组织编绘了《中国海区及邻域地质地球物理系列图》，并组织编写了该系列图的说明书——《中国海地质地球物理特征》，这本书对系列图进一步做了说明和诠释，系统地总结了我国海洋地质地球物理工作30年的理论和实践成果。

《中国海区及邻域地质地球物理系列图》作为中国海洋地

质、地球物理的第一部系统巨著，包括地形图、地貌图、空间重力异常图、布格重力异常图、磁力异常平面剖面图、地球动力学图、地质图、大地构造图、新生代沉积盆地分布图等，全书共计60万字。刘光鼎运用岩石层板块大地构造理论，分析了中国海的地质环境，并通过地质地球物理综合解释，阐述中国海地质构造特征及其演化历史和机制。这项研究使中国海洋地质工作跨入了新的发展阶段。它的学术价值和经济价值是难以估量的，据权威人士强调，“对于东亚大陆边缘的关键地区乃至全世界地球构造的认识，这是一项起到关键作用的成果”。鉴定委员会的专家们一致认为：此项重大研究成果是我国海洋地质领域中的创举，其丰富、扎实、创新、实用，应用领域广泛，意义深远。

在成果表达上，地质图采用“投影法”，巧妙地利用二维图像表达四维空间中形成的沉积盆地；系列图表达主要论点；图集收录中间性成果辅助佐证；专著进行解释和阐明。四者相互印证，完美和谐地构成统一的整体。地球动力学图用“均衡重力异常”展现均衡态势。

在编图技术上，他率先采用计算机编图，并且自行设计软件。在此基础上，刘光鼎又建立了标准化处理的数据库，不仅将成果统一规范，而且为地质勘探、沿海城市建设、航运、国防和地震预测预报，提供了科学的依据，社会效益显著。从发布之日起，《中国海区及邻域地质地球物理系列图》就被国内外同行广泛引用。联合国教科文组织下属“太平洋与大西洋编图委员会”（GAPA），将系列图中的8幅图，原封不动地收入了《世界海洋图集》。

1992年，《中国海区及邻域地质地球物理系列图》作为中国代表团的重要成果在国际地质大会展出。展出时，立即引起国际地质界的广泛关注和高度评价。由于这套系列图对我国的海上油气勘探、环境灾害防治、航海等有着不可估量的作用，1993年该系列图获得地矿部“科技一等奖”，1995年获“国家自然科学”二等奖。

1991年，刘光鼎当选为“国际大地测量与地球物理联合会”（IUGG）中国委员会主席，并作为国家代表，出席奥地利维也纳会议；1992年，刘光鼎获“竺可桢”野外工作奖；1993年，刘光鼎当选为中国地球物理学会理事长； 1994年，刘光鼎获“李四光”科学荣誉奖；1995年，经美国和加拿大等国提名，刘光鼎当选为“联合国大陆架界限专家委员会”成员，并于同年9月，在纽约出席该委员会会议；1998年，刘光鼎当选为“第三世界科学院”院士。刘光鼎被国际地学界尊称为“中国海洋地质之父”。

## “牛棚”杰作与太极情怀

在中科院所在的中关村地区，许多人知道刘光鼎习武尚侠，喜欢写诗填词。由于热衷传播太极拳文化，他在众多粉丝中享有“大侠”和“黄埔教官”的赞誉。

刘光鼎向我介绍道：“1937年我在蓬莱跟我大哥刘光斗学武术，从少林拳开始，后来练习八卦掌，再学太极拳。我大哥是太极拳五大流派中‘吴式’太极拳的正宗大师吴鉴泉的嫡传弟子，集武术各流派精华于一身，江湖人称‘铁胳膊刘’。他的经验是，学武要从外家打到内家，再从内家打到外家，从硬到软，再从软到硬。平时慈祥的大哥在习武方面对我十分严格，要求每个动作都必须做得准确到位，不允许马马虎虎，更不允许花拳绣腿。在大哥的监督下，我打下了扎实的武术基本功，养成了拳不离手的良好习惯。我在北京上中学时，得到了精于太极拳的堂兄刘晚苍的指点，技艺又有所精进。当时，他在北平以经营粮食为生，是有名的武术大师，人称‘刘三爷’。我跟随他修炼，不仅体魄日益强壮，精力越发充沛，而且不断地领悟到太极拳的奥秘和真谛。”

刘光鼎历经半个多世纪的潜心练习、持续感悟，逐渐成为太极拳的高手，这项技艺在他从事地下工作时发挥了特殊作用。因具备扎实的物理知识，特别是力学知识，他对与力学息息相关的太极拳，多了一些理性思考和科学认识，认为它是中华文化中不可多得的瑰宝，觉得自己有责任进行总结、归纳、提炼，并著书立说，使之与时俱进、发扬光大、流传后世。遗憾的是，他始终工作繁忙，四处奔波，无暇集中时间来做这件事。

“文革”初期，因父亲在台湾清华大学任教，刘光鼎被扣上了“反革命修正主义分子”帽子，被“造反派”关进了“牛棚”，接受隔离审查、劳动改造长达8年。

在蹲“牛棚”期间，他要么扫厕所、砌房子，要么挨批斗或接受政治教育。一开始，他承受着身体和精神的双重折磨，特别是被禁止打太极拳，使身心受到极大打击。由于他认罪态度不好，便享受了特殊待遇——被关进了矮小黑暗的单间。刘光鼎不甘心白白荒废宝贵的光阴，怀着传播海洋物探知识的使命，他秘密起草了《海洋地球物理勘探》。之后，他又撰写了《太极拳架与推手》，总结了太极拳术的历史、流派、动作要领，系统整理并论述了刘晚苍先生数十年传授、总结太极拳的经验和心得体会。最初，他担心书稿被看守查抄销毁，只能秘密进行，进度比较缓慢。后来，几个看守要求跟着刘光鼎学习太极拳，便对他写书稿之事睁一只眼闭一只眼。

1980年，刘光鼎撰写的《太极拳架与推手》在上海人民教育出版社出版，首印4万多册，两周便脱销了，1983年再版33万册，短期内再次脱销。有趣的是，这本书是他的著作中销量最大的一本，远远超过学术专著。1992年，他应广大太极拳爱好者的要求对该书进行修订，在完成了太极拳术的力学基础、生理保健基础、哲学基础等章节后，又从实践和理论的角度，分析和诠释了太极拳法的科学规律，对太极拳做了全新而深入的研究和诠释。再版时，该书更名为《太极拳术——理论与实践》，在社会上再次掀起了一股强劲的太极拳热潮。

“我再版《太极拳术——理论与实践》是给练太极的‘研究生’看的。”刘光鼎说。在书中，他“解剖”了太极拳的力学原理，比如“四两拨千斤”这个动作，要“圆中有直、直中有圆”。用力学原理和拳法规律来阐释、分析太极拳法，就把千百年来由实战总结出的拳理、拳法理论化、体系化、科学化了，从而使这本书更具指导性、操作性、实效性。

“吴式”太极拳架原有108个拳式，刘光鼎进行了创新，精简了重复的拳式，只保留了39个拳式。为了让练习者领悟和掌握太极拳因势、因式、因时而变的核心要义，他编写了七言歌“口诀”，读起来朗朗上口，易背易学易记。

“我为什么要写《太极拳架与推手》呢？原因是练拳架不练推手等于知其然而不知其所以然，无法进入太极拳人法自然的境界，就不是真正意义上的太极拳。只有练了推手之后，才能逐步理解和懂得太极拳的神奇之处。我大哥举一反三，触类旁通，在实践的基础上，将八卦掌法揉进太极拳中，演化出‘转圈’，也叫‘圆形推手’。”刘光鼎解释道，“这种特殊招式，在一来一往、一招一式之间，无不体现着传统文化的辩证思维和力学原理的精美运用。”

“太极拳的技击性，本意是让对手失去重心而受制于我。”刘光鼎指出，“有人怀疑太极拳不能防身。我的体会是，练少林5年、10年跟练太极5年、10年相比，练太极的肯定占下风；但如果都练上20年，练少林的则占下风。这是太极拳的魅力之一，练习的时间越长，就越得心应手，越能达到天人合一的境界。”

刘光鼎在《太极拳术——理论与实践》一书中，从理论高度叙述了太极拳不仅符合力学原理，而且自觉运用了力学规律，他以自己的亲身经历为例，做了进一步说明。

刘光鼎认为，用力学原理解释太极拳的借力、用力、发力，更容易使人体会到太极拳的奥妙——太极拳讲究“力从人借”“擎起彼身借彼力”“能借力方能打人”，至于“四两拨千金”，更是“因敌变化示神奇”，要求“因人所动，随屈就伸，物来顺应”。“太极八法”是前辈们不断总结提炼出的基本要义，是学习太极拳必须掌握的基本套路和拳架，它们有一定的形而上的根据，但在具体运用中，却灵活精巧、千变万化、出其不意，能否习练好，与习者的悟性有关。

“太极拳法是中国传统文化孕育的瑰宝之一。”刘光鼎强调，“发扬光大中华传统文化，我们义不容辞”。

太极拳术以太极阴阳学说作为理论基础，与中医理论有共性。长期练习太极拳，能强健体魄、祛病除灾、延年益寿。国家体委后来将太极拳简化为24式，刘院士对此有不同的见解：“把太极拳简化为24式，太注重方法了，如野马分鬃、白鹤亮翅等，忽略了连绵不断的动静共济、辩证统一的根本。24式把大圈小圈、大圆弧小圆弧、横的圆弧竖的圆弧，这些核心和本质的内容弄没了。”他认为，尽管简化太极拳对推广太极拳起到了一定作用，但作为独特的武术形式，太极拳博大精深的核心内涵不能丢。“做体操也能健身，然而太极拳不是一般意义上的健身项目，它是中华文化的有机载体之一。比如你进攻我时，我来个‘海底针’，你不知道我往哪个方向去，但我却顺着你来，领着你走，这是战术问题。另外，还有战略含义，比如太极拳把人看成球，你进我退，始终保持距离，类似‘敌进我退、敌驻我扰、敌退我追’的战略思想。发展、推广太极拳，弘扬中华武术精神和传统文化，永远是我们义不容辞的使命。”

刘光鼎十分关注太极拳在神州大地的普及和传播，并对此信心满满。他说：“太极拳是中国老百姓喜闻乐见的东西，因为它代表了中国文化的传承。”每天清晨，在无数个城镇和乡村里，都有人练习太极拳，这说明太极拳深受广大群众欢迎，有着广泛的群众基础。1978年11月16日，邓小平为日本友人题词“太极拳好”；1984年4月，由美国、日本、法国、新加坡等18个国家和地区代表队参加的“武汉国际太极拳剑”邀请赛在武汉举行；同年9月，“全国太极拳剑”邀请赛在哈尔滨举行；1986年中国国家体委正式将太极拳、剑、推手单列为全国正式比赛项目，每年举行一次；1991年，中国国家体委正式颁布了《太极拳、剑竞赛规则》；1992年，第一次全国太极拳推手观摩交流研讨会在济南召开；1994年，第一届国际武术太极拳邀请赛在福州举行；1995年，太极推手被正式列入全国武术锦标赛系列，设立48公斤级、52公斤级到85公斤以上级等十个级别；1997年下半年，经国家体委批准，中国武术开始实行段位制，共分9段，太极拳位列其中。

对于太极拳的发展现状，刘院士也有一些担忧，现在练习太极拳的人中有两种倾向：一是仅仅为了锻炼身体，因为太极拳动作柔缓，适合各个年龄段和不同体质的人群；二是技击实战诉求，确保制服敌手。其实，练习太极拳的意义和价值不在于打败谁，而在于研究和弘扬太极拳理论，光大传统文化。

## 改革必须面向市场

20世纪80年代，中国社会和经济结构发生了巨大变化，中国科学院作为全国最大的综合性科研机构，面对新形势、新任务、新要求，既有挑战和又有机遇。在变革中，在“一院两制”的方针指引下，科学院在改革的道路上艰辛探索和前进，不断注入新的发展活力。刘光鼎在地矿部进行的创新改革和取得的显著成绩，受到了全国科研院所的关注。

1989年6月，应中国科学院邀请，刘光鼎院士担任了中科院地球物理研究所所长，兼《地球物理学报》主编。当时，地矿部已安排他担任亚洲近海联合勘探组高级专家，年薪3.5万美元。收到中科院的邀请后，他义无反顾地放弃了这个“美差”，一周后就到中科院报了到。“我是中国培养的地球物理学科研工作者，首先要为中国地球物理学干事！”20世纪80年代末，中国科学院改革正处于新旧交替的时期，人们的思想观念、工作习惯，科研机构的管理模式、运行机制等方面都存在问题。地球物理研究所的运行状况也不尽如人意，不但科研方向、科研任务不明确，而且在组织管理、职工生活条件、思想观念等方面也存在问题。

当时，全所有近百个无房户，研究生住在少窗缺门的临时性活动板房里。所内的科研课题数量虽然不断增加，但经费投入却不断减少。如何走出困境，在市场经济的大潮中找到自己的位置和价值？如何发挥科技的作用，为国民经济服务？这些成为刘光鼎日思夜想的主要问题。为了在新的历史时期重振地球物理研究所的雄风，他和领导班子成员一起在广泛调研的基础上，决定一手抓科研，一手抓生活。根据本所的学科优势和国家对地球物理科学的需求，他们确定了发展思路：以成像中心、地球动力学中心、地磁台链中心、资料中心这四大中心作为研究所基础建设的核心，以盆地模拟、油储地球物理、岩石层、地球磁场与电磁空间环境这四大课题作为应用开发的重点，加强地球物理与地质的结合，为国民经济建设服务。同时，地球物理研究所大力开拓浅层球物理工程，推动应用研究走向国民经济主战场，实现产业化。在科研项目上，加大力度争取大课题，由刘光鼎亲自主持“陆相薄互层油储地球物理学理论与方法研究”，亲自组建和领导“高温高压地球动力学”开放实验室。

经过三年的真抓实干，全所终于摆脱了困局。靠课题经费的灵活周转和职工集资，所里新建了5800平方米住房，广大职工喜迁新居。而身为所长的刘光鼎，一家祖孙三代仍住在老单位的三间小房里，卫生间狭窄，他本人洗澡还得到五里地之外的所里解决。经过三年多的努力，地球物理研究所聚集了一批科研人才，更新了部分科研设备，科研项目顺利推进，成果显著。不久，重新焕发生机的地球物理研究所被国家科委确定为“全国科研单位的改革试点单位”。刘光鼎为此做出的贡献也得到了广泛的肯定，中国科学院院长周光召称赞道：“一个人救活一个所。”

根据社会需求和市场规则，制定科学可行的发展方案，并付诸实践，始终是刘光鼎推进研究所与时俱进发展的出发点和落脚点。他强调：“改革必须向市场靠拢，必须使自己具备经济实力，这样改革才会听你的，否则你就得听改革的，换句话说，没有经济基础就得被改革掉。”

科学技术面向国民经济，是发展社会主义市场经济的必由之路。然而，科研院所走向市场，为国民经济提供科技支持的过程，却充满了艰辛和曲折。

1991年，当职工们还在为地球物理研究所的科研工作走出低谷而庆幸的时候，他却为全所近几年技术开发的滞后而自责。当时，所里办的几家公司所经营的产业都属于流通领域。刘光鼎认为，所里办的企业应以地球物理科学的理论、方法、技术和成果为依托，选准国民经济建设的点和线，切实发挥科学技术的生产力作用，更好地为社会发展服务。

刘光鼎积极为研究所发挥专业研究特长开拓市场寻找机会。他每到一地，都要考察当地的地质情况，广泛走访当地的干部群众，掌握丰富的第一手材料。有一次，在山东某地，他发现当地道路平坦宽阔，但桥梁的桥面狭窄，而且桥旁边还有一座废弃的旧桥。经过了解，他得知在建桥之前，设计人员对桥基的地质条件调查得不充分，造成旧桥建成后不达标，不得不废弃，而再建的桥，也由于设计人员不了解地质情况，导致桥面设计宽度不够。在山西、河北等地，他发现一些地区由于缺水制约了经济发展，但地下有黄金储藏，如果加以开采，就可以带动当地经济发展。在他这个有心人眼里，到处都是地球物理研究所发挥作用的舞台，包括三峡工程的边坡、黄河小浪底工程的堤坝，都有地球物理科技的用武之地。

通过大量的实地考察，刘光鼎得出一个结论：当今中国正在进行大规模的现代化建设，必将产生地质勘测方面的巨大需求，特别是在黄金、煤炭等矿产资源和工程环境、地质灾害的勘测、评估方面，而且测量的深度基本在地表200米以下。无论是从勘测的对象还是从勘测的深度来说，这些需求都是地球物理研究所能够满足的。于是，他开拓了浅层综合地球物理研究这一新领域，确定了研究的方法，并成立了浅层地球物理工程中心，建立起面向市场需求的前期工程咨询产业，其服务范围涉及地矿、石油、煤炭、建工、冶金、铁道、水电、交通等行业。前期工程咨询产业一经产生，立即受到了市场的欢迎，上海、北京、湖北、河北等地承担国家大型工程的单位纷纷找上门来，要求展开合作。

在1991年国庆节的前两天，人们都兴奋地期待着假期的到来。此时，在偏僻的河北省金厂峪地下数百米的矿井中，刘光鼎头戴帽盔，身着工作服，脚蹬长靴，在巷道中缓缓地走来走去，他不时止步，东看看，西敲敲，原来他在寻找金矿。

据当地的传说，慈禧年间便有人在此开矿采金。所以，刘光鼎专门到此进行实地考察。1991年9月30日，刘光鼎等一行人来到平泉市，与相关部门协商后达成协议：如果在这一带找到日产200公斤黄金的矿床，当地将以黄金价格总额的15%用于支持勘探事业，余下的85%收益由双方单位分成。按每克黄金48元计算，研究所每年便可获得数百万元资金。

刘光鼎马不停蹄地在石家庄、金厂峪、曲沃、宜昌等地来回奔波，着力推进地球物理研究所的科技优势同当地的资源优势相结合，实现互利共赢。因此，所里的同志们都亲切地称他为“项目所长”。

身为国际著名的海洋地质学家，刘光鼎知道，海洋油气资源开发具有高科技、高投入、高风险的特点。以英国为例，从1961年到1969年，英国在北海油田打了几十眼探井，每口井耗资少则几千万英镑，多则上亿英镑，直到打到第33口井时，才打出了工业油流。从1969年到1978年，英国在北海油田一共投入了270亿英镑，打了400多口井，找到石油地质储量近9亿吨，年产原油9000多万吨。

刘光鼎认为，海洋油气资源开发对保障我国能源安全具有不可或缺的重要性，是我国必须掌握的一项事关国计民生的核心技术。根据我国海洋地质结构的特点和经济发展的需求，他提出如下建议：我国海洋油气资源丰富，要加大力量投入；要以高科技集成技术为引导，建立以海上油气勘探开发为龙头，包括海洋农牧化的海洋大产业；必须培养一批掌握海洋高科技的、适应海洋大产业发展需要的专家队伍。

## 闻鸡起舞　事半功倍

“太极拳是中华大地上盛开的一朵令世人瞩目的武林奇花，它博大精深，吸收了中国哲学、医学、美学、武术等优秀传统文化的精髓。习练太极掌既可以强身健体，又可以陶冶情操。”这是刘光鼎院士的经验之谈。“一日之计在于晨。金鸡报晓时披衣起舞，既活动筋骨，尽吐浊气，又焕发精神，活跃思想，使人一天精神振作、精力充沛。无论从事什么工作，都离不开健康的体魄和饱满的精神，这是做好工作的前提。几十年来，为了更好地工作，我每天坚持习武，在工作上取得了事半功倍的效果。”

作为地质工作者，刘光鼎少不了天天与地球打交道，野外观测、实地考察对他来说是家常便饭。几十年来，他凭借强壮的身体和有效的健身方法，徒步行走数万里，从草原到沙漠，从高山到海洋，他跑遍了祖国的东南西北，足迹踏遍神州大地的山山水水。

20世纪50年代，刘光鼎大部分的时间是从事野外考察，往往一出去就是几个月。野外的生活环境和工作条件十分艰苦，风吹日晒、风餐露宿，而且还常常要夜以继日地加班加点工作。有的同志生病了，有的同志累倒了，还有的同志申请调走了。在这种情况下，刘光鼎坚持每天抽出一段时间打太极拳，始终保持着健康的身体和旺盛的精力。为了增强大家的体质，他还组织大家一起练习太极拳。慢慢地，和他一起练拳的人越来越多。大家身体素质提高了，生病的人少了，勘察队的工作效率也提上去了。

20世纪80年代，为了绘制《中国海区及邻域地质地球物理系列图》，刘光鼎潜心工作了五年，用双脚丈量了中国海及相邻的陆地和边缘海，收集了巨量的实测数量，令国内外同行叹服：航磁283 808公里、海磁284 964公里，海底重力1358点，地震18 951公里，测深252 395公里，取样11 174个，钻井进尺60 308米。

从1959年组建海洋地质研究所开始，在30多年的工作历程中，刘光鼎长年累月工作在波涛汹涌的海洋之上，别人在波峰浪谷的上下颠簸中常常头昏眼花，呕吐不止，他却似闲庭信步，甚至还能喝一杯酒、抽一支烟、读一本书，悠然自得。即使到了耄耋之年，他依然虎背熊腰，目光炯炯有神。他曾经同数十位武术运动员对练推手，他的力道令众人惊叹。

太极拳不仅能够强壮身体，还能陶冶心智，为刘光鼎提供了克服困难、不达目的决不罢休的精神动力。刘光鼎院士回忆说：“我在‘文革’中被关进‘牛棚’，因为认罪态度不好，‘造反派’想用精神折磨来摧垮我的斗争意志。他们让我‘享受’特殊待遇，把我关进了一个矮小、昏暗、潮湿的单间，剥夺了我打太极拳的自由，一度使我的身心受到极大的打击。在那种情况下，我既得不到家人的照顾，又要长期吃冷饭，甚至忍饥挨饿，于是疾病开始侵袭我的身体。渐渐地，胃出了问题。因为我是改造对象，吃不饱饭是常事，所以当胃不舒服时，我总认为是因为没吃饱，饿的。有一次，我被从‘牛棚’放出来，去一家饭店参加一个庆祝活动，结果我正在饮酒时，突然发病了，跌倒在地上。那一次，病得很突然，很严重。不幸的是，又被医生误诊为阑尾炎，还安排了手术。开刀后，在腹腔里发现了一根面条，才知道是胃穿孔。当天，医院就给我做了胃切除，手术总共用了10多个小时。”

从手术室出来，刘光鼎被切除了五分之四的胃，身体极度虚弱。有人认为他很难挺过这一关。但是他以惊人的毅力，奇迹般地闯过了死亡的关口。术后仅11天，他又被“造反派”抓回去批斗。伤口还在隐隐作痛，他却被迫做高难度的“喷气式”动作。

“如果没有顽强的精神和强壮的体魄，刘光鼎恐怕早就见上帝去了。”医生曾这样感叹。

后来，刘光鼎由“牛棚”转移到“五七”干校，虽然还是改造对象，但这回在劳作之余，有书看，可以练太极拳。从此，他恢复了有规律的生活，每天早晨都要在池塘边练得满身大汗，然后冲个冷水浴，痛快而惬意，一天都精神抖擞、精力充沛。

一段时间以来，我国知识分子的健康状况普遍不好，中青年科技工作者猝死和过劳死的新闻不时见诸报端。科技工作者如果能每天抽出一定时间参加适当的健身运动，就可以有效地延长工作寿命，而且是高质量的延长。锻炼不在于时间长短，关键在于坚持，日积月累便会收到明显的效果。

刘光鼎认为，科技人员一要学有所长，二要为国奉献，三要有健康的身体，这是必须具备的三个要素。他说："体育锻炼使我赢得了健康，健康给我插上了智慧的翅膀，支撑着我在科学的海洋里搏击，从未感到过疲倦！"

"一个研究生，从小学读到研究生毕业，需要国家、社会、家庭三方20多年的培养，特别是博士生，毕业后工作的时间往往只有二三十年。然而，有些人因为身体不好，不到60岁便无法工作了，造成巨大的人才浪费。我们有不少科技人员，由于工作忙而不重视体育锻炼，一头扎在工作里，结果把自己的身体搞垮了，科研也没搞好。国家培养一个科技人才不容易，科技人员只有拥有强健的体魄才能为社会多做贡献。"刘光鼎以他自己的经历做现身说法，"我大学毕业时，也许是组织上考虑到我身体强壮，就把我分配到地质部门工作。20世纪50年代末期，国际地质学界兴起了海洋物理勘探这门全新的、科技价值和应用潜力巨大的学科，此后海洋和大陆架成为世界瞩目的热点地区，大陆架石油和海底锰结核的探索和开采，日益成为地质学界关注的焦点之一。中国作为世界大国和海洋大国，创立和发展海洋物理勘探科技事业，不仅是科学技术发展的需要，更是国民经济建设的迫切需要。但是，谁来挑头干呢？这需要一个既有科技知识又有健康体魄的人。大概还是出于身体方面的考虑，组织上决定让我来负责这项充满艰难的工作。海洋物理勘探工作需要终日在颠簸的海浪中进行，特别是大风一来，船摇得很厉害。有一次，绝大多数同事都晕船倒下了，我却凭着太极拳的功底，从容不迫地继续工作。"

半个多世纪以来，不管是在纷繁紧张的工作中，还是在起起伏伏的人生际遇中，刘光鼎一直坚持习练太极，他乐在其中，受益良多。古稀之年的刘光鼎，依然鹤发童颜，神采奕奕。他说：“常言道‘人生七十古来稀’，但太极拳让我焕发了新的生命活力，我还能为中国的地球物理和海洋地质科学事业继续工作。”

## 二次创业

1938年，中国地质专家孙健初主持开发了玉门油田。1941年，我国地质学家潘钟祥发表文章，提出“陆相生油”理论：海水退出陆地后，剩下了河流、湖泊、沼泽，这一阶段再沉积下来的地层中同样也有石油和天然气。他认为，中国大陆地区在湖泊、河流沉积的陆相中，有良好的生油条件，并在四川和陕北找到了油气。1959年，李四光、黄汲清等专家运用陆相生油理论找到了大庆油田，随后在山东省和辽宁省找到了胜利油田、辽河油田。20世纪60年代，《人民日报》宣布，中国用洋油的时代一去不复返了，实现了石油自给自足。

刘光鼎自豪地说：“我国石油战线的第一次创业是以陆相理论为指导，找到了油田，基本解决了经济建设和社会发展的‘温饱’问题。”

改革开放后，随着国民经济建设的快速发展，中国人的工作和生活方式发生了跨越式的变化，油气需求持续大幅攀升，但我国油气采量和勘探储量增长却很缓慢，原油年产量长期徘徊不前。1993年是一个转折点，这一年，我国开始进口原油，当年进口3000万吨。到了20世纪最后几年，这种情况呈现出加速增长的趋势，给国家造成沉重的经济负担和潜在的安全隐患。因为石油是战略物资，如果不能实现石油自主，而要依靠进口，那么一旦国际形势出现风吹草动，就可能被“卡脖子”。正是在这样的历史背景下，身为战略科学家的刘光鼎院士急国家之所急，想国家之所想，提出了中国油气科技和工业要“二次创业”的主张。他说：“改革开放取得了很大进展，国家需要更多的原油，我们不能够仅局限于传统的陆相生油理论，需要探索新领域，这对我国油气工业来说无疑是二次创业。”

经过考察论证，刘光鼎提出了前新生代海相残留盆地的观点，认为中国应到“古代海相地层里去找油气”。他另辟蹊径，创新思维，按照海相生油理论，发现了日产1059吨的胜利油田“胜海古二井”，在塔里木盆地找到了储量达10亿吨以上的塔河古生代油田，在川东北地区发现了储量达2500亿立方米以上的普光气田。在此基础上，他进一步提出了“三海战略”。“三海”即海相、中国海和海外。他多次强调：“中国有300万平方千米的管辖海域，特别是南海地质储油条件得天独厚，有可能成为新的‘波斯湾’。我们找油气要走出去，面向世界，在全球化浪潮中实现互惠共赢。这就是我国油气行业的二次创业。”

20世纪90年代初，以创新理论为指导的刘光鼎在大庆东南的徐家围子的火山岩地区找到了天然气。这在国际油气领域掀起了轩然大波，因为它颠覆了传统理论。传统理论认为，经过火山活动，火山岩地区的油气早就被烤干了，不可能还有油气。大庆油田高产稳产了30年后，原油产量开始逐渐减少，出现了水多油少的现象。但是，刘光鼎却信心满满地认为，大庆油田的潜力在大庆现代采油层的下面，在那底下有可能找到新的大庆油田，在外围也有可能找到新的大庆油田。他认为，只要能正确理解火山活动和油气运移的时间关系，这个问题就不难理解和认识。如果油气运移在前，火山活动在后，那么无论是石油还是天然气就都已经火化了。但是，如果火山活动在前，而油气运移在后，那么火山活动形成的特殊地质结构，就恰好为油气储集提供了天然“库房”，这等于给油气提供了“储存仓库”。刘光鼎的这一创新理论，使大庆进入了第二个春天，不仅发现了新的含油地质结构，还发现了天然气。

1996年，我国陆上石油和天然气年产量已分别达到1.414亿吨和164.4亿立方米，中西部地区形成了如准噶尔、塔里木、吐哈和柴达木等油气生产区，构成了东部保稳产、西部求发展的格局，有力保障了我国经济和社会的可持续发展。资料显示，1996年年底，我国陆上探明的石油和天然气储量只占测算总资源的24.8%和6.9%，未探明的石油和天然气资源相当丰富，陆上石油工业今后发展的潜力巨大，前景可观。刘光鼎院士认为，中国是一个地质条件复杂、油气资源质量相对较差的国家。在未探明的油气储量中，沙漠、山地、黄土塬与海滩等恶劣地表环境下蕴含的资源与埋藏深度超过3000米的深层地下资源分别占到40%和57%，而且重稠油和低渗透、低品位油气占了相当大的比例。所以，我国今后的陆上石油工业发展面临技术、资金等多方面的挑战。

随着国民经济的持续发展，国内对石油和天然气的需求越来越大。为此，在立足国内油气勘探的同时，积极开展国外油气勘探工作，充分利用国际油气资源，成为我们必须面对的问题。

面对21世纪国际科技发展的机遇和挑战，面对着我国经济健康、持续发展的需求，刘光鼎站在地球物理科学的制高点上，高瞻远瞩地指出，现在发展地球物理，就是要迅速广泛地利用各种最新的科技成就，不断提高勘探精度，扩大应用领域；要做到不仅能在固定台站上进行连续观测，而且还能在陆地表面、井中和巷道中进行可移动的观测，甚至可通过各种运载工具在深海、大洋里观测，在不同高度的空间环境中采集数据。

2001年，刘光鼎在分析了中国大地的构造和演化之后，给党中央写了一封信，认为中国有分布广泛的海相地层，其中应该有更多的石油和天然气。十天之后，温家宝总理做出批示表示支持，并指出要争取在海相碳酸盐岩层里面有新的突破。“温总理的这个意见非常正确，石油是战略物资，我们应该解决这个问题。我们不能因为国内没有，就到国际市场上去买。而这种战略物资，人家是要卡你的，所以我们必须要自己解决。我也同意到国外去找油，但是毕竟应该以中国为主。所以中国应该发展地球物理，发展石油地质，以此来开发我们的石油资源。”刘光鼎说，“从中国大陆构造演化的情况来看，古生代的早期有海相地层，应该有油。在古生代晚期石炭一二叠纪时有海陆交互相，海水一会儿进来，一会儿退出去，这时候容易有煤，而跟煤有关系的是天然气。中生代三叠纪、侏罗纪也有海陆交互相，而新生代新老第三纪则是陆相沉积。所以中国的油气是‘四层楼’：最底下是早古生代的，然后是晚古生代的，然后是中生代的，可以称为前新生代残留盆地，随后才是新生代陆相碎屑岩沉积盆地。现在还有三层没有挖掘和开发。所以应该到古代的海里面，到海相地层里去找到油气，以满足社会主义经济建设的需求。这就是中国油气科技和工业第二次创业的理论依据，具有基础性和战略性。”

中国石油化工公司根据刘光鼎的建议和温家宝总理的批示精神部署了我国南方海相碳酸盐岩的勘探工作，并在川东北找到了普光大气田。

“地球物理有重、磁、电、震等勘探方法，通过各种方法，我们仅能了解岩石的一个侧面。磁力勘探，就是为了了解岩石的磁性，把火山岩圈出来，然后再进行地质勘探。”刘光鼎耐心讲解道，“火山岩带有磁性，用磁力方法很容易圈出火山岩的分布。在大庆油田取得突破前，我们在胜利油田下，发现了古潜山，就是潜伏在下面的古生代的山，实为覆体，是没有露出来的山。它位于海相地层，这一层往往有石油。胜利油田近海地区第二口古生代的井，在1900米处打到了古潜山，日产千吨石油。随后又在济阳坳陷、车镇凹陷地带找到了一系列古潜山的地质结构。同时，中石化在川东北通南巴地区进行勘探，曾有人在那里进行过勘探，地质界认为那里是深海槽，没有石油。我在地质矿产部工作时总结了两条经验：一是区域约束局部，二是深层制约浅层。我曾在给中央的信中提到，中国油气要先从中国大地构造讲起，要从全局角度来考虑。”

“从全局着眼，从局部着手，具有辩证思维和战略眼光。”刘光鼎院士归纳道，“这让我们走出了两个误区。一是过去认为海相都是碳酸盐岩地区，总考虑碳酸盐岩含烃多少。实际上，在海相的勘探中找高能带，而不是去看碳酸盐。通过区域和深部的研究，我们来找高能带。高能带在川东北，是生物礁，在它两侧分布一个滩。结果发现，在过去所谓的深海槽有礁滩分布就有气。这里面有生物，而且是很好的天然气储集体。二是推动了地球物理研究储层，改变了一个观点，就是钻到碳酸盐一定要寻找高能带。反射地震勘探，对高能带往往有串珠状的响应，如同是‘羊肉串’，它不是水平分布的，是竖直分布的。普光大气田经过国家储委鉴定，它的储量是2500亿方。1000方的天然气就相当于一吨原油。2500亿方至少是2.5亿吨的原油。在塔里木盆地也发现了很多‘羊肉串’，这都是由海相生油理论取得的成果。”

刘光鼎院士的理论在实践中得到了反复验证。二次创业比一次创业艰苦：一次创业都在沉积盆地进行，二次创业都在高山进行，勘探难度大幅上升。这要求升级地球物理勘探装备和技术手段：用磁力勘探，用重力勘探，并且跟地震勘探相结合。地震勘探要由二维发展到三维，不仅要在叠加后处理，还需挪到叠加前处理——叠前偏移。

“我对我们国家油气资源前景非常看好，陆相生油还应该继续做。现在的重点是抓海相，这是我国油气发展的大方向。事实证明，海相地层的油气产量比陆地高得多。”刘光鼎院士对此津津乐道，“我们在胜利油田胜海古二井的古潜山上的油井日产超千吨，旁边陆相的地层上的油井日产仅几十吨，差几个数量级。陆相地层是河流、湖泊、沼泽，区域有限，环境不宜动植物生长。海相地层分布面广，有藻类、微体古生物，产能巨大，所以前景可以得到预期。我们要发展陆相生油，更要开展海相生油，要创新地质概念，动态地来考虑这些问题。同时，要大力发展地球物理技术，因为每打一口钻井，不论是否有所发现，都要花巨额资金；而运用地球物理手段，不仅工作简单得多，而且节省资金。因此，了解地下的情况完全要靠地球物理技术，有了地球物理资料作依据，再打钻就可以避免经济损失。而且，地球物理技术在找石油的同时，还可以发现金属矿。”

他强调：“在综合国力竞争日益激烈的今天，为了保证中国经济的可持续发展，我们应该高度重视和发展与国民经济建设关系极其密切的地球浅层（深度在0—1000米范围内）科技及其应用，因为它们是勘测地下水、金属与非金属、生物气和部分天然气等地下资源的最有效工具，涉及水利、电力、交通、航运等行业与港口、隧道矿山、桥梁等项目。开拓浅层地球物理工程，将会使地球物理适应市场经济，为其解决实际问题，满足社会经济发展的需要。”

老骥伏枥，志在千里。站在科技发展前沿的刘光鼎院士，又把目光投到全新的科研领域——我国古生代海相地层油气体系！目前，我国在这个开创性研究领域已取得丰硕成果。他兴致勃勃地说道：“远古时期沉积于海陆交界处大陆边缘的大量沉积物（海相沉积），是世界上最主要的油气来源。”而20世纪40年代，潘钟祥教授针对中国地质情况提出的“陆相生油”理论，是中国石油工业第一次创业获得重要成功的理论基础。

“那么，中国的油气藏是否仅仅存在于陆相沉积地层中？回答这个问题，首先要谈到中国的地质演化史。”刘光鼎进一步介绍，“在前寒武纪（600百万年前），华北、扬子、南华、塔里木等陆核先后在大洋中形成，逐渐向稳定的块体（克拉通）发展。也就是说，这些块体的周围都是海洋，并且有海相沉积。在古生代，这些块体先后聚敛、拼合，最后形成中国大陆的雏形。这样，各块体之间的海相地层也就被组合在中国大陆内部和边缘。到了中生代早期和中期（晚印支—早燕山时期），羌塘地块、冈底斯地块先后与中国大陆碰撞，中国大陆普遍遭受挤压改造。在中生代后期—新生代早期（晚燕山—早喜马拉雅时期），西部有印度板块北上与冈底斯地块碰撞，使地壳再次受到挤压；东部有太平洋板块向欧亚大陆板块聚敛，使地壳拉张、减薄，出现一系列断陷盆地。新生代晚期，菲律宾海板块俯冲造成的弧后扩张，使东部地壳继续拉张、减薄，并出现区域沉降。总之，在中国的古生代地层中，存在大片海相地层；中生代的造山运动使这些地层被强烈改造、破坏；新生代拉张形成断陷盆地，其沉积是在湖泊、河流中形成的，属陆相碎屑层。

“纵观中国大陆构造演化史可以发现，中、古生代期间，在块体聚敛、拼合的过程中，广泛地存在着古大陆边缘，发育着海相碳酸盐岩沉积，是极其良好的生油环境。问题在于，中生代期间，中国大陆经受了强烈的挤压、改造，许多中、古生代沉积盆地及其中的油气藏大都遭到破坏。但是，是否还存在未遭破坏或部分遭受破坏的古生代海相残留盆地呢？答案应该是肯定的。”刘光鼎继续解读，“我们知道，四川省的“威远气田”开始形成于前寒武纪的成烃时期；河北平泉中晚元古界曾获得了几十公升原油；下花园在相同层位中见到普遍的油气。塔里木近年的勘探成果表明，从前寒武系至第三系，共有9套含油层位。许多地区的勘探成果都给出了自加里东期到喜马拉雅期油气成藏的实例。其中南方的碳酸盐岩和北方的侏罗系均已受到广泛的关注。

“石油地质学家王守德等，长期坚持古油藏的调查研究。在1978年前后发现了贵州麻江古油藏，它含油面积达2450平方千米。油源为寒武系，储集在志留系和下奥陶统的储集层中，储量达1080吨。麻江古油藏于加里东期成藏，而在加里东末期过度抬升，盖层遭受剥蚀，以致储层遭受剥蚀而破坏。尽管如此，对麻江古油藏的发现和其他油藏的研究深刻地说明，我国的油气藏是以多期成藏为特点，而且成藏期早，规模巨大，储量丰富。”刘光鼎总结经验，指出，“从中国大地构造演化的历史来看，古生代期间形成的一系列浅海古大陆边缘，沉积了海相碳酸盐岩，具有极为有利的生油条件，这是我们还没有很好进行勘探的油气新领域。‘六五’‘七五’期间曾对南方海相碳酸盐岩地区进行过攻关，但由于对‘残留盆地’缺乏认识，且技术方法又未能突破，以至于劳而无功。”

1996年，中国科学院地球物理研究所杨长春、李幼铭等科学家和胜利油田联合开展的“复杂地质体地震波场成像理论”研究获得重大进展。他们综合石油地质知识和地球物理信息，建立了以块体为基本单元的“复杂地质体地震波场成像”的理论、方法和处理流程：通过实地试验，生成了适用于中、古生代油气藏的勘探技术。他们在胜利油田桩西地区实现了对古潜山顶面和内幕的地震成像研究，经胜海古二井的验证，古潜山油气藏油层厚度122米，日产原油1059吨。他们的研究得出了一个结论，胜海探区存在两套构造体系：新生代地层以正断层为主，中、古生代地层以逆断层为主。这一地质认识，完全符合古潜山在中、古生代处于挤压环境的演化条件。这项研究不仅说明海相地层中油气资源丰富，而且也推动了勘探古生代海相油气层技术的进步。

由于刘光鼎院士在国际地球物理领域取得了举世瞩目的成就，有关部门设立了“刘光鼎地球物理奖学金”和“刘光鼎地球物理青年科学技术奖”，备受地质学领域特别是青年学者瞩目。

“刘光鼎地球物理奖学金”由刘光鼎于2007年发起、设立，是为致力于地球物理学研究、品学兼优的大学生而设立的专项奖学金。刘光鼎地球物理科学基金会规定奖学金额度不低于国家奖学金，在2013年，金额为每位一万元人民币。

“刘光鼎地球物理青年科学技术奖”是刘光鼎地球物理科学基金会为了鼓励地球物理青年工作者积极进取、勇于创新、积极推进中国地球物理事业发展而设立的。该奖自2009年起设立，每年评选一次，获奖人数一般不超过5人。

## 兴趣广泛　陶冶情操

在科学事业上，刘光鼎院士是国际海洋地质领域的学术“领路人”，可谓功成名就；在家庭生活方面，他同样是圆满而幸福。

大学四年级时，在一次北大物理系举办的师生大会上，刘光鼎对一位漂亮、热情的大一女生动了心。经了解，姑娘学业优异，是团干部，组织能力很出众。他觉得，这就是自己要寻找的另一半，于是利用各种机会，主动接触她。姑娘得知刘光鼎的身世、经历后，觉得他是可以托付终身的人，于是双方碰撞出了爱情的火花，坠入爱河。

1955年，这对北大物理系的校友喜结良缘，步入了婚姻殿堂。1957年，他们迎来了儿子的出生，1959年又迎来了女儿的出生。在工作上，夫妻俩比翼齐飞，相互促进，但聚少离多。刘光鼎刚从苏联考察回来，爱人又前往苏联莫斯科大学读研究生，天各一方。“在随后的岁月里，我们一家四口人可谓天南海北地生活了20年。”刘光鼎解释道，“当时儿子在海南岛，女儿在天津，爱人留学回国后，在北京工作，我在上海。直到1983年，我们家四口人才结束了天各一方的生活，在北京团圆了。”

孩子小的时候，全靠亲戚照看，刘光鼎和爱人都没有时间和精力照看。刘光鼎说：“这是客观事实，从这个意义上说，我不是合格的爸爸。”他对照顾儿女不周感到内疚，但对儿女独立考大学和求职，又给予高度评价，因为他一向反对父母包办子女的学业和工作。

对于如何关爱和帮助子女，刘光鼎有自己的主见和方法，他曾严肃地说：“父母喜爱自己的孩子是人之常情，但不能溺爱，要遵循儿童的成长规律，理性培养。我反对包办子女的学业和工作，这不仅不利于孩子的成长，也会在群众中产生不良影响。群众历来对腐败问题十分痛恨，有的干部利用职权为子女谋私利，这是干群关系不和谐的重要因素。作为党员领导干部，我只能为党旗增辉，决不给党旗抹黑。”

20世纪90年代中期，我第一次到中关村刘光鼎家登门拜访时，有一个虎头虎脑、懂礼貌、可爱逗人的小男孩几次出现在我们交谈的房间。他叫刘华峰，是刘光鼎的孙子。“这小子有数学天赋，曾两次获数学竞赛二等奖，刚刚从中关村三小毕业，毕业考试满分是250分，他考了247.5分，被保送到人大附中……”谈到可爱的孙子，刘光鼎的神情自豪又欣慰，流露出浓浓的爱意。在他自己壮年时，为了祖国科技事业，一家人长期异地生活，现在他已经步入老年，终于享受到了天伦之乐。

读书、写书，是刘光鼎院士的爱好之一。浏览他家的书房和办公室，不了解情况的人还真说不出主人是从事什么工作、搞什么研究的。在他家书房中，有众多地质地球物理学方面的中外文专业书籍，也有大量的武侠小说，当然也少不太极拳方面的书籍；他的著作中，科技、武术和诗词歌赋样样皆有，他对科学技术和中国传统文化同样兴趣盎然，乐在其中。

“收藏和阅读武侠小说是我的一个乐趣，这是很好的娱乐和休息方式。我经常在出差途中看看武侠小说，闭目思考一些英雄侠客的豪言壮语，体味出神入化的武艺，感受一下崇高精神，是一种享受和启迪。”刘光鼎在飞机上、汽车中，手不释卷，自得其乐。他是有名的“金庸迷”，凡金庸的书，他都要购买和阅读，还兴致勃勃地主动为大家讲解和点评，对于一些细节还能如数家珍，娓娓道来，引人入胜。

一次，刘光鼎院士面试一批研究生时，首先问“读过金庸的小说吗？”对于读过的，他就让对方谈谈金庸小说的真谛；对于那些没读过的，他就借对方一本，让他们读懂了再来谈。他要求自己的研究生看《鹿鼎记》《天龙八部》《笑傲江湖》等书。他认为，现在的学生，有的中文水平偏低，对祖国传统文化了解太少。他希望借助金庸的武侠小说，提高学生们的文学造诣，让他们了解更多的中国文化，因为理科的学生也要具备必要的文学基本功。

刘光鼎院士文学功底深厚，他不仅对“吴氏”太极拳的文化渊源进行了研究和理性把握，而且还是诗人、书法家。他历经半个多世纪的人生洗礼和积淀，对传统文化的真谛感悟深刻。受苏东坡、辛弃疾这些文学大家的情志和文采的激励，他自己也从事诗词创作。“自己偶尔也壮着胆子写一点儿，聊以抒怀，陶冶情操，提振精神。”刘院士谦虚地笑着对我说。在交谈中，我懂得了他为什么看重自己的诗词集，因为这里浓缩了他人生的快乐与烦恼、幸福与艰辛，更铭刻了他对科学事业的不懈进取精神。

1998年12月，刘光鼎在同济大学出版社出版了《渔樵之歌——刘光鼎诗词选集》，选录诗词160多首。其中一首写道：万里河山万里道，踏遍青山笑，千顷碧波辽阔，壮志凌云霄，喜战戮，时未到，狭长关，不应有怨，且作见武流，带来笑。

刘光鼎好酒，但是老伴不让喝，他只好将酒藏在办公室里。因为喜欢酒，他还特意将亲笔题写的杜甫赠李白的劝酒诗《饮中八仙歌》挂在自己办公室里。同事们都了解刘光鼎好酒，经常相约喝酒。

刘院士也有烦恼。他疾恶如仇，乃至在耄耋之年还拍案而起：“有些机构的一些人官僚作风严重，不作为。明明有科学方法找矿，却采用落后的方式和手段。为什么？要么是观念过时，要么是能力有限，要么有利益输出，肯定有原因。所以，解放思想和改革创新，永远在路上。”对于地质和矿业领域不合理的体制机制，尤其是人才培养模式，他一直力主进行改革创新。

罗阳同志不幸因公殉职，我谨致以沉痛的哀悼，并向他的家人表示深切的慰问。罗阳同志秉持航空报国的志向，为我国航空事业发展做出了突出贡献，他的英年早逝是党和国家的一个重大损失。要很好地总结和宣传罗阳同志的先进事迹，广大党员、干部要学习罗阳同志的优秀品质和可贵精神。

——习近平

# 他用生命放飞中华“飞鲨”

——记以身殉职的中国航空英模、时代先锋罗阳同志

“如果你没有离开，依然会，带吴钩，巡万里关山。多希望你只是小憩，醉一下再挑灯看剑，梦一回再吹角连营。你听到了吗？那战机的呼啸，没有悲伤，是为你而奏响！”当航空英模罗阳被评为2012感动中国年度人物时，颁奖词如是说。

## 军人子弟

罗阳，祖籍辽宁省沈阳市，1961年6月29日生于陕西省西安市。父亲罗哥、母亲吴传英同在中国人民解放军第三军医大学服役，主要从事科研和教学工作。

他成长于部队大院，嘹亮的军号声是罗阳童年时代最难忘的记忆，培养了他阳刚与果敢的气质。父母身为军人，得随时听从组织安排，四海为家。在罗阳小时候，全家从西安迁到“天府之国”四川省。新的天地、新的文化，令罗阳感到好奇和兴奋。1969年9月，母亲牵着罗阳的手走进了重庆市沙坪坝区高滩

岩小学。“文革”期间，学校经常停课，学生经常上街游行。在父母的督促下，他坚持学习并养成了良好的习惯。他平时喜欢下军棋和象棋，在同学中小有名气。1973年9月，罗阳升入重庆市第七十中学（天星桥中学），他不仅学业优异，而且经常参加游泳和球类活动。当时，动手能力很强的他，在完成功课之余，总爱修理一些家中的破损桌凳等家具，制作一些玩具。看到他对机械感兴趣，父亲开始有意引导儿子学习组装半导体收音机。

罗阳的父母为人正直，乐于助人，工作严谨，兢兢业业，罗阳在他们的言传身教下茁壮成长。他从小就爱动脑筋琢磨事儿，注重逻辑推理。看到别人玩滑轮车，他就想给“不能掌控方向，轮子不能旋转”的车装上“方向盘”和活动轮子；他会在爸爸的引导下，学着组装收音机；做数学题时，他喜欢穷尽各种解法；对于不理解的自然现象，他喜欢打破砂锅问到底……

罗阳性格谦和宽容，友善乐施，有亲和力和组织力，是人见人爱的“孩子王”。这种性格与经历，决定了他日后的人生轨迹。

1975年年初，父亲在军事经济学院任职时，举家又迁往了湖北省武汉市。父亲所在的部队大院位于武汉第4中学和第43中学附近。4中是重点学校。43中是普通中学。一般情况下，每个随军家庭只有一个名额让子女进入重点中学。罗阳觉得自己是男孩，就主动把上重点中学的机会让给了姐姐，因此得到了父母的表扬！

当年9月，身材高挑、帅气文静的罗阳进入武汉市第43中学。他衣着朴素，为人真诚，乐于助人，学习成绩位居全班之首。有的同学认为，罗阳数理化基础扎实，学习成绩优异，主要得益于母亲是数学老师，能够天天“开小灶”。“其实这是误传，因为我很忙，每天下班回到家忙着做饭、做家务，还要学习业务知识，从未刻意给孩子们辅导过。”罗阳的母亲吴传英解释道，“他学习成绩优秀，主要是从小养成了自学的习惯。每天回到家，他第一件事就是完成作业，晚饭后又开始预习第二天要学习的课程。良好的学习习惯是关键。”

受军人文化的熏陶，报国、忠诚、奉献、担当的意识和品格在他身上烙下了深刻的印迹，革命英雄主义的情结始终激荡着他理想的风帆，造就了罗阳果敢的性格与敢于担当的勇气。“为什么美蒋反动派敢于经常派侦察机、战斗机侵入大陆的领空？”中学时，罗阳曾多次问过父亲和老师，“为什么苏美两个超级大国敢于武装挑衅我们？什么时候他们才不敢欺负我们？”

“因为……，因为他们武器装备先进！”

“他们为什么武器装备先进？”他追问。

“因为他们拥有强大的经济实力！”

“他们凭什么拥有强大的经济实力？”

“因为他们具有雄厚的科学基础和科技力量！”

听了这样的回答，他心情沉重，经常陷入沉思。

“科技强军是我的人生理想和奋斗目标，我愿把一切智慧和力量献给祖国的国防事业！”与同学们畅谈人生理想时，罗阳多次表达了自己的心愿和决心。

1978年夏天，罗阳参加了高考，他成绩优异，其中物理一科总分是100，他考了95分。填报志愿前，老师建议他报清华或北大。罗阳说自己痴迷飞机、热爱航空事业。按考试成绩他可以选择更有名气的高校，但是他坚定地在几项志愿里全填报了国防类院校：北京航空航天大学、西北工业大学和南京航空学院，他想要圆“科技强军”的梦想。

这一年秋天，罗阳如愿以偿地进入了北京航空航天大学，成为飞行器设计与应用力学系（五系）的一名新生。全班30人，年龄最大的31岁，年龄最小的16岁，同学之间的年龄跨度很大。作为恢复高考后的第二届大学生，在“科学的春天”里，“振兴中华，实现四化”成为学子们的共同理想和奋斗目标。

罗阳身高1米8，具有运动天赋，立定跳远能跳2.75米，引体向上动作一次能做数百个。他身材清瘦而结实，打球、游泳、溜冰样样皆优，排球技艺超群，被选为班里的体育委员。

班里组建了排球队，罗阳和同学姜志刚、陈震等是主力队员。有些同学没有排球基础，于是罗阳在课余组织大家从基础动作练起，很快他们班的排球队成了年级冠军，后来又成为全系第一！在系里的运动会上，罗阳和其他三位同学组成4×100米接力组代表班里参赛，获得了第一名！

大学期间，他每次回家都自豪地告诉父母，他们班在学校的体育比赛中获奖了。

从小学到大学，罗阳给人留下了责任心强、低调自信的印象。他性格稳重内敛，折射出正直、独立、果敢、担当的人格魅力。

在学业上，罗阳善思考，爱质疑，好辩论，却从不偏执，更不会钻牛角尖，不过在探求知识、学习技能时，他又有一股严肃认真、锲而不舍的精神。有一年寒假，他没有回家，年三十晚上还在教室上自习。学生时代养成的良好习惯，对他工作后的行事风格、生活方式都有影响，为他一生事业的成功打下了坚实的基础。

航空航天大学五系，历来重视学生的全面成长，尤其重视树立学生的理想信念。党总支副书记蔡德麟老师亲自给学生入党积极分子上党课，给他们讲理想，讲信念，讲奉献；她请各学科带头人给学生开“如何做人、做事、做学问”“如何自学、自立、自强”方面的讲座，组织辅导员与学生广交朋友，促膝谈心。罗阳积极参加理论学习和组织活动，思想观念和人生理想进一步成熟，筑牢了马克思主义世界观。大学期间，他虽然未从组织上入党，但始终以党员的标准严格要求自己。

大学时，罗阳和同学们看过一部内部教学片，这部片子令他感到震撼和不安。影片中，我军飞机因为信息化程度低，被敌方飞机火控雷达锁定并发射导弹击落。痛心疾首之余，他与同学们讨论到深夜。他说：“我的理想就是通过不懈努力，让先进战机装备我们的部队，使我国航空科技和工业尽快缩小与发达国家的差距，最终引领世界航空科技的发展潮流。”

“有目标、有动力的罗阳，在学习上一向踏实认真，毕业设计从第一稿开始就完成得非常出色，设计图纸基本上都能直接应用到工程实际上。”罗阳的毕业设计指导教师王浚院士回忆说，“这样的设计图纸，很少见，很难得，所以我印象深刻。”

李敏老师是罗阳的班主任，凭多年的工作经验，她认为，无论是品德还是学业，罗阳都非常优秀，日后在事业上一定会成为同学中的佼佼者。罗阳大学毕业时，教研室主任朱东明老师和李敏老师共同在他们班的毕业纪念册的扉页上写下毕业临别赠言：“希望你们在今后10年、20年、30年，为振兴中华，实现四化，做出好的成绩。”

## 孝子

2005年，罗阳的父亲仙逝，70多岁的母亲在干休所独居。“老伴去世后，头两年我总是感到难以接受，觉得天都塌了下来，情绪始终处于低落状态，身体状况也越来越糟。”罗阳的母亲吴传英回忆道。

“老妈，虽然爸爸不在了，但您还有我们，我们家一定能从悲伤的阴影中尽快走出来的。您一个人住在干休所我们不放心，想把您接到家去住。”罗阳与爱人多次劝母亲搬过去，“让我们尽孝，让您安度晚年。”

“我在干休所住习惯了，有老同事、老邻居可以相互关照。”母亲也为儿子考虑，“你们工作都很忙，很难整点下班。如果我搬过去了，你们不能按时下班，还会为我担心，会影响你们工作的。现在，我的身体状况还好，生活自理没有问题。”

母亲不愿给儿子和儿媳添麻烦，坚持在干休所居住。从此，罗阳总是抽空到干休所看望母亲，陪伴母亲，常常牵着母亲的手到楼下散步。每次离别前，罗阳在楼下总是仰望楼上那熟悉的窗户，向母亲挥手告别。于是，干休所的老同志大多知道吴传英有个孝子，名字叫罗阳。

后来，工作越来越忙，罗阳来看望母亲的次数越来越少，但只要不出差、不开会，如能在晚上9点以前下班，即便再疲乏困倦，他也要赶到干休所陪着母亲聊聊天。他常半躺半卧在卧室的床上，一边休息，一边问问母亲的身体状况，唠上十多分钟嗑之后告辞。一次，秘书在客厅等了30多分钟未见到罗阳从卧室出来，也听不见说话声，往卧室里一看，原来罗阳倒在床上，斜靠着被子已经睡着了。老妈慈祥地坐在床边，静静守护着他，看见秘书在卧室门口探望，便用手示意他不要叫醒罗阳。秘书立即会意地关掉了电视，卧室里不时传出轻微而有节奏的鼾声。又过了半个小时，罗阳忽然惊醒，他抬起手腕看看手表，起身走出来对秘书歉意地笑了笑，然后转身与母亲告别。

母亲是他事业的支持者，却不知道儿子工作的详情。她长期在部队工作，遵守组织纪律已经成为一种习惯，多年来，她只知道儿子在从事飞机的设计、研制和生产，对具体工作内容从不过问。

每次罗阳出差回到沈阳，都在第一时间去向母亲请安。看着儿子一脸倦意，妈妈劝儿子要多注意身体，早点回家休息，不要总是把时间花在看望自己上。每次罗阳下楼后，母亲都会依依不舍关上门，快步来到窗口，看楼下的儿子一手扶车门，一手向楼上挥动。为了确保儿子来去安全，母亲特意让人在自家窗口外装了一盏电灯，天一黑就打开。为近视眼的儿子照亮脚下的路。多年来，每次看见这盏灯时，罗阳都会感到一股暖流在身体中激荡。

或许是心灵感应，2012年11月25日下午，79岁的母亲感到心慌意乱、坐卧不宁，她不由自主地反复给儿子打电话，但话筒中始终是忙音。入夜，儿子家的电话总算打通了，但接电话的不是儿子儿媳，而是陌生人，说话也是所答非所问，这令老人更加焦虑不安。此时此刻，耄耋之年的老母亲哪里知道，刚才接电话的人是罗阳单位派来给儿子料理后事、寻找儿子遗物的同事。

2012年11月26日早上，中央电视台在《朝闻天下》节目中播发了一条消息：2012年11月25日12点48分，中航工业沈阳飞机工业（集团）有限公司董事长、总经理、歼-15舰载机工程总指挥罗阳，在大连执行舰载机着舰任务时，突发急性心肌梗死，经抢救无效，因公殉职，终年51岁。

“党和国家培养了罗阳，作为党员领导干部，就应该为党和国家尽心尽力。可惜的是，他还年轻，走得太突然、太意外……”母亲得知儿子以身殉国，喃喃地叙述道，“罗阳工作30余年，在党组织培养下，第一个10年，成了优秀的飞机设计员；第二个10年，成了优秀的飞机设计研究团队领导；第三个10年，成了优秀的飞机制造企业领导。他没有辜负党和国家的培养和信任，用实际行动践行了航空强国的理想，我为有这样的儿子感到自豪！”

# 体贴的丈夫　慈祥的父亲

“在物质生活上，罗阳无欲无求，节省恋旧，感恩恋家，没有不良嗜好。”爱人王希利这样评价丈夫，“他深深地爱着我们的这个家，但更关爱科技事业，在他心目中，工作永远是第一位的！”

“我家住在沈飞集团公司家属院一栋90年代修建的六层楼房里，没有电梯，厕所没坐便。罗阳戴的手表即便表带磨损得露出了白边，他仍舍不得更换，继续佩戴着。”妻子回忆着丈夫的往事，“他常年穿海蓝色夹克工作服，即使外出开会，也是穿这一身。时间久了，身材发福，原来的西服已经不合体，无法再穿。一次，去省里开会，会议通知要求与会者一律要着正装，他只好请秘书现买了一套西装。会后，这套西服就闲置在办公室，见外宾时才派得上用场。不过，他对我很关心。有一次他出国考察，觉得酒店的枕头很舒服，想起我颈椎不好，就要给我买一个。找到这种枕头后，却不清楚买哪个合适，索性高中低不同规格的各买了一个。”

罗阳既不抽烟，也不喝酒，更不喜欢应酬，请客吃饭的事能推就推，能躲就躲，有人说他不食人间烟火。他身体一直比较强壮，但是后来因为运动量越来越少和年龄增长，体检时发现了血压、血脂偏高的情况。到沈飞集团公司以后，他一般早晨6点多就走出家门，晚上10点以后才回到家。在家时，为了缓解疲劳，他喜欢先听一会儿旋律舒缓的乐曲，然后打开电脑，进入到围棋网站看别人下一会儿棋。每当这时，妻子王希利都会默默地将装着水果的玻璃盘子端到他面前，罗阳总是心花怒放地笑道：“老婆你太好了。你既得忙自己的工作，又要做家务，比我辛苦，感恩老婆！”

“多年来，喜爱干净整洁的罗阳总是自己洗衬衫，每次都用刷子仔细刷净衣领上的汗渍或污垢，这已经成了他的习惯。”妻子介绍说，“只是这半年，他全力以赴地投入到‘飞鲨’战机海试的工作上，换下的衬衫有时没有及时洗，也没让我洗。他觉得我的工作也挺忙，不肯麻烦我。”

“记得有一年夏天，我发现他头发长了，几次提醒他该理发了。他总是满口答应，却不行动。后来，还是在我的监督陪同下，才匆匆赶到理发店理了发。”妻子回忆道，“罗阳一坐下，就对理发师说，理得越快越好，辛苦了。”没过多一会儿，王希利听到理发师“哎呀”一声，然后连声惊慌地说：“糟了糟了，实在是对不起，对不起！”王希利赶忙过去一看，罗阳前额的头发被剪秃了一大块。理发师解释说：“他可能太困了，一下睡着了，头突然垂下来，正巧剪子也下去了……”“师傅，没关系。是我的原因，不能怪你。”罗阳安慰道。为了整体协调，理发师只好把他的头发剪得很短，给他换了一个与以前很不一样的发型。

罗阳上班时，大家看见他的新发型后表情都有些诧异，有人还好奇地问：“罗总，您换发型了？”也有人称赞新发型很好：“罗总，您的新发型显得年轻，特别精神！”“罗总，您的头型酷毙了，帅呆了，引领沈飞集团新潮流！”

新型飞机的研制工作进入关键阶段的那段时间，罗阳每天下班回家都在后半夜。妻子心疼地埋怨说："老罗，你这样加班加点地工作，身体能吃得消吗？"罗阳却说："我还能回来睡一觉呢，工人们都住在车间里，有的同志又累又困，走路的时候身体都打晃了，却不能回家休息。"

"你领导沈飞集团10年，这是最繁忙、最辉煌的岁月，为实现航空强国理想，你周末从未休息过。"2012年年初的一天，妻子抱怨刚从外地回来的罗阳，"你长期这么辛苦，身体怎么受得了呢？你以为自己的身体是铁打的？你是集团公司的老总，工作节奏自己可以控制，干吗总绷得这么紧？出差的工作可以请其他领导分担嘛，干吗非得自己亲力亲为？咱们家成了你免费的旅馆，家里的事，不闻不问，家庭'硬件建设'至少比同事们落后10年！""希利，我知道你工作也很忙，还得照顾老人和孩子，很辛苦，我很感激。虽然我是集团的领导，可以控制自己的工作节奏，但我的职责不允许我这么做。"罗阳不急不恼，充满歉意地说，"你上工厂去走一走、看一看，一线的科技人员和技术工人比我还辛苦。"

罗阳心里装的、脑子里想的，只有飞机。他有一个原则：工作遇到难处，回家不唠叨，不把不良情绪带回家，不能让负面情绪影响家人心情。他这样要求自己，但妻子还是能从丈夫紧锁的眉头中猜出工作的艰难和压力，便默默地承担起全部家务，定期为婆婆体检，定期给女儿打电话……

一天早上，罗阳四点多就醒了，在床上辗转反侧，无法入睡。被扰醒的爱人忍不住问："你又失眠啦？准是心事太重，神不守舍，是不是遇到烦心的事啦？如果不保密就说说看，说不定说出来了，压力得到了释放还能再睡一会儿。”他没有说缘由，也没有解释，答非所问地说：“你是医生，救死扶伤是医生的天职。我的工作职责是让新飞机一飞冲天，而且要确保安全。对我来讲，80%的安全把握不行，99%也不行，必须100%。”说到这里，他侧着身体，面向爱人，话锋一转，“希利，你怎么理解恪尽职守？怎样做才算恪尽职守？”未等妻子回答，他自言自语道：“恪尽职守就是要守住自己的岗位，履行自己的责任，发挥自己的作用。只有每个人守好本职工作，积极主动地克服困难，创造性地完成各项工作，恪尽职守才能落到实处。

“希利，你知道‘夫诚者，君子之所守’这话是谁说的吗？”罗阳有些兴奋地说，“如果我没记错的话，应该是先贤荀子讲的，意思是，对事业要无限忠诚。航空报国是使命，而不是荣誉。我把独立自主、艰苦奋斗、创新发展当作一生的坚守，无论是做人还是做事，我崇尚和追求‘诚于心、诚于己、诚于人’的品质，要守住自己的岗位，履行自己的责任，发挥自己的作用。我是党员领导干部，在恪尽职守方面一定要当模范、做表率。”

“当时，我哪里想到，最后他是用生命守住了岗位、责任！”2012年11月25日，当妻子看到罗阳的遗体时，顿悟了丈夫心目中“恪尽职守”的含义，也进一步感悟到了党员领导干部应有的担当的内涵!

12月9日，王希利在整理丈夫遗物时，在他的笔记本中发现罗阳用这么一段文字要求自己：要多为他人着想，要善于观察他人的长处；要善于听取他人的观点，不把自己的观点强加于人；

不以批评的口气和他人说话，不自以为了不起，看不起别人；不显示自己，不争名利；不在背后说他人的短处；不参加不必要的争论，争论问题时，不进行人身攻击，不揭人短；不可有虚荣心、嫉妒心和报复心；要守信用；不贬低他人、抬高自己；尽可能少发牢骚，更不要通过讽刺挖苦他人来发泄自己的不满情绪……

11月17日22点，罗阳参加珠海航展返回沈阳，他本想回家看看母亲和妻子，但时间不允许，便连夜前往舰载机基地，召集应急保障团队对舰载机再度进行“体检”，一直工作到18日凌晨3点。

24日16点15分，正要出门的王希利被一阵电话铃声叫了回来，她拿起话筒，听到丈夫的声音：“你在家，太好了。”原来这是舰载机成功试飞后，他从航母上高兴地给妻子打来的电话，他要在第一时间把成功的喜悦与爱人分享。

关于歼-15（飞鲨）舰载战斗机，王希利通过电视新闻知道一些信息，她情不自禁地问：“试验结果怎么样？从你的声音中，感觉到你们的试验获得了圆满成功！”“是的，是的，我们成功了，试验效果非常好，完全达到了设计要求，可谓旗开得胜，我非常高兴。”罗阳顾不上身体的不适，高兴得像孩子一样，“舰载机试验工作安全顺利，我很兴奋，很欣慰，在第一时间把这个好消息告诉你，与你一起分享这来之不易的快乐和幸福。”

“家里情况怎样？你的身体还好吧？母亲身体还好吧？我不在家，全靠你啦，辛苦了。”话筒里，罗阳的声音有些嘶哑，但很兴奋，“我明天晚上就可以回到家啦！明天晚上，我们要庆祝一下，我不仅要听音乐，还要喝一杯！”

“家里都好，都好。你四处跑，到处忙，不注意自己身体，累垮了怎么办？”妻子埋怨道，“你上有老，下有小，不为自己考虑，也要为家人考虑考虑。妈妈几次问我，你什么时候能回家？老妈又想你了。”

“好的，好的，我一定注意自己的身体。现在，党和人民把我放在了沈飞集团这个‘航空强国’的大舞台上，就必须尽职尽责，无愧于党、祖国和民族。”罗阳停顿了一下，然后说，“搞航空科技和航空工业很难，不实干苦干，怎么有收获？现在，我的事儿比较多，忙起来就想不起来给女儿打电话，你有空儿常给靓靓打电话啊！”谁曾想，这竟成了罗阳对妻子的遗嘱。

说到女儿，王希利回忆道：“我们有一个女儿，长相、性格和爱好都像爸爸，是全家的掌上明珠。女儿参加高考时，罗阳罕见地请了半天假。女儿去上海上大学时，我们俩也没有去送；上学后，我俩也未去看过孩子。有一次，罗阳要到上海出差，我听说他开会的地方离孩子学校不太远，就让他一定抽空去看看女儿。他满口答应，因为我知道，就是我不要求罗阳去看望女儿，只要有空的话，他也一定会去看望女儿的。到上海当天，他一下飞机，就满心欢喜地给女儿打电话说：‘宝贝姑娘，老爸到上海了，忙完了工作就去看你。’但会议还未结束，罗阳就接到了集团公司让他速回沈阳的急电。他不安地拨通了女儿的手机，耐心地解释：‘宝贝闺女，工作需要，爸爸又食言了，下次一定去看你去。’他何尝不想去看女儿，可是工作太忙，没时间去。回到家里，他无法向我交代，只是对我歉意地笑了笑。”

接听电话时，王希利感到丈夫很兴奋，没有察觉有什么异常。她是医生，救治过无数病人，如今却不能挽救丈夫的生命。25日夜晚，王希利在告别罗阳的遗体时说：“罗阳，我知道，这些年来，你身心疲惫，太累了！你十年如一日，以冲刺的精神状态在工作，安息吧！

“默默无闻、踏踏实实、恪尽职守、无私奉献，中国航空人一定会实现几代中国人的蓝天梦，实现中华民族伟大复兴的中国梦。为了实现中国梦，罗阳不仅是见证者，更是参与者，他兑现了自己的初心！我知道，罗阳属于我，属于我们家，但更属于沈飞，属于中国航空事业。”

## “沈飞员工了不起”

“工作是大家干的，荣誉当然属于大家。”罗阳时刻挂念着善于攻坚克难的团队和乐于创新奉献的员工，每次完成新型号飞机的首飞任务，他都夸“沈飞员工了不起！”

优秀的职工队伍是企业可持续发展的人才基础。他时刻把员工装在心里，多次做出“保障好员工身心健康”的硬性规定，并且建立制度，督促落实。“罗总与我们心心相印，心里装着我们，大家加班加点心甘情愿。”员工们说，“现在，像罗总这样能与我们同甘共苦的领导干部很难得，我们感到很幸运。”

试飞是飞机研制的收官工序，每型飞机都要经过反复试飞，试飞成功后才能顺利“参军”。每到年底，试飞任务集中，时间紧迫，工作人员经常加班。东北的冬天，室内都滴水成冰，空旷的机场跑道上，更是寒风刺骨。然而机务人员要随时跟踪调试中的飞机，不宜穿得太厚，否则行动不便捷，不仅影响工作效率，还容易引发事故。

看到机务人员套着单薄的机务马甲站在寒风中冻得瑟瑟发抖，罗阳对有关领导说：“这么冷的天，他们的衣服能不能再加厚点？保证工作人员穿暖和是你们的职责，想想办法，尽快解决。”有人建议购买“暖腰宝”，理由是能充电，又轻便。罗阳说：“马上买，每人一个。”他还调来两辆空调大客车，让工作人员轮流上车避风取暖。

在领导班子会议上，罗阳说：“工作越紧张，越要关心一线员工。”某重点机型进入试制阶段，试制部的员工在生产线上昼夜工作，后半夜休息时，就地找个草垫子垫上，席地而卧……罗阳看到后马上要求有关部门购买行军床。当夜，工作现场忽然出现了30张行军床，还有被褥、枕头。员工们的心热了，鼓足干劲儿，提前完成了工作任务。

罗阳刚担任沈飞集团公司主要领导时，除特殊工种外，单位不给30岁以下的员工安排体检；30岁到45岁的员工，每5年体检一次；45岁以上的员工，每3年一次。罗阳知道这一情况后，要求工会和人力资源部尽快拿出修改意见和实施方案，并监督落实。从2011年起，沈飞实现了40岁以上的员工每两年体检一次，40岁以下的员工每3年体检一次。

有一年夏天，罗阳在工作现场发现一名员工神情很疲惫，便询问他是不是身体不舒服，并叮嘱他有小毛病也要及时治疗，免得小病拖成大病。从这件小事，罗阳意识到，要高度重视职工的身体健康，因为健康的身体是完成生产任务的重要保证之一。为了方便员工及时就近检查身体和看病，罗阳要求有关人员联系大医院，请医生每周二上午到各个生产现场，为工人检查身体，量血压，做心电图，开药……从此，沈飞集团员工的体检，既有“年检”，还有“周检”。

又有一次，某新型飞机辅助设备研制的攻关工作进入了关键时期，科研人员昼夜不分，三班倒连续进行试验。有一天罗阳发现有位工程师满头大汗，身体有些虚脱，便安排他马上休息。同时他又担心其他人的身体顶不住，于是特意从242医院请来十几名医护人员，现场为大家检查身体，开药，打针。但是，唯独自己没有接受体检，甚至连每年一次的常规体检他都顾不上。

试飞站和总装厂的员工在飞机总装阶段，常常需要几周甚至数月吃住在工厂。按照保密规定，大家不能告诉家人不能回家的具体原因。为了解决他们的后顾之忧，罗阳让工会写好感谢信，由他签名，再分送到员工家里，让他们的家属知道他们在为国防建设做贡献，并感谢家属们的理解和支持。这一招儿收了很好的效果，后来，沈飞集团员工就把送感谢信的专车称为“罗总送信专列”。

罗阳对员工的照顾到了无微不至的程度，一个细节也不放过。一天，罗阳发现新机试制部的工程师韩崇杰脸上起个红包。经过了解才知道，原来车间里不仅有制造中的大飞机，还有叮人的“小飞机”——蚊子。当天，他便要求有关部门为所有员工配发了花露水。

这样的例子还有很多：一位老技师身患糖尿病，罗阳专门让食堂为他准备无糖食品；深夜，看到车间工人加班，他叮嘱后勤一定要准时送餐，到时候他还亲自去检查，征询职工们的意见和建议……

罗阳担任沈飞主要领导这些年，员工工资和福利持续上升，罗阳对此非常关心。每次签订集体合同时，他都要和职工代表一起就劳动报酬、工作时间、休息休假、劳动安全和卫生、保险、福利、女职工特殊保护、技能培训等条款反复商议，依法维护职工切身利益，努力实现企业与职工的双赢。

身为企业一把手，罗阳始终关心困难职工，努力为他们排忧解难。从2011年起，企业帮扶救助基金由每年300万元增加到每年450万元。有一位老职工患病17年，妻子没有稳定工作，儿子患有智力障碍。罗阳把这位困难职工作为重点帮扶对象，协调有关部门，给他的妻子和儿子安排了工作，基本解决了这个家庭的生活困难问题。

罗阳把职工像亲人一样放在心上，职工们也像对待亲人一样看待罗阳。2002年，刚担任沈飞集团公司主要领导的罗阳到基层调研和指导工作时，职工们都说：“罗总来了。”后来，罗阳再到基层去，广大职工则亲切地说：“我们的罗总来了！”

# “更高、更远、更快”

几年时间里，罗阳的职务越来越高，工作越来越多，肩上的责任越来越重，压力越来越大。相应地，他付出的心血也越来越多，投入也越来越深，离他的人生理想和奋斗目标也越来越近。

“我的理想是让祖国的飞机飞得更高、更远、更快，用自己的力量、智慧，甚至是生命实现航空强国梦！”罗阳担任中航工业沈飞集团董事长、总经理的五年，是沈飞集团新型号飞机任务最多、最重的一段时间。

罗阳与沈飞集团公司的生日都是6月29日，这是天生的缘分。他与沈飞集团一起，见证了中国自主研制的战机的诞生。在他的领导下，沈飞相继研制成功5个型号的新型战机，一架架“战鹰”从沈飞起飞，翱翔于祖国蓝天。歼-15飞机就是这些先进战机的代表。

歼-15是一款先进的航空母舰舰载机，也是我国生产的第一款航母舰载固定翼战斗机。航空母舰是什么？航空母舰有什么用？航空母舰是以舰载机为主要武器的平台，是移动的机场、流动的国土，舰载机是航空母舰的核心战斗力。

1912年，英国海军把一艘老旧的巡洋舰改装成世界上第一艘可容纳飞机的船只，它成为航空母舰最早的雏形，预示航母时代的到来。在第二次世界大战中，舰载机称霸海洋上的天空，改变了海战的历史。

夺取制空权、制海权的舰载机就是航母的“双翼”，是出鞘的“利剑”。能够起降舰载机的航母，才是真正的作战平台。

有一次，罗阳随团到美国考察，登上了一艘美国的航空母舰，亲眼目睹了舰载机似海鸟般自如翱翔的身姿，它们轻盈健美的机翼就像蜻蜓翅膀一样可以折叠收放。他在感到震撼的同时又心生惆怅，因为我们的祖国既没有航母，也没有舰载机！当时，全球的航母舰载机约有1250架左右，美国一家就超过1000架，俄罗斯、英国和法国排列其后。他深刻地认识到：“一个国家，没有强大的海军和空军，就没有安宁的生活。我们的天空和海洋并不安全。现在和未来，对我们的威胁主要来自海洋和天空。海洋和天空承载着中华民族的未来，拥有了海洋和天空的安全，就把握住了民族复兴的未来，就掌握了自己的命运！”

20世纪初，中国的冯如与美国的莱特兄弟几乎同时开始研制飞机，而现在中美之间在飞机研制上的差距，就如同一道巨大的鸿沟，难以跨越。“中美之间的巨大差距是客观事实，必须勇敢面对。”心急如焚的罗阳在与同事交流时说，“奋起直追、苦干实干，是追赶先进、缩小差距的唯一途径，就是要拼命追赶！”

一说起航空母舰，中国军人和科技人员都会汗颜。因为比起世界上的航母强国，我们中华民族的航空母舰，迟到了大约100年。而在航母舰载战斗机的研制方面，中国更是白手起家，从零起步，有关国家根本不可能将关键技术卖给我们。怎么设计？怎么制造？怎么起飞？怎么着陆？一系列环节和问题，都是未知数。然而，现代战争中制空权的重要性是不言而喻的，中国必须跨越舰载机研制这一道难关。

“在航空领域，常规军机可以高价购买，通用技术可以通过付出高额学费学习、借鉴，但核心技术是买不来、学不到的。我们要想拥有舰载机的核心技术，只有依靠自己不断创新发展。”罗阳下决心一定要制造出中国自己的先进舰载机。他始终坚信：“外国人能干成的事，我们中国人同样能干成，而且还能干得更好！”

研制歼-15飞机伊始，罗阳与沈阳飞机设计研究所的领导一起商量并提出了设计制造“一体化”的构想。新模式利用数字化技术和三维仿真手段，使制造环节提前参与到设计研发中来，并行推进，缩短研制周期。

然而，这个方案一开始并没有得到支持，反而引起质疑声不断：会不会打乱仗，无法衔接？看惯了平面图的工人，能否看得懂三维图纸？这意味着工作方式和管理模式发生了颠覆性变化，如何说服大家？对于这些不同意见，罗阳总是耐心倾听，然后以新技术的工作数据为依据，与大家沟通。

“同志们，空谈是得不到科学答案的。最好的方法就是实践，实践可以给出正确答案。”罗阳说干就干，立即出台了若干实施方案，确定了“一体化”的实施规则、流程，明确了责权归属、考核办法、过渡方式、应急方案，并对所有可能引起工作混乱的环节和因素，都制定了有针对性、操作性的工作预案和具体措施。

在为中国航母锻造“利剑”、研制歼-15舰载机的过程中，罗阳通过创新管理，带领团队一次次走出困境，突破了数百项关键技术，攻克了一道道技术难题，创新了一系列新技术、新工艺、新方法，取得了令世人刮目相看的成就。这些科技成果主要有：

第一，研制舰载机折叠机翼。航空母舰上空间有限，舰载飞机的机翼必须能够自由便捷地折叠和展开，才能使航母搭载更多的飞机。然而，设计航母舰载机的折叠机翼是一个巨大的技术难关。因为燃油、液压、操控等各个系统均要从机翼的折叠位置穿过，而且要求无论机翼怎么折叠，都必须保证这些系统能够正常工作。所以，折叠机翼内部结构复杂，技术指标高，需要一系列新材料、新技术、新工艺。

为了尽快突破折叠机翼这道难关，罗阳亲自排兵布阵，组建了折叠机翼研制攻关团队，负责突破新材料、新技术的瓶颈。他每天手里总是拿着三个本子：一个本子上面记着所有攻坚项目的工作进度表和责任人；一个本子写着密密麻麻的计算数据和计算公式；一个本子记的是他对技术难题的理解、解决问题的设想和推进工作的措施。大家调侃道，罗总一手拿着“催账单”，一手拿着“锦囊妙计”。

歼-15折叠机翼采用的是新结构、新材料，一开始，几个关键零部件都无法达到设计要求。罗阳得知后，来到试制车间，开门见山地问：“找到解决问题的办法了吗？”见大家苦着脸，他的双眉竖了起来，坚决地说：“我们必须把不可能变为可能，外国人能干成的事情，我们就能干成！同志们，来，来，来，我们看看问题的症结在哪里？”他一张张地翻阅图纸，同大家一起分析失败原因，寻找解决问题的办法。比如焊接，方法已经很先进了，但效果仍不能满足设计要求。针对这一问题，罗阳建议采用最新的电子束工艺焊接技术，把难题解决了。

罗阳认为，他们从事的工作是一块检查科技人员人格和精神品质的试金石。他反复强调："我们要有脚踏实地、业以守诚的专业态度，这是成就事业的基础。"他亲自主持研讨，并参与修改研制折叠翼的工作方案。在他的领导下，折叠翼工作方案一改再改，反复优化完善，零部件做了一套又一套，一次次失败，又一次次从头做起。通过反复的设计、研制、磨合、修改、试验，一项一项技术难题被他们攻克了。

终于，善于攻坚克难的科技团队，为中国舰载机插上了收放自如、飞行灵活的"钢铁翅膀"！"我们罗总拥有'三位一体'、相辅相成的法宝：催账单、科学方法、锦囊妙计。责任和动力相互作用，相得益彰，不断地鼓舞着我们持续创新发展！"科技人员深有感触地说，"有我们的罗总在，我们就有信心，就能创新发展。"

第二，研制航母阻拦系统。为了确保飞机能够在航空母舰上安全降落，阻拦系统是至关重要的，然而阻拦系统的研制却是一道世界性难题，能够自主生产航母阻拦系统的国家，全世界只有屈指可数的几个。我们以阻拦系统中的阻拦索为例。在电视上看起来，阻拦索仿佛只是航母甲板上的一条普通钢索，观众们不会觉得它有什么特别的技术含量。但是实际上，阻拦索是舰载机在航母甲板上安全降落的不可或缺的装备，被称为舰载机的"生命线"。风驰电掣的飞机从天而降，全靠它挂住飞机尾钩，才能在短短的两三秒内把速度从时速二百多千米降到零，安全地停在甲板上。这一瞬间，阻拦索要承受舰载机尾钩释放出的巨大冲击力，这就要求阻拦索具有极高的硬度和韧性，以及应对舰载机频繁降落的工作性能，所以他们对阻拦索的材质和工艺提出了极为严苛的要求。一条阻拦索要正常工作，还需要配套滑轮缓冲系统、拦阻器系统、钢索末端缓冲系统、复位系统、冷却系统等，整个阻拦索的阻拦装置涉及机械、电气、液压等诸多高新技术，是一项庞杂的大工程。研制阻拦索尚且如此，研制整个阻拦系统的困难就可想而知了。

然而，在困难面前不退缩是罗阳的特点。他说：“我们要发挥后发优势，在研制阻拦系统方面要有所创新，确保阻拦系统的性能和质量达到国际一流。”确定目标后，罗阳进一步明确研制的重点，他强调，“阻拦钩是阻拦系统的关键部件。阻拦钩的理论设计、相关材料、试验等工作的优劣，决定了它是否能抓得住飞机。”

由于没有可供借鉴的经验，阻拦钩的研制一开始就遇到了难题。阻拦钩由钩杆和钩梁组成，全部采用新材料。钩梁尺寸大，在制造过程中屡屡发生侧弯。钩杆对精度要求极高，但是在热处理环节中容易变形，导致精度下降。在焦虑和紧张的气氛中，转眼6个月就过去了，经过多次测试，阻拦钩的性能却始终达不到设计标准，而且连问题出在哪里都没有搞清楚。

有些人的自信心遭到重大打击，精神几乎快要崩溃了，他们对罗阳说：“罗总，我们的试验经历了无数次失败，却不知道为什么失败，快崩溃了！”

面对试验屡次失败的局面和员工信心不足的畏难情绪，罗阳并不气馁，他鼓励大家说：“同志们，阻拦钩不就是一个钩子吗？它钩不住我们，更拦不住我们！阻拦钩是死的，我们是活的；它是我们的工作对象，我们是决定其优劣的主人。试验失败，说明我们的设计思路或方式方法存在着这样或那样的问题，只要我们不断总结经验，就一定会达到设计要求，成为中华民族‘飞鲨’战机的保护神。”

他找来班子成员，做他们的思想工作，坚定大家战胜困难的决心：“研制阻拦钩的任务要在规定时间内完成，而且只能成功，不能失败。面对困难，我们只能披荆斩棘、一往无前，因为我们没有退路——不能有了航母，却没有舰载机。我们背负着祖国的信任、人民军队的期待，哪怕少活20年，也要圆满完成研制任务。”

为了打赢这场攻坚战，罗阳日夜坚守在试验基地，亲自参加研讨会、总结会，认真听取试验工作总结和大家反映的意见。他组织科研人员认真分析问题，反复计算数据，把可能影响产品质量的所有因素全部列出来，逐一排查；对精度、尺寸、材料、生产、试验、配合等要素和环节进行全面检查。在这个过程中，他反复强调：“同志们，任何专业，任何工作，只有始终保持科学精神，始终秉持科学态度，精益求精，才能把工作做得扎实、做到极致，才能取得实效。”在暂时找不到解决困难的办法时，他又启发大家：“我们在遇到问题时，在总结经验教训时，要有辩证思维，既要顺向思维，也要逆向思维，要统筹把握内因和外因。”

他们仔细分析试验数据，不断调整研制思路和主攻方向，把方案改了一遍又一遍，不断调整试验流程和方法，终于研制出了的性质优异的国产阻拦钩。

阻拦系统的可靠性关乎舰载机甚至整个航母的安全，罗阳高度重视，严格把关，不许有半点瑕疵。有一次，在阻拦系统综合试验过程中，有一个部件“意外地”出现了故障。有的同志认为，这个事故在正常情况下不会发生，这一次事故纯属偶然，只需要更换一个新部件就没问题了。

罗阳坚决不同意这种做法，他说：“我们研制的飞机，既关系到飞行员的生命安全，又关系到部队的战斗力。所以，在质量上不能出一丝一毫的纰漏。因此，我们决不能这么简单地下结论。出故障肯定是有原因的，故障原因一定要彻查，我们决不允许有任何侥幸心理！我们决不能留下任何安全隐患！”罗阳连夜对设计、材料、制造全过程进行普查，将普查结果进行认真对比、分析，最终发现这个故障的出现并不是偶然的。原因在于生产部门对设计思想理解不到位，导致在加工流程和工艺等方面不能保持统一，造成了批次产品间存在韧性和抗疲劳上的差异和不确定性，从而引发了故障。如果把原因归咎于个别部件，以为仅靠更换个别部件就可以解决问题，那么将会留下致命的隐患。问题找到后，罗阳当场拍板决定，重新研制该部件，必须使之达到设计要求。

此后，大家在试验中无论遇到什么问题，都会想起罗阳说过的话：“我们决不允许有任何侥幸心理！我们决不能留下任何安全隐患！”大家会千方百计追查清楚问题的起因，确保百分之百的安全。

2012年初，经过无数次失败后，阻拦系统研制工作以取得圆满成功宣告结束。那一刻，罗阳激动得流下了眼泪。

第三，创新舰上飞机起降试验模式。中国舰载机生产出来了，罗阳要求研制团队全过程参加起降试验。他强调说："这些飞机就像我们的孩子，就要上考场了，必须全程盯到底、跟到位，确保最佳试验效果。飞机的'脾气秉性'我们最了解，身为'家长'，必须登舰，亲自观察，负责到底。"

罗阳组织研制团队全程在现场跟随飞机起降试训，详细了解性能状况，针对问题研究改进方案。当听到飞行员反映飞机操控油门的操控杆还不够便捷和人性化之后，他立即指定专人负责配合飞行员进行调整、优化、完善，直到飞行员满意为止。

以上三个例子，仅仅是罗阳他们在研制歼-15战机过程中所取得的众多科研成果的一个小小的缩影。而要实现科研、生产能力的大幅提升，组织管理方面的也需要进行配套改革。

21世纪初，我国航空制造业的零件加工生产能力取得了长足进步，但在生产装配领域，仍采取人海战术，以手工为主。"有的行业，搞不出精品，可以降低标准，搞个普通的替代。航空行业不行，要么满分，要么零分。所以，我们的设计标准和质量要求必须是满分。"罗阳担任沈飞总经理伊始，便决定改变这种落后局面，启动了对科研生产全过程的规范化、标准化、精细化、数字化、智能化改造。

多年来，飞机的研制程序是：先在研究所设计，然后进入沈飞制造。这个老规矩沿袭了几十年，在人们的思想中已经固化。虽然设计与制造双方在主观愿望上始终保持高度一致，但设计单位倾向于使用新知识、新技术，以便提升飞机的技术标准和应用水平，而制造部门由于受到材料、设备、技术能力和工艺水平等现实条件的约束，倾向于采用更具可行性的方案，以便确保制造任务能够如期完成。因此，双方在实际工作中，存在着工作目标、客观认知、实现手段等方面的差异和分歧。既有设计工作经验，又有生产经营经验的罗阳对此深有体会。于是，他多次在不同场合强调：“时代变了，技术条件变了，我们的组织模式和工作方式必须与时俱进。创新管理模式，势在必行，早改革早主动，早主动早发展，早发展早受益！”

对于组织管理模式的改革，与新型战机的研制是同步进行的。在中国航空工业集团的领导下，沈阳飞机设计研究所和沈飞集团公司组成联合攻关团队，负责设计和研制国产第三代舰载机歼-15（飞鲨）战机。

罗阳深知，按传统的设计和制造的方式、流程、步骤，根本无法按计划完成研制任务。怎么办？别无他路，只有科学创新，背水一战。于是，他着手打造了一支快速高效的研究设计和生产制造工作队伍，以提高新机研制、装配、试飞等各方面的工作效率。

为了消除以往研究设计单位与生产制造部门之间相互扯皮的现象，他以问题为导向，科学地提出了“面向制造的设计”和“面向设计的制造”的新理念，毅然打破先设计、后制造的传统惯例，将两个单位融合为一个有机的整体，创造了“厂所一体、设计制造一体，协作攻关”的新模式，规定两个单位在行政划分和管理机制上不分你我、不分先后、不分主次，而是联合设计、联合制造、联合试验，并在此基础上制定权责分明、奖惩有据的全新考核评价制度。

将两个兄弟单位的人员整合为一个“飞鲨”团队的方案立即在沈飞集团引起了激烈争议，各种意见僵持不下。“同志们，欢迎大家各抒己见，但我们不能议而不决，决而不断，白白浪费光阴。我是总经理，我决定搁置争议，先按新的组织模式和工作方式干起来，过一段时间，再看看实践的情况，如果实践证明我的意见是错的，由我负全责！”罗阳的一席话得到了大家认可。

于是，在歼-15舰载机进行设计论证的阶段，沈飞集团公司的几百位生产人员就介入到设计工作之中，与设计人员共同商讨、论证、拟定设计方案。进入生产制造阶段后，沈阳飞机设计研究所的大队人马又浩浩荡荡地进入沈飞集团，将设计工作延伸到生产制造的全过程，形成了厂和所、设计和制造的“一体化”模式，双方相互配合，确保了项目的顺利推进。

“同志们，为了保障我们自主研制的舰载机的技术指标和功能水平达到国际先进水平，请大家不要有什么思想顾虑，你们要以‘科学精神’为指导，科学求是，该怎样设计就怎样设计，然后我们工厂就按设计方案进行制造。有问题我们就共同研究协商，科学创新，解决难题！”罗阳着眼于世界航空技术的最前沿，对他组建的这支联合攻坚团队提出了严格要求。

作为研制生产歼-15舰载机的现场总指挥，他总是给研究设计部门以最大的创新空间。研讨设计方案时，他总是鼓励大胆设计，不会为了怕犯错误而轻易降低指标。如果创新的设计在加工制造阶段遇到困难，他就组织设计和生产人员共同协商，联合攻关。这种新管理模式，既满足了研究设计部门对先进性的追求，又满足了生产制造部门对设计方案不能脱离设备、材料和工艺水平条件的诉求。

研制歼-15舰载机的过程，就是设计和制造双方不断磨合的过程。沈阳飞机设计研究所是设计单位，沈飞集团是生产制造单位，双方在飞机研制的过程中，不可避免地会出现摩擦和矛盾。从设计到制造，有很多细节需要落实，需要双方进行协调，罗阳就扮演着协调者的角色。每当出现解决不了的问题，双方往往请罗总出面协商，制定方案，拍板决策。

实践证明，罗阳提出和实施的全新的组织模式和工作方式，让飞机设计工作效率提高了40%。大家异口同声地说：“还是我们的罗总站得高，看得远，他不愧是我们创新发展的领路人！”

世界舰载机的历史已逾百年，现役的舰载战斗机主要有美国的F/A-18、俄罗斯的苏-33、英国的“鹞式”和法国的“阵风”。中国开展舰载机研制之初，就把目标锁定在设计一款与它们技术水平相当的第三代舰载机上。然而，对于舰载机的设计和生产，我们没有丝毫经验，连第一代舰载机也没有研制过，完全是白手起家。为了实现“三级跳”的舰载机发展战略，罗阳以身作则，率领科研生产人员夜以继日、废寝忘食地努力工作，用汗水乃至生命创造了这个几乎不可能完成的人间奇迹。

在歼-15飞机研制最紧要的关头，罗阳发出了沈飞集团公司历史上的第一个总经理令，以破釜沉舟的决心，决定加快研制进度。他制定了有力的措施，统筹协调各项试验工作，攻克了一系列技术难关，提前完成了研制工作，实现了我国航母工程建设的历史性跨越！在这场攻坚战中，罗阳以身作则，率先垂范，为员工们树立了榜样。人们都说，想想我们的罗总，就懂得了什么叫

“共和国航空工业的脊梁”。在他身上，体现了航空人攻坚克难、勇攀高峰的报国情怀；体现了军工人恪尽职守、忘我奉献的崇高品德；体现了国企责任人严于律己、淡泊名利的人生境界；体现了共产党人不忘初心、为国为民、奋斗不息的精神风貌！

工作忙、睡眠少是罗阳生活的常态，他养成了上车以后闭目养神的习惯。细心的司机为了方便罗总休息，有时会有意放慢车速，以减轻车辆的颠簸。然而车速一慢，罗阳往往能立刻感觉出来，便要求司机抓紧时间，开快点儿。司机只好找各种借口，在车速问题上“讨价还价”，希望罗总能多睡一会儿，哪怕只是一会儿。

“既做航空人，就知责任重；既做新装备，就得多辛苦；既要战机飞，就要真实干。”这是罗阳常挂在嘴边的话。从主持启动舰载机研制项目起，他就亲临研究室、生产车间、试验场，常和员工奋战在一起。

其实，充满阳光的罗阳爱好广泛，他酷爱围棋、摄影和排球等运动。一天下班后，他对秘书说：“小任，今天我走回家，不用送我。”从公司走到家，大约需要走一个小时，算是锻炼身体了。

“你是总经理，不能啥事都操心，得学会减压。你是总经理，只要你想忙里抽闲去锻炼身体、定期去检查身体，肯定能办得到，而且这也是我们大家希望看到的。”沈飞集团领导班子成员多次这样劝他。

“别劝我了，你们跟我一样在努力工作。我们沈飞肩负着国家赋予的责任和使命，我们企业的性质决定了我们工作的特殊性，特殊的工作性质又决定了我们的工作状态。”罗阳总爱说那句鼓舞人心的话，“我们沈飞人就要有‘一飞冲天’的精神、胆识、能力。只要我们勇于担当，创新发展，就不会有辱使命！”

为了不辱使命，罗阳拼命工作。“不是我能干，也不是我与众不同，而是我赶上了国家快速发展的难得机遇。”罗阳与大学同学对话时这样说。他担任沈飞集团公司主要领导后，沈飞集团多种新机型同时并进、军民项目并进、主业辅业并进，任务纷纷下达到他这里，而且都是技术要求高、时间紧的项目。一时间沈飞人有些应接不暇，工作压力越来越大，大家加班加点成了常态。为了工作，他吃饭速度很快，吃完后立即开始查看资料；为了省时间，他每次出差时总是在去飞机场路上，找一家小饭店吃一碗简单的面条了事……

一天深夜，罗阳来到一家工厂的生产车间，那里灯火通明，技术人员正在做产品试验。他带来了采用新技术的好思路，指导大家重新试验。等到这项新工艺试验过关时，东方已经露出了“鱼肚白”。罗阳疲惫地回到办公室，只休息了一会儿，便又开始了新的一天工作。

正是靠这种与时间赛跑的精神，罗阳他们顺利完成了歼-15的研制工作。歼-15舰载机的生产和设计涉及10大类、280多项关键技术，有3万多零件，包含几千道工序。但设计周期比过去缩减了6个月，制造周期比过去缩减了4个月。

除了苦干之外，罗阳还善于开动脑筋，想办法巧干。“如果我们没有新机快速试制中心，歼-15舰载机不会如期飞向蓝天、傲视蓝海。”沈飞集团员工一致认为，过去研制新机型的试验工作各自为政，各项检测工作之间如同“隔墙扔砖头”，独立进行，互不关联，每个流程都是一堵墙，试制工作只能按顺序一一进行。这种组织管理模式无法采用数字化管理，不能提高工作效率，也不能提高飞机性能，更不能提前完成试验任务。罗阳决定，创建新机快速试制中心，采取科学高效的组织和管理模式，将试验条件上升到数字化、智能化、专业化高度，使试验程序、质量标准等统筹衔接、互为保障，确保了“飞鲨”战机的安全，使我国成为着舰试验中唯一一个损耗率为零的国家。

国外舰载机着舰试验的损耗率大约是10%。而我国歼-15舰载机则不同，起飞，如箭直刺长空；着舰，如鹰爪一般稳稳抓板。成功率实现百分之百！中国舰载机起降演练之所以能创下损耗率为零的世界纪录，靠的是科学精神、理性方法，靠的是使命担当、真抓实干。

真抓实干，不做表面文章，处处脚踏实地，精益求精，一丝不苟——这就是罗阳对待工作的态度。有一次，某新型号飞机在既定下线日期前3天，被发现有些部件存在质量问题。因为这些问题不影响飞机的整体性能，也不影响飞行安全，所以有人认为：“战机下线并不会立即去飞，只是举行一个仪式。仪式过后，不管有没有质量问题，按工作流程飞机都要拉回厂里做后续调校等工作，到那时我们再检修也不迟。以前我们就是这么做的，这并没有违反工作流程。”

这种观点立即遭到罗阳的驳斥。他说：“无论是否影响飞机性能，无论是否影响飞机安全，只要不符合设计标准，存在质量问题，就必须采取‘零容忍’的工作态度，我们研制的飞机必须是完美无缺的精品。在飞机质量问题上，不能通融，必须由第一责任人或团队在第一时间消除任何隐患。工作流程是活的，是为质量服务的，过时的流程应当立即废止。”

“罗总，如果现在进行检查和返修，就无法按时完成任务，我们要承担责任的，这对沈飞集团的名誉和经济效益都有负面影响！”有人劝罗阳三思而行，“应该以沈飞集团的大局为重！”

罗阳不为所动，并且主动站出来承担责任。他说：“我们研制的新飞机出了质量问题，就得严格执行有关制度，该问责的问责，该处罚的处罚。请同志们放心，沈飞集团研制的飞机有质量问题，当然由我向军代表说明情况，一切责任由我承担。”

罗阳立即组织大家对飞机进行了检修，经过一番“梳妆打扮”，新型飞机祛除了瑕疵。4天后，新型号飞机完美无瑕地下线，受到了军代表的高度称赞，他们对沈飞集团这种精益求精的工作作风和质量第一的责任意识，赞不绝口。

有一年，交付的飞机出现了情况不明的漏油问题。罗阳立刻派人到现场寻找原因，很快确认了这是由于胶圈在生产中未执行新标准而导致的问题。不过，这件事并未引起人们的重视，有人以为这仅仅是个别零件的质量问题，换一个配件就行了，无须大惊小怪。这种得过且过的工作态度引起了罗阳的高度重视，他在会上反复强调：“天下大事，必作于细。我们必须引以为戒，给全集团上一堂质量教育课。”于是，罗阳带领领导班子成员和1万多员工，手持剪刀将剩余的两万多个老胶圈全部剪掉，以绝后患。同时，按制度对相关工作人员进行了严肃处理，并以此为案例进行宣讲，在全集团敲响质量警钟。

“一手托着国家财产，一手托着战友生命。”宽大明亮的车间里，这条横幅十分醒目，它也是罗阳经常挂在嘴上的口头禅。2012年9月，生产车间某工装架的焊点开裂，倒塌时差一点砸到正在组装中的新型号飞机。“必须避免类似事件重演！‘安全’不是口号，是与员工生命和飞机安全息息相关的头等大事！”罗阳立刻要求工人对所有工装架的质量进行全面体检。

一位负责安全工作的部门负责人没有理解罗阳的用意，认为只需要修好开裂的工装架，再把这个车间其余的工装架检查一遍就可以了。罗阳一听就火了，再次强调要检查集团所有车间的工装架。1万多个工装架，查一遍大约需要30天。工期这么紧，重新检查一遍该不该，值不值？“不仅该，而且值。因为我们要为国家负责，对员工负责。”罗阳亲自督办，并要求有关部门制定相关工作制度。

某年初春的一天，一架“飞鲨”战机要转场到某研究所做试验。因为整机转场，庞大的机身无法装车运输，只能采用公路牵引的方式。而且为保密起见，牵引只能在夜间进行。当天子夜，天寒地冻，滴水成冰。罗阳提前来到现场，招呼技术人员对转运方案再检查一遍，直到确定万无一失后，才在批准单上签上自己的名字。

牵引车缓缓行进时，寒风呼啸，大雪纷飞，气温降至零下十几摄氏度。大家都劝罗阳坐在车里跟着走，但是他坚持步行，以便随时观察飞机。六公里的路程走了两个多小时，当飞机安全抵达目的地时，我们的罗阳已成了“雪人”。

就这样，罗阳带领沈飞集团，用智慧和生命创造了一个航空传奇——歼-15舰载机。作为我国首型全机、全系统、全状态采用数字化方式研制的三代机，歼-15从论证立项到设计发图，再到首飞成功，直到在辽宁舰上成功起降，前后用时不足两年。它的研制成功标志着我国航母工程建设完成了一次历史性的跨越！

## 腾飞与陨落

2012年1月，罗阳担任中航工业航空装备有限责任公司特级专务，沈阳飞机工业（集团）有限公司董事长、总经理、党委副书记。

当年9月25日，几代中国人的航母梦终于梦想成真——辽宁舰横空出世，隆重登场，入列中国人民解放军海军。喜讯传来，举国沸腾，世界瞩目。

航母离不开舰载机，国产舰载机的研制任务落到了罗阳肩上。面对这样的工作课题，作为中国首型舰载机——歼-15的研发负责人和研制的现场总指挥，罗阳那股子不服输、不懈怠的劲头儿，表现得淋漓尽致，他豪迈地说：“同志们，外国人能干成的事情，中国人同样能干成，而且还要干得更出色。”

我国第一艘航母“辽宁”舰服役后，一些西方媒体讽刺挖苦之声不绝于耳：“中国的‘辽宁’号航母是个空壳，是个中看不中用的摆设。”“中国要独立建造与西方国家平起平坐的航空母舰和舰载机，至少还得等10年。”“中国‘辽宁’号航母没有舰载机的话永远无法作战，只能是个挨打的‘靶子’。”“即使中国模仿拼凑出舰载机，也不可能具备与西方舰载机同样的作战能力，无法掌握制空权和制海权。”

当得知中国研制的歼-15舰载机即将进行海试时，一些西方媒体又跳出来臆断，妄言中国要想做到使舰载机安全起降，至少需要一年半的时间。美国媒体公开断言，中国舰载机至少两年后才有可能进行着舰试验。

“他们怀着复杂心理，戴着有色眼镜，主观妄想，肆意臆造，混淆视听。他们爱说什么，想说什么，都无法左右我们创新发展的步伐。”罗阳鼓舞大家说，“我们要用实际行动，让世界感受中国精神、中国力量、中国速度、中国道路。沈飞人要以‘飞鲨’战机一飞冲天的壮举，让他们集体失语。”

舰载机研制出来需要试飞，在试飞期间，罗阳即使在外地出差，每天也要打七八个电话叮嘱大家：“同志们，我们一手托着国家财产，一手托着战友生命啊……必须确保质量和安全。”

2012年10月31日，罗阳主持了某型飞机首飞仪式；11月3日，又主持了某国家重点型号飞机首飞仪式。他在歼-15入列飞行前，创造了4天内实现两个重点型号飞机首飞成功的奇迹！从9月起，他一直在忙着这两个新型号飞机的研制，在最后一周之内担任两个重大任务的研制现场总指挥，实现了中国航空界前所未有的“高速度”。

11月9日，在完成重点工程任务后，罗阳抵达珠海参加航展。11月17日20点10分，在沈阳机场出口，看着满脸疲惫的罗阳，司机建议说：“要不您先回家休息一晚，明天再去基地？”“早一分钟到基地，就能早一分钟掌握飞机的情况，心里就多一分踏实。万一还有什么问题，还可以及时进行检修，确保试验万无一失！”他决定立即前往基地。

于是，他给妻子打电话，说自己刚到沈阳，因工作任务紧急，要连夜赶到外地参加重要试验，月底才能结束，当晚就不回家了。

“都到沈阳了还不回家看看？母亲还问我你去哪儿了，什么时候回来，身体怎么样。”妻子有些不满地问，“什么工作这么紧急，你非得连夜出差？”

他沉默了一会儿说：“你别问了，要保密。试验成功后，我会打电话向你报喜，等我们的好消息吧！”

妻子不再问了，这是她多年养成的习惯，但又挂念他的身体，就关切地叮嘱：“如果试验的地点在东北，你一定要带棉大衣。”

罗阳打完电话，先回到办公室，处理了几个需要急办的文件，然后拿上棉衣和一身工装——海蓝色夹克，披着夜色，匆匆奔向数百公里外的基地。次日零点40分，他抵达舰载机机场。舰载机起降保障队的同志们正在等待着罗总，他立即与技术人员一起，按照工作程序进行战机上舰之前的最后一次检测，逐一了解和检查即将进行着舰试验的歼-15飞机……

在飞机跑道上，一排橘黄色的歼-15像出征前的战士，静静地排列着，只等一声令下就可以一飞而起，呼啸着冲上天空。他用深情的目光，细细地打量着它们，这些都是他的心肝宝贝啊。而现在，既像准备出嫁的女儿，又像即将出征的儿子。

两个月前，中国第一艘航母“辽宁舰”正式入列中国人民海军，震惊了世界。航母是以舰载机为主要武器并可移动的海上活动平台，舰载机是其战斗力的核心。

1991年的海湾战争和2003年的伊拉克战争，美国尽管在中东没有足够的陆上机场，却能够利用航空母舰的舰载机群进行攻击，并取得一边倒的胜利。由此可见，舰载机在现代战争扮演着至关重要的角色。

人类舰载机在航母上起降的历史已有百年，一个多世纪以来，舰载机飞行员始终是高危职业人群。在茫茫大海上，令人震撼的万吨航母像一叶扁舟，飞机要准确地降落在跑道上，并即刻与甲板上的阻拦索对接，这无疑是一项高难度、高风险的任务。因此，舰载机起降被喻为“刀尖上的舞蹈”。虽然有风险，但是我国航空事业要实现从陆地向海洋跨越的发展蓝图，这也是必经之路。我国首次公开进行的舰载机起降试验，海军只邀请了罗阳作为沈飞集团公司的代表上舰。虽然试验任务由军方执行，但作为研制现场总指挥，罗阳要为自己的“孩子们”的“考核成绩”负责。他亲自检查机舱，查核有关数据，监测各个环节指标。

罗阳对舰载机适配性等全部细节检查得谨慎入微，还伸出双臂轻轻抚摸、紧紧拥抱着他的“孩子们”。这都是他和几万沈飞人用智慧和心血浇灌出的心肝宝贝，总是令他爱不释手、依依不舍。检查后，他很自信，脸上露出了微笑，随即，感到有些头昏脑涨、眼前发黑、两腿乏力……

长时间出差奔波、生活起居不规律、睡眠不足、南北温差大、试验中的巨大噪音等，已经导致罗阳嘴中起泡、鼻内肿痛、嗓子干痒，现在甚至出现了眩晕和站不稳的状况。他赶忙扶住桌子，闭上眼睛，静了几分钟后，身体才渐渐恢复了常态。

18日8点，罗阳登上“辽宁舰”，把行李放好后，便来到塔台。白天，他跑遍了试验监测的各个工作岗位，查看了所有环节的准备情况，梳理分析了各检测点反馈的情况。大家见他面带倦容，纷纷劝道：“罗总别着急，休息一会儿，喝口水，离飞机起降试验还有数日，时间来得及。”他微笑着摇摇头，认真地说：“我是来工作的，不是来作秀走过场的。我刚上舰，需要尽快了解有关情况，否则，就没有发言权了。”

“辽宁舰”有22层甲板、300多部直梯、3000多个舱室。罗阳的主要工作是做好舰载机和航母的协调、航母舰载机后续保障工作等。他5次进入舰载机机舱，与大家商讨歼-15上舰后的维修保障工作，审查工作预案。

航母030207舱室是罗阳的居室，这个房间的灯光每天都要亮到凌晨才熄灭。他白天寻访驾驶室、塔台、机库、武器库、锅炉房的情况，把解决问题的措施记在随身带着的小本子里。他总是拿着这个记满了数据和符号的小本儿，始终不离身。在这个本子的封底上，罗阳写下了14个字：航空报国从来不是荣誉，而是责任。

按规定，新研制的飞机移交试飞中心后，生产单位可不派人员上舰。但罗阳牵挂着承载着他和沈飞集团理想的“飞鲨”战机，为了让“孩子们”以后更加健壮，飞得更稳、更高、更快、更远，他总是亲临现场零距离地观察和感受飞机的状态。因为只有通过零距离的感受和观察，才能掌握实际情况，制定切合实际的科学措施，为进一步后续优化工作打下坚实的基础。

人们能从电视中看到舰载机在航母上轻盈自如地起降，但在航母甲板上的人员，则要承受着巨大的噪音和气浪。非测试人员通常会在噪声相对小的地方活动，但罗阳总要尽可能地靠近飞机的着陆点和起飞位置观测着舰的落点和状况、起飞的轨迹和姿态。他忍受着飞机起降时发动机发出的令人心脏发颤的、震耳欲聋的巨大轰鸣声，抵近观察，生怕漏过任何细节。

22日14点30分，在狭窄的通道里，身材高大、热情友好的罗阳与解放军摄影记者迎面相遇。他扶了扶眼镜，主动侧身让行，微笑着指着摄像机说："以前进行着舰试飞都不公开，更没有摄影，看来这次要公开报道啦！全国人民如果从电视中看到祖国的舰载机矫健的英姿，一定会欢欣鼓舞、纷纷热议。"记者看着身穿工作服的罗阳，出于礼貌微笑着说："老师傅辛苦了，您是哪个部门的？"罗阳乐呵呵地回答："我是航空部门的。"这时有人介绍说："记者同志，他不是什么老师傅，而是大名鼎鼎的沈飞集团的老总，歼-15战斗机就是他的'孩子'。"罗阳笑着摆摆手，对记者说："我是罗阳，'飞鲨'凝聚了沈飞集团全体员工的心血，是共和国当之无愧的舰载机长子。记者同志，我不多说了，看明天'飞鲨'的表现吧。沈飞人信心百倍，这源自创新设计和科学制造的优势。我这次来主要是实地观察'飞鲨'的起降情况。这次舰载机着舰试验，举国瞩目，祝你们工作顺利。""罗总对不起，刚才不知道是您，失敬！我们都很敬佩您，希望试验成功后您能接受我们采访。"记者充满歉意地说，但紧接着话锋一转，"您一直很低调，约过几次，您都不肯接受我们采访，所以不认识您。这次试验成功后，请您不要再推辞了，我们希望留下一段历史资料。”“再商量，再商量……”罗阳说完，挥手与记者们告别。

按计划，11月23日是正式启动歼-15舰载机着舰起降试验的日子。为了这一天，中国人民期盼、等待了上百年；罗阳呕心沥血、忘我奋斗了30个春秋。22日夜里，由于兴奋，虽然他身心异常疲劳，但却毫无睡意，头脑中犹如放电影一般，飞机起降全过程的各个镜头不断闪现……同时，因天气预报预测次日风力转弱，雪天转晴，罗阳又担心天不遂人愿，影响试验计划顺利进行。

23日凌晨不到6点，罗阳便拖着沉重的身体爬上甲板，仰望天空，观察天相和风力风向。风小了，雪停了，东方天际露出了一抹“鱼肚白”。“天气预报真准，我们可以试飞了。”罗阳自言自语。此时他心里的太阳已经升了起来，笑道：“天公作美，今天是个好天气，我们的‘飞鲨’不仅能飞翔，更要一飞冲天，巡游万里！”

他精神振奋地登上航母甲板右侧的舰岛，极目远望，心情愉悦，又感到如履薄冰，没有闲情逸致欣赏风景。航母上，飞机的起落平台的面积不足陆地机场的十分之一，且处于运动和颠簸状态，舰载机要平稳、精准起降，绝对是对飞行员技能和心理的巨大考验。面对即将上演的“刀尖上的舞蹈”，他虽然表情镇定自若，但心理压力巨大。

8点30分，罗阳感到自己的手心微微发潮，他像慈父般激动地等待着共和国舰载机的长子——歼-15的正式起降试验。

全副装备的飞行员端坐机舱，等待着起飞的信号。头戴帽盔、身穿黄色外套的飞行助理下蹲屈身，左手握拳放于腰际背后，右臂上扬，指向舰艄方向。

“飞鲨”战机蓄势待发，微微颤抖，缓缓滑动，然后瞬间提速，呼啸着跃离航母甲板，机身略有下降，随即昂首直刺长空，盘旋远飞。罗阳望着矫健平稳且越来越高远的歼-15迷人的魅影，紧张的心情，渐渐平静下来。

9点03分，天海间时隐时现地出现一个黄色斑点，由远而近慢慢向航母靠近——这是一架准备着舰的歼-15飞机。人们纷纷仰头遥望，相互议论。罗阳瞪大眼睛，目不转睛，心跳加快……

1000米、500米、300米、200米，航母甲板上飞行助理用手势指挥着，舰上的降落指示灯闪烁着，跑道已经清空，等待着歼-15降落。

歼-15进入环型航线，开始降低高度和速度，接着放下起落架、襟翼和空气减速板，最后俯冲着抵临甲板，伸出阻拦钩……发动机的轰鸣声震天撼地，“嘭！”的一声，精准地降落在飞行甲板上，尾钩似鹰爪，准确无误地牢牢抓住阻拦索，瞬间降速，稳稳停住，缓缓归位。“试验成功啦！”“我们中国终于有了自己的舰载战斗机啦！”顿时，人群欢呼雀跃，互相击掌、热烈拥抱。罗阳也跳了起来，热泪盈眶！

50分钟后，蓝天中又一架歼-15战机由远而近飞过来，身影似空中芭蕾舞，优美动人，忽然，它俯冲急下，然后稳稳地停立在甲板上。在这个过程中，罗阳的心情像过山车一般，期待、兴奋、紧张……

每架歼-15战机的起降，罗阳都亲自观看和记录，他尽可能地靠近飞行甲板，不仅用眼睛观察，还要用耳朵听、用心感受。罗阳离飞机的距离大约只有20米，飞机着舰时若有意外，后果不堪设想，但是他不顾个人安危，始终在现场近距离观察每架次着舰、复飞。

当天试验结束后，罗阳与科研人员一起整理测试数据，对比飞机技术指标与设计参数。此时，他隐隐感到浑身乏力和心悸、胸口憋闷，他认为这是疲劳和情绪波动造成的，没当回事，也没有找医生检查。

17点，罗阳参加试验总指挥部例会，手里拿着厚厚一摞数据表认真审看，将关键数据记在小本上。机械系统，正常！电传系统，正常！液压系统，正常！通信系统，正常！他底气十足地说：“同志们，我们的舰载机为中华民族争光啦！”

晚饭后，罗阳与歼-15总设计师孙聪一起散步，探讨后续改进升级计划，他对怎么创新发展、完善哪些技术、强化哪些基础设施建设等方面谈了自己的思路，对中国舰载机事业的明天充满憧憬。

20点，罗阳手里拿着小本子，来到舱室，敲开试飞部门负责人的房门说：“飞行员同志，你们辛苦了。你们在飞行操作中，对性能的感受如何？对驾驶室的舒适度感觉如何？体征数据有哪些变化？”

21点，罗阳再次参加指挥部会议，直到子夜；回到卧室又查看资料，为第二天的工作做各项准备；次日凌晨才熄灯，但头脑里仍不断地思考着各种问题，无法入睡。

24日上午，他们又连续进行了三架次的飞机起降试验，又是一系列严峻的身心考验……12点03分，最后一架参试飞机稳稳地停在航母甲板上，这标志着中国首次舰载机着舰试验取得了圆满成功，圆了几代中国航空人让战机从陆地向海洋延伸的梦想。从将军到列兵，从专家到员工，大家纷纷涌上甲板，忘情地握手拥抱……

从此，中国研制的歼-15舰载机具备了与世界现役舰载机并驾齐驱的能力！罗阳的泪水夺眶而出，一时竟泣不成声。他面对大海忘情地呐喊："我们的'飞鲨'成功地飞了起来！沈飞集团的员工都是好样的！"

"庆功会一定要办得喜庆、隆重，晚饭可以上茅台！"下午，罗阳给岸上的领导班子成员打电话通报喜讯，嘱咐要搞好次日下午的庆功会。

当天晚上，罗阳没有参加舰上举行的庆祝活动，而是拉着好友孙聪总设计师坐在航母的旋梯上谈论工作。他信心满满地说："我们要尽快将试验中的先进技术和先进管理经验应用到沈飞集团公司的生产管理中，尽快制定出落实方案和具体措施。在现代企业管理方面要与时俱进，在生产制造设备方面要达到国际一流标准，我们沈飞集团要努力成为世界级的引领者。"

午夜时分，罗阳关灯休息。不知是兴奋还是劳累，他感到全身燥热、乏力、出汗，有时还伴有恶心，甚至感觉天旋地转。他认为自己可能是感冒发烧了，便静静躺在床上，等待天亮。

25日上午，"辽宁舰"将返回大连港口。平时在舰上，罗阳不到6点便起床，这天，他没按时起床。8点过后，同事关切地问："罗总，您怎么了？是不是感冒发烧了？需不需要叫医生为您检查一下？”他缓缓地摆摆手，轻声说道：“谢谢，我感觉身体有些不舒服，胸口闷得慌，喘气有点费力。我没事，再躺会儿就好了，不用叫医生。”

8点30分，“辽宁舰”拉响了短促汽笛，快靠岸了。人们纷纷跑上甲板，举目向码头眺望。航母离码头越来越近，码头上传来了锣鼓声、鞭炮声。罗阳站在舰岛上，对着朝霞中的航母甲板上的歼-15，又恋恋不舍地望了一眼……

9点，“辽宁舰”停靠在码头3号泊位，人们开始离舰。罗阳拖着行李箱缓缓走出舱房。一名海军战士见他满脸倦意、步履略显蹒跚，便主动上前要帮助他提行李箱。罗阳微笑着说：“谢谢，我自己能行。”走到舷梯口，他吃力地迈了几级台阶，实在无力再上台阶了，只好停了下来，不好意思地又回头主动请小战士帮自己提行李箱。小战士一边帮助拿行李，一边搀扶着罗阳来到了甲板上。他疲惫地跟在队尾，走下“辽宁舰”扶梯，一反常态，没有与战友们拥抱，没有欢呼雀跃，只是疲惫地微笑着与大家握手，因为没有拥抱战友的力气了。他上车时向同事们无力地挥挥手，给大家留下憔悴的背影。

在前往大连宾馆的路上，罗阳感到身体已经虚脱。他手捂心口，气喘吁吁地对沈飞集团公司党委书记谢根华说：“我感到不舒服，看来不能参加中航工业集团下午举办的庆功会了，请您代表沈飞集团出席吧。”

9点30分，罗阳一进宾馆的房间，便无力地横躺在床上。大家见状关切地问：“罗总怎么了？”他闭着眼睛回答：“胸口难受，睡一觉就好了。”这时，谢根华书记毫不犹豫地叫来救护车，将罗阳抬上车。救护车向大连市友谊医院疾驰。寒风里，汽车呼叫着飞奔着，几公里的路程，谢书记却感觉无比漫长，催促司机："师傅快点，再快点！"

望着脸色苍白、呼吸急促的罗阳，谢根华既心疼又难过，自言自语道："老罗，你都累成啥样啦！你这不是在工作，简直就是在拼命！老罗，你一定要挺住，我们马上就到医院啦！一定要挺住，老罗！"

9点40分，急救车离医院100米左右时，罗阳已经无法正常呼吸，他眼眶发红，嘴唇干裂，面色蜡黄，进入昏迷状态。医护人员立即在医院门口的大厅中实施急救。

心肌梗死抢救的黄金时间是发病后的30分钟，而这30分钟里，罗阳只呼出一口长气，在后面两个多小时的抢救中，那颗遭受急性心肌梗死、心源性猝死双重打击的心脏大面积梗死，再未在监护仪上画出一道颤波。医生全力抢救了3个多小时，无力回天。

12点48分，沈飞集团的罗阳，中国人民的罗阳，来不及与亲人道别，来不及拥抱等待他凯旋的战友，来不及再看一眼机库里整装待发的战机……倒在了振兴中国航空事业的岗位上，他用生命的火炬引领中国"飞鲨"展翅高飞！

他在中国航空工业步入辉煌之际以身殉职，用壮美的生命践行了无怨无悔的人生初心，将英名镌刻在中华民族复兴的历史画卷上。"人固有一死，或重于泰山，或轻于鸿毛"！我们的罗阳以身殉国，他的死比泰山还重。

当天晚上，新闻联播播发了新闻——中国"辽宁号"航空母舰顺利完成了舰载机起降训练任务，舰载机适配性能良好，达到了设计指标。

## 英雄回家

罗阳用生命诠释了什么叫不忘初心和“科技强国”情怀。他伟岸的身躯倒下了，但中国舰载机腾飞了。航空英雄罗阳的陨落，让我们感到遗憾的同时，心灵也得到了洗礼。

罗阳去世后那几天，沈飞集团公司办公室灯光彻夜通明，似乎在为“回家”的罗总导航。大家翻遍资料库，也没找到适合的照片作为他的遗像。身为领导数万人的国企老总，罗阳却一向谦逊低调，既没有标准像照片，也没有采访影像和工作影像。

为了给罗阳的遗体换上正装，大家在他行李箱中翻找，发现只有那件海蓝色夹克——沈飞集团工作服。他原想身着这件工装出席25日下午的庆功会。人们只好含泪把这件海蓝色工作服给他穿上，也许，这是最合适的，因为罗总永远是“沈飞人”！

25日傍晚，中国航空工业集团公司董事长林左鸣，护送罗阳的遗体从大连返回沈阳。航母“辽宁舰”鸣响汽笛，官兵列队在飞行甲板上，以崇高的军礼给他送行。原计划是直接将罗阳的遗体送到沈阳龙岗殡仪馆，但沈飞集团的工友们请求领导一定要让“我们的罗总”再回家看看，于是车队改变了行进路线。

20点，护灵车队进入沈飞集团大门，大家把上千辆私家车排列在跑道两侧，打开大灯，照亮罗总“回家”的路，所有汽车同时鸣笛，寄托对罗阳的哀思。

“深切怀念我们的好经理——罗总！”“我们的罗总一路走好！”沈飞集团张开双臂，拥抱航空英雄凯旋！

车队缓缓通过厂区门口、办公楼和生产车间，沿着罗阳生前工作过的地方行进。寒风呜咽，痛悼英雄离去。沈阳飞机设计研究所门前“航空报国”四个大字，见证了航空英雄梦想的出发点。

灵车驶出厂区之后，有人突然想起了罗阳的老母亲，在这最后时刻，沈飞人应让他们母子“再见一面”，免得给英雄的母亲留下遗憾。

当灵车从罗阳母亲所住房子附近的道路上缓缓驶过时，浩荡的车队熄灭大灯，停止鸣笛，无声无息地驶过。当人们看到老母亲为儿子安装的路灯闪闪发光时，不禁潸然泪下。

罗阳的母亲住在三楼，窗口临街，房间里面灯光明亮，电视里正在播放一台庆典晚会。老人已听儿媳说，儿子今晚回家。79岁的母亲怎会想到，此时此刻，自己唯一的儿子罗阳就在窗外的道路上，以独特的方式向她告别。

那一夜，天空阴暗，雪花飘飞，银屑满地。

11月26日，中共中央总书记习近平对罗阳的不幸逝世表示悼念。

11月29日清晨，雪后天晴。在沈阳市街头，寒风笼罩着哀伤。出租车的电子显示牌上，打出“罗阳一路走好”的字样。人们陆续去参加航空英雄罗阳的追悼会。

在沈飞集团公司的车间里，工人们悬挂出“请罗总放心，我们一定会完成您未竟的事业”的条幅；在街头，市民们在树上扎起白花寄托哀思；在网上，人们为罗阳设灵堂，点蜡烛，献花。有人这样写道：在民族复兴之路上每前进一步都充满艰辛，付出的有汗水，有泪水，更有热血。为祖国献身的人永垂不朽！

8点30分，罗阳的家属来到回龙岗革命公墓。走在前面的是罗阳心爱的女儿罗靓，她捧着父亲的遗像低声啜泣；在她后面的是罗阳的妻子王希利，她步履艰难而沉重。来自军队、地方和航空业界的各级负责人、罗阳的同事、好友、社会各界民众三千余人参加了遗体告别仪式。

鲜红的党旗覆盖在罗阳的遗体上，他的遗容很安详。10点，追悼会及遗体告别仪式在沈阳市回龙岗革命公墓回龙厅举行。10点30分，各界人士三鞠躬，向心目中的楷模——英雄罗阳告别，向家属表示慰问。

遗体告别仪式结束后，沈飞集团公司数千员工依然举着黑白横幅，在寒风中不肯离去。“我们的罗总是为了沈飞而生，也是为了沈飞而死。”沈飞的员工一致表示，“我们的罗总倒下了，但他钟爱的沈飞集团越来越强大，凝聚着他‘科技强国’梦想的飞机将越飞越高、越飞越远。虽然我们的罗总走了，但我们和沈飞的‘航空强国梦’还在！”

2012年11月26日，中央组织部追授罗阳同志“全国优秀共产党员”称号；27日，中华全国总工会追授罗阳同志“全国五一劳动奖章”；28日，人力资源和社会保障部、国务院国资委追授罗阳同志“中央企业劳动模范”称号，国务院国有资产监督管理委员会党委追授罗阳同志“中央企业优秀共产党员”称号；30日，民政部评定罗阳同志为“烈士”。

2012年12月17日，罗阳同志先进事迹报告会在人民大会堂举行。2013年11月25日，在罗阳逝世一周年之际，塑像在中航工业总部大厦前落成。

没有自然科学的民族，决不能在现代立得住脚。除造就科学致用人才外，尚谋树立一研究科学之中心，以求中国之学术独立。

——叶企孙

# 热爱祖国　献身科教

——记我国高分子专家、核化学家汪德熙院士

20世纪50年代初成立的中国科学院原子能研究所（代号401所）是我国核科学、核科技、核工业的摇篮，引领中华民族跨入了核时代。这里是科技人才荟萃的殿堂，走出了七八十位中国科学院院士和中国工程院院士。

## 他是谁

1968年秋，北京天气燥热，令人心烦意乱。一天下午4点多，我从401所职工子弟小学放学回家，途经老区（全所职工居住地分老区、新区和基建三个区域）平房时，无意中看到几位相貌神态和精神气质不俗的中年男人正吃力地搬运石块，往300米外的下水沟里填倒，旁边还有两个戴着红袖标的“造反派”手持棍棒来回巡查，不时趾高气扬地呵斥着干活的人。

我感到好奇和疑惑，这些搬石头的人为啥涨红着脸、气喘吁吁、直腰小跑？这情景定格在我脑海中，多年以后还常回想起

来。后来，我到农村插队搬运石头时恍然大悟——搬运重物时，憋气、咬牙、小跑，既省力又高效。

当时，有一位中年男子，中等身材，健康敦实，方额大脸，头发浓密且卷曲，浓眉大眼，皮肤白皙。他的汗水顺着两鬓流淌的样子令人难忘。我好奇地驻足观看，发现他在搬运石头途中，忽然停下脚步，弯腰放下石头，从裤兜中掏出用纸包着的白色香肠，向四周环视一下便坐在石头上紧张地大口吃起来。还没吃几口，一位30来岁的"造反派"怒气冲冲走过来，挥舞着棍棒吼叫："谁叫你停下来吃东西的？你真是懒驴上磨屎尿多，一干活儿就想方设法偷奸耍滑，赶紧起来搬运石头！告诉你，完不成今天的任务，别想下班，别想吃饭。晚上写检查，明天交给我。"说完，还踢了他一脚。

"同志，天气这么热，劳动强度又这么大，我中午胃疼没吃饭，如果现在再不吃点食物，恐怕没体力搬石头了！"他解释道。

"少废话，谁跟你是同志！谁叫你中午不吃饭的？活该，马上起来干活儿。""造反派"用木棍指着他的鼻子厉声喝道，"马上起来搬石头，否则我就不客气了！"

他将手上的香肠塞进嘴里，鼓着嘴，喘着粗气，抱起石头，直起身板，又小跑起来……

他是谁？是干什么的？为什么蹲"牛棚"？他还在继续搬运石头吗？这成了我挥之不去的困惑和记忆。

20世纪80年代，我调到中国原子能科学研究院（下称401所）党委宣传部工作。一天上午，我在院机关大楼（20号楼）二层会议室意外地见到了童年记忆中那个搬石头的人，更令我意外的是，我得知了他是副院长、院科技委主任、高分子化学家、我国核化学化工事业主要奠基人之一——中国科学院学部委员汪德熙院士。

当我把童年记忆中的他与汪德熙院士画上等号时，感到十分欣喜。有一天，我冒昧地闯进汪老办公室，自我介绍后，将埋藏于心里的好奇和疑问和盘托出。他静静地听着，渐渐地瞪大眼睛，露出诧异的神情……

"汪老，您当时搬运石头的情景令我记忆深刻。"我告诉他，"我还记得监督你们干活儿、踢您一脚的那个'造反派'，在北区（401所工作区域）食堂工作，是炊事员。"

"那个'造反派'也被你认出来啦！后来我听他们领导说，他厨艺不错，工作也挺认真的。你说的这些事儿都过去了，过去的事就让它过去吧！"汪老淡淡一笑。

一年后，有关部门为了更好地梳理和完善汪老的工作履历，组织上安排我做进一步的了解、核实他前往八路军冀中根据地的背景、过程以及在那里所从事的重点工作，并且整理出一份材料。此前，我多次向他询问过这方面的情况，但汪老总是三言两语一带而过，这回总算答应认真配合我的工作。因为汪老白天的工作总是排得满满的，所以约我晚上到家里详谈。那天晚上7点半，我来到老区3号楼，轻轻叩响了汪老的家门……

汪老的爱人吴云为我端了杯茶，便转身离开书房。吴云曾任401所分析化学研究室化学分析组组长、副研究员、期刊编审。吴云承担了全部家务，为丈夫全力以赴地工作提供了良好的后勤保障，几十年如一日。

“你一直对我1938年到1939年在八路军冀中根据地研制炸药打击日本侵略者的事情感兴趣，我今天努力做到有问必答，配合你完成组织交办的工作。”汪老开始回忆起血雨腥风、战火纷飞的抗日战争年代。

## 峥嵘岁月　鲜为人知

1937年年初，东北军53军116师647团团长吕正操率部驻扎到河北省徐水。5月，经中共北方局批准，他按照蒋介石缩编东北军的命令，带领一个营到石家庄与119师654团的两个营合编为130师691团并任团长。卢沟桥事变后，日本帝国主义发动了全面侵华战争，他们团在永定河的防线被日军突破后，转移到梅花镇并成功地进行了一次伏击战。休整期间，广大官兵对国民党的不抵抗政策深恶痛绝，不愿意继续随国民党军队南撤。吕正操报经党组织批准，在晋州市小樵镇毅然率领该团公开脱离国民党军队序列，自主改编为“人民自卫军”，高举旗帜北上抗日，建立了以任丘县（今河北省任丘市）为中心的冀中根据地。根据我党的指示，这支部队建立了八路军冀中军区并被改编为八路军第三纵队，吕正操任司令员，王平、程子华先后任政委，孟庆山任副司令员，孙志远任政治部主任。

冀中根据地位于北平、天津、保定、石家庄一带，犹如一把钢刀插入日寇心脏。为了拔除这个心腹之患，日军采取了重兵包围、严密封锁、反复扫荡等手段。由于斗争环境异常艰险，战斗十分残酷，军民伤亡惨重，在这种情况下，根据地急需武器弹药、通信器材、医疗器械和药品等，尤其需要技术人员。

八路军兵工厂用硝、硫、炭等原料来制作弹药，这种靠原始方式生产的黑炸药，威力小，难保管，有些地雷和手榴弹因受潮变成“哑弹”。

为了扭转这种被动局面，八路军兵工厂开始自力更生、因陋就简地研制新型炸药，但因为缺乏设备及技术人员，试验中多次发生爆炸事故，造成多人伤亡，研制工作被迫搁置。如何解决设备、材料和人才难题呢？冀中军区司令员吕正操想到了北平和天津高校的师生，于是命令冀中军区二分区参谋长张珍秘密潜入北平等地，动员高校师生到冀中根据地帮助研制炸药，并募集资金，购买实验生产设备、医疗器械和药品等。

张珍原名张学渊，曾经是辅仁大学的化学系教师，接到吕正操的命令后，他潜回北平找到辅仁大学的同学孙鲁，秘密动员技术人员和大学生到八路军冀中根据地工作，尤其想动员理论基础扎实、实验能力强的熊大缜（熊大正）去根据地。熊大缜当时正在协助叶企孙[①]教授在天津处理清华大学南迁的善后工作，并准

① 叶企孙，名鸿眷，字企孙。1907年进入敬业学校读书，1911年进入清华学校学习（其后设立的大学部为现清华大学），1918年留学美国，1920年6月获芝加哥大学理学学士学位，1923年6月获哈佛大学哲学博士学位。抗战初期，在他的倾力帮助下，熊大缜、胡达佛、阎裕昌（门本忠）、张瑞清、李广信（李琳）、祝懿德、葛庭燧、何国华、张方（李度）、刘维、林风、李猛（朱南华）等200多位教师和学生秘密进入冀中根据地，协助八路军研制武器、弹药、通信器材等，为民族解放战争做出了特殊贡献。叶企孙1947年当选为中央研究院院士，1955年被选聘为中国科学院首批学部委员（院士），他是中国近代物理学研究和教学的奠基人之一。

备在完婚之后出国留学。

1937年年底，孙鲁在天津英租界找到熊大缜，勇于担当的熊大缜听说八路军要研制炸药、生产武器，当即决定推迟婚期，暂不出国，到冀中根据地去，为民族解放事业贡献力量。

熊大缜认为自己能力和影响力有限，难以号召和组织更多的学者和学生前往冀中根据地，他建议孙鲁说："你只有请叶企孙教授出面协调，才能更好地落实这项艰巨的任务。""国难当头，国事为重。"叶企孙教授了解情况后，果断地说："大缜，我支持你到根据地去。如果需要的话，我愿意到八路军冀中根据地。你放心去吧，我暂时不离开天津，在这里为你和八路军做好后勤工作。你到那边以后，需要购买什么设备和器材，及时告诉我，我会想办法尽快解决。"

"25岁的熊大缜是叶企孙最得意的门生，也是他精挑细选的助教。作为导师，叶企孙深知熊大缜若出国深造，前途将不可限量。"汪德熙回忆道，目光和表情中流露出敬佩之情，"熊大缜和我是北平师范大学附中的同学，他从清华大学物理系毕业之后，考取了叶企孙教授的研究生。熊大缜是江西省南昌冈上月池熊家人。卢沟桥事变后，清华大学南迁，叶企孙教授留下来负责图书资料和仪器设备的抢运工作。但抢运工作尚未完成，日军就占领了清华园。熊大缜陪同叶企孙教授转移到天津，在英租界戈登路清华大学同学会建立了临时办事处，协助师生和家属自津南下昆明。"

1938年3月，北平地下党帮助熊大缜秘密潜入冀中根据地，先任军区修械所技术员，后任印刷所所长，他的专业才干和敬业精神深得吕正操司令员赏识，不久被任命为军区供给部部长。他上任后立即筹建技术研究社，有计划地开展烈性炸药、地雷、雷管和无线电通信器材的研制。

八路军在白洋淀得到了山西军阀阎锡山尚未运走的氯酸钾，这是制造烈性炸药的原料，熊大缜利用这批氯酸钾开始研制烈性炸药。因缺乏实验设备和专业人员，在试制过程中，事故不断地出现。有一次，炸药厂按一硝、二磺、三木炭的比例和程序制造氯酸钾炸药，干透的氯酸钾与硫黄混合时发生爆炸，把院子夷为平地，工作人员全部牺牲。血的教训让熊大缜清醒地意识到，要完成炸药研制，急需购买设备，急需专业人员。为了有针对性地开展工作，他冒险潜回天津，请叶企孙教授寻找化学专业人才、实验人员。叶企孙不顾病体，要求亲自到冀中根据地帮助攻关，在弟子们的极力劝阻下，只好请最优秀的实验员阎裕昌前往根据地。阎裕昌欣然受命，化名门本忠，在八路军兵工厂研制炸药等工作中发挥了重要作用。

叶企孙按照熊大缜列出的物资清单，通过多种渠道张罗资金，想方设法购买了制造雷管所需的化学原料和铜壳、制造电雷管所需的铂丝和控制爆炸用的电动起爆器等材料，多次冒着生命危险帮忙把物资运进冀中根据地。为了民族解放、国家独立，他四处筹款，甚至将自己多年的积蓄全部捐给了八路军。

“叶先生在天津秘密从事的抗日救国工作的风险，可以说比去冀中根据地面临的风险还大。他以向死而生的气概，在民族生死存亡之际，毅然带领师生们共赴国难。”汪德熙多次强调，“在日本法西斯白色恐怖统治下的天津，从事抗日活动随时都可能招致杀身之祸。叶教授的爱国之心天地可鉴。”

1938年5月的一天，叶企孙教授专程从天津秘密回到北平，找到了化学系讲师汪德熙，动员他去冀中根据地协助熊大缜研制烈性炸药和爆破器材等。

汪德熙毫不犹豫接受了叶企孙教授的提议，同意前往冀中根据地。他首先到北京图书馆查找文献，发现用植物油和矿物油可以稳定氯酸钾，还找到了一本实用价值很高的书——《高级炸药学》。为了不让家人担心，他谎称到天津协助叶教授教书。后来他与家里的联系，主要是靠请叶企孙每月寄去一封提前准备好的家信和薪金来维持。

为了躲过敌人的层层封锁和严密盘查，汪德熙特意学会了“我是基督徒”等几句日语，还到教堂观摩牧师的言行举止、购买牧师服装等，摇身一变成了基督教传教士。他从北平乘火车到保定，再由我党地下交通员引领和护送，于1938年7月进入冀中根据地。

八路军冀中军区供给部技术研究社位于任丘县的楼堤村，研究社当时的全部设备只有一个火炉以及一些铁砧、铁锤等。技术资料是汪德熙从北平带来的马瑟尔著的英文版《高级炸药学》，该书介绍了各种炸药的研制方法。他担任技术研究社负责人，技术人员由当地教师张奎元和几位有一技之长的八路军战士来充当。

在汪德熙的带领下，炸药厂因陋就简，土法上马，日夜进行试验。1938年年底，炸药厂以氯酸钾为主要原料，不仅研制出了烈性炸药，还研制了电雷管等引爆装置。

一天，八路军内线情报显示，当晚会有一列日军军列将驶过平汉线。八路军决定用新研制的炸药，为日寇军列举行一次轰轰烈烈的“葬礼”。

为确保首战告捷，他们制定了“双保险”的夜袭方案——在保定南北方向各设一个爆破组实施攻击，南边由汪德熙指挥，北边由军陶瑞负责。

作为研制炸药的核心人物，汪德熙被八路军视为不可多得的“宝贝”，本来是不能上战场的。但八路军的工兵部队刚组建不久，战士们当时对武器的使用还不熟练，他们大多是文盲，听不懂电雷管、氯酸钾炸药的原理，汪德熙只好手把手地教授他们如何使用，并要求他们把动作要领背下来。

汪德熙指挥八路军工兵把12个炸药筒埋到了一根铁轨下面，并且把铁轨旁边的一棵树选作起爆的标志物，他当众示范了如何插接雷管，随后把电线拉到了200米远的玉米地里。

子夜时分，一辆日军汽车沿着与铁路平行的土路开过来，还向周围的树林和玉米地发射照明弹并胡乱开枪，这是在进行火力侦察。后来，铁路上传来隆隆之声，一辆装甲巡逻车疾驰而来，在距离汪德熙他们埋伏地点约500米远的地方停下，用探照灯四处照射观察。汽车和装甲车都是日军派出来为军列打前站的。

夜幕尽头，铁轨上出现了一个移动的亮点，后边是一条移动的黑影，它顺着铁轨爬过来，越来越近。汪德熙目不转睛地注视着军列，因为这是他第一次参加实战，他的心怦怦狂跳，双手紧握着起爆器，待车头一到那棵树跟前，便猛地按下起爆器。

只听见一声巨响，列车车头顿时跳跃着冲出轨道，侧翻在铁道旁，瞬间燃起熊熊大火。后面的车厢则歪七扭八地挤作一团，爆炸声此起彼伏，火光映红了半个天空。

这次炸毁日军军列的行动宣告了八路军拥有了与侵略军威力相当的炸药。用这种炸药制造的地雷、手榴弹、炸药包、炮弹让日寇坐卧不宁、胆战心惊。

一位美国外交官到冀中根据地考察时，曾疑惑不解地问："你们八路军真有本事呀！竟然拥有和美国一样性能和威力的炸药！你们这里是不是有美国设备和美国专家？"他回国后在报纸上撰文，盛赞冀中根据地的地雷可与美国的相媲美，八路军已经掌握了世界上最先进的炸药制造技术。

缴获的氯酸钾很快用完了，兵工厂面临"巧妇难为无米之炊"的尴尬局面。吕正操司令员要求科技人员自主研制新型炸药，不仅要满足八路军的作战需要，而且要求炸药的性能更优。于是，汪德熙、张方和在天津的林风开始联手制造TNT炸药，他们遇到的最大难题是缺乏生产炸药所需的原料。

一天，农民使用的肥田粉引起了汪德熙的注意，看过说明书后，他眼睛一亮，计上心来，连声对张方说："我有办法解决研制TNT炸药的原料问题了——让日本人为我们源源不断地提供用于消灭他们的战略物资！"

汪德熙的专业知识告诉他，肥田粉的主要成分是硫酸铵，只要通过若干工艺流程，经过一系列化学反应，硫酸铵可以转化为硝基化合物，再经过化学"升级"反应，就可以转化为TNT炸药。他立即将工作方案上报军工部，吕正操司令员即刻拍板同意研制。

在日军统治下的沦陷区，伪政府为了征收更多的粮食，榨取更多的财富，强行配售价格昂贵的肥田粉。战乱中的农民难以负担，只好纷纷逃离家园，造成土地闲置，化肥严重滞销。但时隔不久，化肥的销售量又开始持续上升，原来大部分肥田粉都被农民转卖给八路军了。

汪德熙亲自指挥大家进行试验，从肥田粉中提炼硫酸铵，再通过化学反应和工艺流程，探索合成TNT炸药的可行性。但肥田粉杂质多，提纯过程复杂，冀中根据地不具备试验条件，研制工作不得不停了下来。如何克服这个难题呢？他们想出了一个绝妙的办法：用英文写信给在北平、天津的教授们，请他们利用学校的试验设备、材料进行试验，找到正确的工艺流程和关键数据后，再把结果告知根据地。

汪德熙他们通过这种方式，在日军眼皮子底下频繁地与北平和天津的专家进行沟通交流，中外专家心照不宣地积极进行试验，努力帮助解决各种“学术问题”。这些信件由敌占区的“关系户”以平信的方式寄出，日伪机构虽然会对信件一一进行检查，但通常会放行。因为这些信件涉及的内容，都是回乡学生与教授们交流的学术问题，都是化学反应方程式，所以日伪检查人员始终看不出其中的端倪。就这样，北平和天津的专家们持续地将制造TNT炸药的方式方法传授给了汪德熙等人。

同时，汪德熙、林风、张瑞清、熊大缜、葛庭燧等人多次冒着生命危险穿越日军封锁线，潜回北平、天津等地，通过各种途径购买雷管、无线电元器件等物资。1939年秋，汪德熙他们开始批量生产黄色炸药（TNT），这种炸药不仅威力大，而且便于塑形、方便携带、安全可靠。

冀中八路军军工部炸药厂的规模迅速扩大，很快达到2000余人，能大量制造地雷、手榴弹、复装子弹、掷弹筒弹，能修理各种枪械。熊大缜、汪德熙等多次受到吕正操司令员嘉奖。

1938年年底，张大煜先生任西南联合大学化工系主任，他邀请汪德熙前去担任助教。这时，冀中根据地的炸药研制和生产已经走上了正轨，汪德熙经过慎重考虑，决定南下昆明协助导师工作。张方等纷纷劝他留下，反复强调这里的工作离不开他。

“八路军炸药厂制造炸药、雷管的‘种子’已经开花结果，同志们可以独立完成各项生产任务，我离开炸药厂不会影响生产。”汪德熙对张方等人表示，“我要进一步学习和深造，努力掌握国际上最先进的科学技术，将来才能更好地报效祖国。”

1939年年底，汪德熙挥泪离开了战斗一年多的热土，南下昆明。

## 北京胡同走出的科学家

江苏省灌云县板浦镇的秀才汪寿序，号雁秋，性格开朗，喜读晁错的《论贵粟疏》，关注农业，反对封建专制，支持民主共和。清末因积极支持孙中山的民主共和革命运动，谋得北洋政府农林部主事（相当于科长）一职，1912年携全家北上，定居西四附近的胡同里。

袁世凯称帝的复辟活动导致军阀混战，政府部门职员往往拿不到薪水，即便能领到，微薄的工资也难以供养一家人，汪寿序无奈之下只好四处借钱。每逢年关，总有人上门讨债，他不得不采取拆东墙补西墙的办法来度过“经济危机”。

生活的艰辛、社会的动乱，让汪寿序感到心灰意冷。令他欣慰的是，几个儿子健康活泼，学习成绩优异，他便把未来的希望寄托在儿子们身上，期待他们将来学有所成，光宗耀祖。身为秀才，他坚信“万般皆下品，唯有读书高”的古训，想让孩子们通过发奋学习，改变汪家的命运，所以，他特别注重培养和塑造孩子们良好的习惯和品德。在浓厚的学习氛围和尊老爱幼的家庭传统的熏陶和影响下，四个儿子从小便养成了良好的学习习惯，待人接物有礼有节。每当听到同事们夸奖“你的儿子一个比一个聪明，日后都能成为大人物”时，他心里便喜滋滋的。多年以后，同事们的预言变成了现实，他的三个儿子成了国家的栋梁之材——长子汪德耀是生物学家，曾任厦门大学校长；次子汪德昭是中国科学院声学研究所所长，中国科学院院士，曾被誉为新中国“八大科学家”之一；三子汪德熙为本文的主人公，是我国高分子化学家、核化学家，中国科学院院士。

1913年9月27日，含辛茹苦的汪寿序，在北京西四胡同家中怀着忐忑不安的心情迎来了第三个孩子汪德熙。在父母眼里，汪德熙聪颖过人，性格沉毅，言行有度，兴趣广泛，不管对什么玩具，他都会反复琢磨，捣鼓半天，还常常向父亲和兄长提出五花八门的问题。每当父亲与同事下围棋时，他便饶有兴趣地静静观看。一次，父亲的同事在下棋时见他十分专注，似乎能看出谁占上风，便问：“你喜欢下围棋吗？”

“叔叔，我喜欢。”他盯着棋盘回答说。

“你敢跟我下吗？”父亲的同事继续逗他，“叔叔想与你下棋，你愿意吗？”

“叔叔，那咱们先下一盘棋试试好吗？”说着，汪德熙爬上了凳子，眼睛盯着棋盘，小手拿起棋子开始在网格中“排兵布阵”。

本来父亲的同事只是想逗逗他，没想到汪德熙却认真了，并且毫无惧色。几步棋下来，这个棋坛老将发现这个童子不仅会下棋，而且还会运用一些大人下棋时才用的套路。后来，他对汪寿序说：“后生可畏，用不了多长时间，咱们都得甘拜下风。”从此，父亲开始有意识地培养这位儿子，常常主动和他下棋，一开始会让九子、七子……后来一子不让，因为双方水平已经旗鼓相当。

## “三大学者”之一

1929年夏末，北平师大附中新生名单如期发榜。早晨不到8点，父子俩已经来到了学校，汪德熙拨开了里三层外三层的人群，抬头扫视墙上的榜单。

“爸爸，我考上了，第一名！第一名！”他回头兴奋地拉着父亲的手说。瞬时，齐刷刷的目光聚拢过来，他不好意思地低下了头。当晚，家里像过年一样，父母满面春风迎送道贺的邻里、同事。但他从父亲布满笑容的脸上看到了隐隐的愁云，心头不由地一沉，是不是家里经济拮据，付不起学费？

客人走后，父亲把家庭窘境实话告诉了他，但又安慰他不必担心学费的问题，一再强调总会有办法的。次日清晨，父亲便出门去了，汪德熙知道，父亲是借学费去了。他还清楚地记得，前两年大哥出国留学前，父亲已经向同事借了一笔钱，现在还没还上，这次还能借到钱吗？

父亲一天水米未打牙，被多家婉拒后，身心疲倦不堪，但仍不肯放弃，直到傍晚，才借到学费。

这件事让汪德熙倍加珍惜学习的机会，决心不辜负父亲的殷切期望，要用优异的学习成绩回报家人。上课时他专注听老师讲课，积极思考问题，放学回到家中首先完成作业，然后预习第二天的课程。

北平的寒冬，教室内滴水成冰。一个火炉散发的热量，不能满足师生们取暖的需求，同学们的手脚常常被冻僵。下课后，一个男生端来一脸盆凉水，往炉子里泼去，另外几个男生把烟筒堵上，屋子里顿时乌烟瘴气，令人窒息。他们以为这样一来，老师就会让大家放学回家，课就不上了。但这种恶作剧的目的自然瞒不过老师，老师把全班学生通通赶到没有火炉的教室里上课。上课时，有的同学不断地搓手、跺脚，有的同学窃窃私语、发牢骚，而汪德熙始终跟着老师的思路认真听讲，频频举手回答老师的提问，受到了老师表扬。

汪德熙的学习成绩很优秀，文体活动表现得也很出色，特别是器乐和歌唱方面的才能，是出了名的，因此他被同学们戏称为师大附中“三大学者”之一。同学纪念册上有段1931年的文字：

汪德熙平日最喜读书，考试成绩总是名列前茅。余曾议君日后之成就，询诸汪伯烈先生（该校老师），先生不假思索，决然曰："未来之学者也。"其为先生所推重如此，亦足以自豪矣。

末尾的署名是"昮"。"昮"是这段留言的作者、汪德熙的同学孙昌昮。这段描述是对汪德熙未来的预测，在一次"将来人物"的评选活动中，全班26位同学对他未来人生职业的预言出齐地一致：教育家、科学家。

汪德熙上学的路途比较远，父母让他乘坐电车，但他舍不得花钱，坚持步行；家里每天给一角钱让他吃午饭，他舍不得吃肉丝面，天天以素汤面充饥。这样节省下来的钱可买一双鞋，新鞋能穿半年，修补后再穿半年。

中学时，汪德熙特别喜欢化学、历史、音乐这三门课程。他对于化学课的钟爱，始于一堂课。在那堂课上，化学老师讲到了范旭东、侯德榜这两位科学家、实业家如何创办了中国第一家大型化工企业——"永利"碱厂，怎样把英国"老洋"牌碱挤出了中国市场。当时，在各行各业中，中国唯制碱行业可与列强并驾齐驱，甚至能引领世界制碱行业的发展，这让汪德熙感到震撼、自豪，决心成为像范旭东和侯德榜那样"为国争光的科学家、实业家"。而其他两门课之所以令他着迷，也各有原因：中华民族悠久而辉煌的历史令他深感振奋和自豪，激发了"科技救国、科技强国"的初心，历史课上的见闻增强了他学好化学课的决心；

音乐课让汪德熙感到心旷神怡，他本身具有很高的音乐天赋，其优美动听的歌喉是公认的“金嗓子”。

1931年高中毕业时，他报考了清华大学化学系，并且以前十名的成绩如愿以偿。大学期间，民族危机日益加重，这也成为他努力学习的动力，“科技救国、科技强国”的志向进一步坚定。

1935年，汪德熙大学毕业后，报考了清华大学研究院，成为著名化学家张大煜教授的研究生。经过调研和思考，他将毕业论文的题目定为“用农村纤维素原料制人造丝纸浆”。之所以选此高难度工业化学研究课题，是因为当时日本的人造丝纺织品充斥中国市场，而中国没有自己的人造丝原料。通过试验，他用电解还原法制备有机化合物，用转动电极改善了染料合成中扩散速度迟缓的问题。他用农村常见的纤维素原料（芦苇、玉米秆等）制备高级纸浆，将碱法蒸煮改为两步碱法蒸煮。

有些口头上高喊爱国的人，对倾心科研工作很少上街参加游行示威的汪德熙进行讽刺挖苦：“此乃国家危亡之时，怎么还有心思搞研究？你还是热血青年吗？还算是爱国学生吗？”“面对日寇铁蹄的践踏和国民党政府的腐败无能，我无回天之力，只能用化学专业知识去改变国家纺织工业落后的局面。”汪德熙不喜欢说大话，想用行动促进国家进步和社会发展，他强调：“我不喜欢那种借爱国的名义为自己谋利的行为。爱国不是喊口号，要有实际行动。爱国是多层面的，上街游行示威只是爱国行为的一个方面。科技救国、科技强国也是爱国行为。”

执着、坚韧、勇于担当、敢于创新的品德和精神，让他的科研工作不断深入，他创造性地将碱法蒸煮优化为两步碱法蒸煮，节省了耗碱量和漂白所需的氯含量，使纸浆的α、β、γ纤维素含量完全符合人造丝用纸浆质量标准，达到国际水平。1937年年初，汪德熙发表了《关于农业纤维素原料用两步法制高韧性纸浆》《有机物电解还原》等论文，获得了硕士学位。

正当汪德熙意气风发准备进一步推进这项科研工作时，日本帝国主义悍然发动了“七七”卢沟桥事变，侵华战争全面爆发。导师张大煜从国外购买的铂金制喷头，在运输途中被敌机炸毁，导致汪德熙试制人造丝的工作计划被迫中断。中国备受帝国主义蹂躏的落后现状，进一步坚定了他“科技救国、科技强国”的人生理想和振兴中华的奋斗目标。

1938年年初，汪德熙在北平受聘为中国大学化工系讲师。不久，他南下云南省昆明市，任西南联合大学化工系助教，协助张大煜教授开展教学和科研工作。张教授认为汪德熙在化学科技领域具有很大的发展潜力，因此鼓励他报考清华大学赴美公费留学生。汪德熙凭着扎实的基础和良好的心态，以第一名的成绩如愿考取了清华大学赴美公费留学生。

1941年8月，他告别了战火中的祖国，告别了家人，告别了恋人，登上轮船不远万里来到了美国马萨诸塞州的麻省理工学院，在化工系攻读博士学位。这个黄皮肤、黑头发、长相清秀的中国学子，以流利的英语和优异的成绩赢得了师生们的好感。

更令人称道的是他取得的科研成果。珍珠港事件爆发后，美国参加了第二次世界大战，这导致美国出现了物资匮乏的局面，军用物资尤其紧缺。比如甘油，它是生产、保养和维修汽车、装甲车、飞机、舰艇等不可或缺的战略物资。随着战争进入白热化阶段，甘油的需求量持续扩大。汪德熙将自己博士毕业论文的研究题目聚焦到全新的化学物质——辛硫醇上面，他通过创新思维和改善工艺流程，反复试验、科学总结，利用电解还原葡萄糖的方式，制造出了质优价廉的辛硫醇，为解决甘油短缺找到了工业化生产途径。他的论文受到专家们的高度评价，但却未能公开发表。

1946年，汪德熙获得了麻省理工学院化工专业博士学位。不少美国院校向他伸出了橄榄枝，许以最好的科研设备和优厚的薪酬。汪德熙认为，多灾多难的祖国刚从日寇的铁蹄下解放出来，国家建设急需科技人才，这时回国正是实现“科技救国、科技强国”理想的最佳时机。

在准备回国期间，他到美国波士顿一家高分子（塑料）工厂工作。汪德熙发现，在木材加工过程中，有大量的下脚料被丢弃，不仅浪费，还会造成环境污染，实在很不科学。为了变废为宝、美化环境，他反复进行试验，先将木材的下脚料用酚醛树脂液浸泡，然后经过升温热压等工艺处理，最后压塑成质地优良的木材代用品，其色彩和性能酷似中国的红木。厂方用其制作了各种工艺品和各类工具，比如小锤子等，很受市场欢迎。汪德熙回国时，老板特意赠送给他一把精美的小锤子以作纪念，并表示工厂的大门永远朝他开放。

# 南开大学教授

1947年1月，学成回国的汪德熙来到华北最大的工商业城市天津。国统区通货膨胀，民不聊生。这使身为南开大学教授的他对国民党深恶痛绝。

辽沈战役结束后，国民党政府败局已定。有关当局不止一次找到汪德熙，许以高官厚禄动员他南迁，却被他一一婉拒。此时的他，早就做出了理性选择——原地等待，迎接共产党，建设新中国。1938年进入冀中根据地时，他就强烈意识到，只有中国共产党才能挽救中华民族，只有中国共产党才能拯救灾难深重的祖国，只有中国共产党才能领导全国各族人民建设现代化的新中国，只有中国共产党才能实现复兴中华民族的伟大梦想！

在欢庆天津解放的鞭炮声中，汪德熙组织师生们走上街头，载歌载舞欢迎解放军。在校园的欢庆活动上，他满怀喜悦地演唱了《解放区的天》《我们的队伍向太阳》等歌曲。

“新中国为知识分子施展科技强国的报负提供了广阔的舞台。”这是他的心声，他要以实际行动践行他的初心和理想。

# 桃李满天下

1947年，刚刚回国的汪德熙尽管收到了国内多所大学的聘书，却毅然选择了南开大学，并受聘为该校的化工系教授。他引进了麻省理工学院先进的教学方法，将国际上最先进的化工理论和工艺流程教授给学生们，颇受学生的欢迎。

1952年，汪德熙出任天津大学化工系主任。上任后，他着力强化教学工作，努力打造具有全国影响力的化工系，并亲自主讲化工原理、化工热力学、工业化学及计算、化工经济权衡和高分子化学等课程。20世纪50年代末，该系每年为国家培养300名毕业生，成为国内著名的化工系。

调入401所之后，为了更好地培养人才，汪德熙亲自编写教材，并让一批相关专业的科技人员转入核化学领域。改革开放初期，为了帮助年轻科技人员提升英文水平，他在401所创办英语辅导班，强化他们的口语能力，取得了很好的效果。1980年年初，他看到我国核科技、核工业缺乏后备人才，感到忧心如焚，便找到所党委书记李毅和物理学家王淦昌、戴传曾院士等人，联名给核工业部写信，建议尽快设立培养核工业高级研究人才的基地，筹建研究生院。

1985年，核工业部研究生院在中国原子能科学研究院成立，汪德熙院士出任核工业部研究生院主任。他呕心沥血，到处奔波，从设备到教师，从制度到教材，他都亲自过问和一一落实，并编写了化工热力学等教材，为研究生院的建立倾注了无数的心血。

1986年，中国核工业研究生院开始招生。在明亮的教室里，研究生们以敬畏的目光注视着讲台上的汪德熙。“同学们，你们好！”满头银发的汪德熙院士双手撑在讲台上，身子微微前倾，把求知若渴的学子们带进化工热力学的世界。

研究生们知道汪院士的英语功底深厚，便请求他用英语讲课，他欣然答应，因为这样可以尽快提高学生们的英语听力和口语表达水平。对此，有人劝他说："您年纪大了，适可而止，以身体为重。"他笑道："尽管这么做需要付出更多的精力和时间，但我感到很快乐，研究生是未来的栋梁之材，我有责任为年轻人铺好路，好让他们早日成才。"

研究生院创办初期，聘任的100多位教授中仅有10位是专职的，其余均由各单位和院校的研究员、教授兼任。面对师资力量不足的情况，汪德熙院士勇挑重担，既是教学工作的引领者、管理者，又是教学活动的实践者、承担者，他出色的工作能力得到了师生们的一致好评。

学生们每次向他做汇报时，总是提心吊胆，担心自己思路不清楚、不周密而被治学严谨的汪德熙问得张口结舌。汪老对学生的报告批阅得总是仔细又及时。

一年又一年，德高望重、高瞻远瞩的他，在核燃料循环及分离技术方面培养了一批批硕士和博士，为中国核科技、核工业的发展储备了人才，桃李满天下。

## 科技服务国民经济

新中国诞生伊始，国民经济千疮百孔，百废待兴。政府在财政异常困难的情况下，依然给南开大学拨出可观的科研经费，这让汪德熙欣喜若狂。他以国家建设需求为导向，确定科研课题，亲自调研、论证和设计，组织攻关，亲自参加实验。

1956年3月，汪德熙光荣加入了中国共产党。“这是我政治生命的新起点。然而，要从思想上真正入党是一辈子的事情。”他将自己的世界观、人生观、价值观提升到全新的高度。4月，他受邀参加了中共中央宣传部召开的省委、市委宣传部和文教部科学工作座谈会，并在会上做了题为“化学材料和燃料的新用途”的报告，深入浅出地介绍了有关内容，获得了好评。

同年，汪德熙应邀参加《十二年科技规划》的制定工作，主持了“稀有金属”“钛冶金”两个专题的编写，被评为“预见性强”“水平高”。

20世纪50年代，我国钢铁的产量、品种和质量与经济发展、社会进步严重脱节，这成为制约国民经济建设和社会发展的重要因素，研制替代钢铁产品的任务被提上了工作议程。身为高分子化学家，汪德熙踌躇满志地成立了聚酯树脂小组，利用邻苯三酚和糠醛聚酯合成热固性塑料和不饱和聚酯，并在此基础上开展了不饱和聚酯玻璃钢的研制。他在研制中发现，这类玻璃钢大制件在室温条件下的加工成型是关键环节，所以必须控制不饱和聚酯的聚合速度，使反应物能在室温条件下聚合固化，同时得让反应速度不能过快，若过早固化将无法加工。攻关小组夜以继日地反复试验，用控制引发剂、促进剂及在反应物中增加浓度等方法，有效地控制了聚合反应速度，终于研制出了邻苯三酚和糠醛制备塑料。使用这种塑料加工出的小汽车外壳，不仅强度高而且外形光亮。他将在不饱和聚酯塑料研制中的科技成果撰写成多篇论文，并发表在国际刊物上，受到了国际同行的关注。

1959年国庆节前夕，德高望重的朱德委员长亲自参观了由这些新材料制造的汽车，还在汽车前照了相，并连连夸奖："好！好！没想到我们国家能在国际上首创这类玻璃钢。"该成果被列为新中国"建国十年来高分子化学研究成就"。

为庆祝新中国成立十周年，根据上级要求，汪德熙他们制作了一条漂亮的红色玻璃钢小船。毛主席、周总理在钓鱼台国宾馆请苏联领导人赫鲁晓夫乘坐过这艘小船。

正当汪德熙教授准备在高分子化学领域和培养高等专业人才事业上大显身手之际，一纸调令改变了他人生发展的方向。"我的科研课题，我的教学工作，我那魂牵梦绕的天津大学……"汪德熙对这一切难以割舍！

## 隐姓埋名

1958年中国首座原子能反应堆——101重水反应堆在401所建成运行，反应堆以裂变链式反应释放出强大的核能，宣告中国进入了原子能时代。当时，天津大学化工系在全国高校化工系中已经声名鹊起，但该系每年最优秀的毕业生往往去向不明，令汪德熙颇感疑惑。

1960年冬季的一天，汪德熙刚从讲台上走下来，便接到一个电话，是崔副校长找他。他挂了电话匆匆来到副校长办公室，开门见山地问："崔校长，您找我有什么事？"

"恭喜您，汪教授！"崔副校长神情有些沮丧地说，"您中了头彩，二机部来函，要调您到北京，重新安排工作，明天就去报到。”

“去北京报到，二机部重新安排工作？”汪德熙疑惑地问，“为什么叫我去？调我去干什么？我的科研工作和教学工作安排得满满的，我走得开吗？学校领导什么意见？”

“为什么，干什么，校领导一概不知。”崔副校长实话实说，“学校当然不想‘割爱’，但国家需要你，只能服从大局，忍痛割爱。”

“崔校长，您知道我正在开展一项位于国际前沿的课题研究，投入了很多心血，而且取得了重要进展，我哪儿都不想去。”汪德熙继续强调，“请组织出面说明情况，撤销调令。”

“汪教授，您的想法我能理解。学校何尝不想留住您呢？既然您不愿意调动工作，学校愿意再与二机部沟通情况，我认识二机部人事局的领导，明天我们俩一起去北京，把您的意见和实际困难讲清楚，可能会有转机……”

次日清晨，汪德熙和崔校长心急火燎地赶到北京，满以为有理由让二机部撤回调令。一路上崔副校长还安慰汪教授说：“我与二机部干部局局长是老同学，应该问题不大，您就放心等我的好消息吧！”

位于三里河的二机部机关大楼的大门普普通通，可门内戒备森严。他们来到传达室领取进门凭证后，崔副校长只身走进了戒备森严的大门。汪德熙独自在大门外等候。站久了，脚冻得生疼，他不时地跺着脚，但眼睛始终盯着大门口。

“终于把您等出来了。”汪德熙一见从大门出来的崔副校长便快步迎了上去，急切地问，“崔校长，事情办得怎么样了？我可以留在天大继续工作了吧？”

“汪教授，您去报到吧，这是国家任务！不允许任何组织和个人讨价还价。您是党员，执行组织决定吧！”崔副校长像泄了气的皮球一样，无可奈何地摇摇头说，“不行啊，老汪，领导要求您立即到招待所待命。工作调动手续由我去办理，您先到二机部招待所住下，等候安排。”

住进北京东城区和平里二机部招待所之后，这一待就是两天。他焦躁不安地找到招待所领导问：“这算什么，风风火火让我来，又晾着我？我不能在这里浪费时间，我得见部长。”第二天上午，401所党委副书记、副所长李毅登门来访，他先做了自我介绍，随即满含歉意地说：“汪教授，让您久等了！二机部副部长、401所所长钱三强同志原计划亲自来，但临时出国了，二机部部长宋任穷同志特意让我先来向您道歉，他今天下午要见见您。”

下午，李毅陪同汪德熙来到西城区三里河，在二机部机关大楼二层见到了宋任穷。宋部长充满歉意地对他说：“德熙同志，见到您这位抗日英雄，我感到很高兴，让您等了好几天，是我们工作安排得不周到，实在对不起。您是著名化学家，一定清楚原子能工业体系中化工系统具有举足轻重的地位和作用，您能不能从核化学专业的高度统筹分析，看看我们在这方面工作中还有哪些方面是不完善的，还有哪些问题是亟待解决的？”

“宋部长，我举个不太恰当但能说明问题的例子，应该是缺厕所吧。”汪德熙形象地说，“我们要建设完整的核工业体系，不可能像只进不出的瑞兽——‘貔貅’那样吧！一定要有后处理系统与之配套。否则，会造成严重的生态问题。”

“宋部长您看，我们请来的汪教授果然是内行！”一位副部长看着宋部长插话道，然后又转过来对汪德熙说，“我们正在为‘厕所’的问题谋划调研。”

“我国核工业已经起步，自然离不开后处理系统。如同人不仅要摄入、消化、吸收，也要排泄，你愿意开展后处理系统研究、建设、使用工作吗？”宋任穷部长站了起来，双眼望着汪德熙。

“宋部长，我愿意！”汪德熙也站了起来，“我坚决服从党组织安排，请领导放心。”

翌日，他早早起床，准备前往中国科学院原子能科学研究所接受新任务。早饭后，他不时地在房间里转来转去，多次抬腕看手表。

嘀嘀，嘀嘀，汽车喇叭声把他从沉思中唤醒。汪德熙和李毅乘坐银灰色伏尔加牌汽车驶过卢沟桥时，他迷惑不解地用胳膊肘碰了碰坐在身边的李毅，小声问：“李所长，这是要把我拉到哪儿去？这周围都是农田，再往前就进山啦！”

“别着急，汪教授，再等会儿就到401所了。”

汽车越跑越快，一直向西南奔去。不知过了多久，汽车转入一个岔道，穿过围墙进入院门，经过几道军人把守的门，终于停在一座大楼前。走进401所接待室，所党委书记郑林一边握着汪德熙的手，一边主动答疑解惑：“怎么样，汪教授，觉得路程远吧？我第一次来的时候跟您的感觉一样，这个所的工作性质决定了它不能靠近城市。”

这时，门外走进来一位30来岁的高个儿男子，他恭恭敬敬地来到郑书记面前，微笑着点点头。“汪教授，这位是刘允斌同志，留苏学化工的，是第十研究室主任。”郑林书记指着刘允斌向汪德熙介绍道。

刘允斌，中华人民共和国主席刘少奇同志的长子，脸庞和五官都明显带着他父亲的相貌特征。汪德熙微笑着站起身，与他紧紧地握手。

“欢迎您，汪教授，郑书记安排我来接您，请允许我陪您先转转，熟悉熟悉情况。”刘允斌神秘地对汪教授笑道，“一会儿您可能会对我们的工作内容和工作人员感到惊讶。”

刘允斌的神秘表情让汪德熙感到好奇。身为化工专家，他一走进实验室，就感到这里不愧是国家重点项目。实验室虽说是改建的，但实验设备是国内最先进的。他边走边打量，突然停住脚步，将目光停留在一个正在做实验的青年身上——这不是自己去向不明的学生吗？这位青年也因为忽然见到汪教授而感到惊异和兴奋，下意识地问候道：“您好，汪教授。”

汪德熙对试管中的黄色沉淀物感到很好奇，就问：“这是什么化合物？你在做什么实验？”

“这是……我……”这位年轻人一时张口结舌，转头怔怔地望着刘允斌，不知所措，似乎是在请示“我是回答还是不回答？如果回答能实话实说吗？”

“对自己的导师还保密，这说明大家都能严格遵守保密制度，认真执行保密纪律！”刘允斌朗声笑道，“告诉你，汪教授是来领导咱们进行科技攻关的！”学生惬意地一笑：“汪教授，我不说您也能猜出来，这是铀矿粉末。”

第二天，二机部副部长兼401所所长的钱三强同志来所里宣布了部党组决定：任命汪德熙为401所副所长，负责化学线的建设和后续工作。

作为副所长，汪德熙的首要任务是按计划推进301工号（核燃料后处理生产线）的建设。这项工程对中国科技人员来说是前所未有地时间紧，任务重，要求高。

既来之，则安之。除了每周回天津大学一天，讲授无法推辞的课程外，汪德熙把其余时间都投入在核燃料后处理生产线的建设上。当时，我国核工业体系初步形成，但还不完备，特别是后处理系统尚未完成，建造301工号是为了解决钋-210、各种放射源、氚的提取和生产等后处理问题。

科技人员发现这位汪副所长不仅业务精湛，而且在工程建设中特别爱“较真儿”，敢于承担责任，工作雷厉风行，在对待技术指标和工程质量问题方面决不通融。

有一次，在301工号安装工作会上，汪德熙听到技术人员反映，苏联专家帮助设计的设备出现了弱放废液蒸发器出入口位置颠倒等问题。他对此十分重视，立即亲自查看设计图纸并当即拍板：“改，马上修改！修改设计方案后再施工。”

不料，施工公司担心自己承担责任，提出了不同意见：“这是苏联专家帮忙设计的，如果我们擅自修改设计方案，出了问题谁负责？”“修改设计方案后再施工，谈何容易，如果延误了施工工期，不能按时交付使用，谁负责？”“如果有关部门和领导公开表态或承诺，修改设计方案后如出现问题承担全部责任，我们可以服从上级的决定，等你们修改设计方案后再安装。”

“同志们，这是设备安装，不是儿戏，不能只想着建设进度，设计错误必须修改！这项工程是全国人民拿金子堆出来的，我们必须对国家和人民负责。”汪德熙火冒三丈，拍案而起，“出了问题我负责，我立军令状！”

汪德熙立即来到所党委书记郑林的办公室，开门见山地说：“有错必纠，我愿意立军令状。”郑书记微笑着说：“科技上的问题，您是专家，您认为应该怎么办就怎么办。修改设计方案后的工作成就是你们的，如果出现失误，我负全责。科学工作一定要实事求是，始终坚持科学精神，我支持你们。”

汪德熙指导科技人员连夜完成了原设计方案的修正，并未影响次日的设备安装。安装设备时，由于施工方在质量意识、工作经验等方面的淡薄和不足，造成贮存强放废液的大罐外表擦伤。对此，施工单位几次以抢进度为由，要求汪德熙网开一面：“汪所长，大罐的擦伤不会影响质量，希望不要追究安装公司的责任！”“汪教授，肯定是我们的责任，请您原谅我们一次，保证下不为例！”

安装公司的请求都被汪德熙断然拒绝，于是有人说风凉话：“没见过这么较真儿的，一点儿情面都不给。”“科学家怎么成了死脑筋，事情都是可以变通的。”“认死理儿，没有一点儿人情味儿！”

“我想，你们知道‘世界上怕就怕认真二字，共产党就最讲认真’这句话是谁说的。”汪德熙很平静地说，“在我的工作字典里，从来没有什么‘变通’或‘下不为例’。”

从此，无论是施工公司还是设备安装公司，再也没有出现过质量问题。

## 点火中子源

1962年，401所承接了核武器引爆系统——点火中子源的研制任务。为了确保按时完成任务，401所在汪德熙、何泽慧、刘允斌的领导下，组织精干队伍，分成三个科技小组，从三个方向同时开展科研攻关。

三个科技小组分别从不同路径开展调研和论证，形成了三个不同的原子弹引爆中子源设计方案，同时开展科学试验。有一次，汪德熙召开专题汇报会，三个小组分别汇报了设计思路和试验进展，其中503小组工作方案进展顺利，该组要求以本组的设计方案为重点研制对象，加大工作力度，加快研制进程。会后，他组织科技人员深入三个小组调查分析，进一步掌握情况。结果发现，503小组设计方案虽然进展顺利，但引爆装置制备等工作尚处在方案论证阶段；而王方定（后来当选为中国科学院院士）小组的设计方案、实现路径和原料制备均进展顺利，引爆装置也取得可喜进展，更具科学性、针对性、可行性和操作性。因此，该方案得到了汪德熙的高度关注和充分肯定。

三个攻关小组都在由芦苇和黄泥搭建的简陋工棚里夜以继日地进行试验。冬天，飕飕作响的西北风吹透泥墙，实验室内滴水成冰，大家穿着棉大衣仍冻得瑟瑟发抖，不停地搓手、跺脚；夏日，房间里一丝微风也没有，太阳烤着焦油毡盖成的房顶，实验室像蒸笼一样，温度居高不下。放射性物质的剂量大、毒性大，为确保安全，科技人员进入实验室需要穿三层防护服，一会儿便大汗淋漓，常常出现脱水和中暑的情况。

一个盛夏的中午，汪德熙匆匆从401所机关20号楼办公室走下楼，三步并作两步地来到101反应堆附近的实验室，推门而入。

按照安全规定，他先穿上一套白粗布的联合工作服，再穿上一件白大褂，然后再系上一条橡皮围裙，脚上套一双高筒胶靴，手上戴一副长胶皮手套，脸上蒙上塑料泡沫材质的防护口罩。等到汪德熙“全副武装”穿戴整齐后，汗水已经湿透衣裤。当他出现在大家面前时，人们不约而同地说：“汪所长，这么热的天，您怎么来啦？”“汪所长，您赶快回办公室吧，时间长了会脱水的！”“汪教授，您有什么要求，打电话就可以了。”

“你们怕我热，难道你们不怕热？难道你们不怕脱水吗？我来就是要亲自感受一下大家的工作环境，看看能为你们解决哪些难题。”他坚持和大家一起做试验。

第二天，实验室里多了两台电风扇。当时，电风扇非常稀缺，只能为昂贵的设备服务，科技人员无权享受。这两台风扇是汪德熙从实验室回到办公室后，专门写申请批给工作人员的。

要想制备特种中子源，就要合成化学性质极其活泼并带有放射性的化合物。冬去春来，日复一日，科技人员不断探索，创新发展。王方定他们设计了专用的密封室、气体净化循环使用系统，采用了新的气体分析方法。经过多次试验后，所合成的特种材料的组成，与原始样品的组成相比，在可允许的误差范围内是一致的。1961年7月，该小组提前完成了点火中子源合成工作。引爆中子源的研制成功，对核武器的研制意义重大。另外两个小组的工作方案和研制工作也被证明是科学可行的，并且在有关工作中得到应用。比如氚工艺成果对二机部404厂生产氚提供了生产和分析控制方法；又如钋的制备技术为核武器试验提供了大量中子源和模拟中子源。在汪德熙的领导下，这三个攻关小组可谓旗开得胜，全面开花，收获颇丰。

## 走中国技术之路

1963年春，二氧化铀、四氟化铀和六氟化铀的分析任务与核爆当量放化测定等任务相继下达。

当时，我国后处理工艺仍然沿袭传统方法，不能连续操作，还费时、耗能、产量低。于是，汪德熙决定研制和摸索全新的设备器材、方式方法、工艺流程，确保满足核工业对核燃料的需求。在他提出自己的意见和建议后，人们形成了两种意见：一种观点认为传统方法虽然落后，但是保险；一种意见认为即便冒一点儿险，也要采用先进技术。

一时间，关于后处理工作思路和工艺流程的争论异常激烈，双方各抒己见，僵持不下，所领导于是将两种意见同时上报二机部审定。

一天，二机部领导约见汪德熙，听取他的理由和意见。汪教授从核工业发展需求和科技能力方面出发进行陈述，证明中国科技人员有能力创造出新工艺、新方法。“汪教授，您看采用新方法行不行？请您组织一个调查组，经过调研和论证后，再上报调研报告。”

汪德熙立即组织401所、二机部二院、404厂和清华大学等单位的专家，进行调查和科学论证。在对调查结果进行分析论证时，意见依然无法取得一致，大家经常争吵得面红耳赤。他既是调研和讨论的组织领导者，又是研讨交流的专家学者，在论证会上，他用大量的科学数据证明了新的工作思路和新的工艺是科学可行的。在科学思想、科学精神、科学方法的指导下，大家的思想认识逐渐达成统一。不久，调研小组将工作报告上报二机部，并得到批准。他立即组成攻关小组，实行“三班倒”，不分昼夜进行试验。4个月后，他们完成了新法流程的热试验，为工艺流程设计提供了可靠的数据，确保了生产线按时投产。

1964年，汪德熙当选为第三届全国人大代表。同年10月16日15点，伴随着一声巨响，中国西北戈壁滩深处腾起直冲云霄的浓烟烈焰，一朵蘑菇云在天地间盛开。随后，一架银灰色飞机飞向北京，将首次核爆炸的样品送到401所301工号。经过溶解、分析、鉴定，测试仪器上出现了一行行清晰的黑色数据，当数据映入汪德熙教授眼帘时，他严肃的神情立即被笑容所取代。

首枚原子弹爆炸后，汪德熙率领科技人员先后完成了爆炸当量的测定，以及核材料的燃耗、裂变产额的分析等一系列检测任务。随后，后续的原子弹、氢弹、中子弹等试验任务接踵而来，而且都是时间紧、任务重、要求高、风险大。汪德熙运筹帷幄，带领精兵强将，圆满地完成了各项任务，为国防建设做出了历史性贡献，一步步坚实地实践着“科技报国”的梦想，一步一个脚印地实现了“科技强国”的理想。

作为我国独立完成的核燃料后处理萃取法流程和氢同位素分离流程研究的主要组织领导者之一，汪德熙在核化学领域不断创新，将科学实践上升为科学理论，先后著有《化学在国民经济中的作用》《轻水堆核燃烧循环中的若干化学问题》《同位素分离与核科学技术》等核化学专业的工具书。

## 再接再厉　再立新功

1964年3月，我国一线核物质后处理生产线研制工作告捷后，二线军用钚-239的后处理生产线的设计任务又提上了工作日程。核燃料在分离、汇聚、提纯过程中，核武器在核爆炸后，都有一部分未充分裂变反应的乏燃料，需要后处理系统进行善后。401所作为我国最早开展后处理研究、设计和试验的科研单位，责无旁贷。在启动这项重大国防科研项目之前，汪德熙力排众议，主张废弃沉淀法，改用萃取法来生产军用钚-239。

汪德熙在与二机部副部长钱三强探讨军用钚-239的生产工艺路线时说：“钱副部长，您知道沉淀法不能连续运转，经济效益及选择性不如萃取法。资料显示，美国生产钚的方法已准备改为萃取法。我们也应该采用技术先进的萃取法。”汪德熙以国家的战略需求和沉淀法的主要缺陷为突破口，说明自己的观点。

“如果萃取法的技术可行，我当然同意选用全新的萃取法。您先组织调研，看看是否有采取萃取法技术路径的条件，发动大家献计献策，研讨论证。”钱三强说，“我们必须做好‘两手’准备，确保按计划生产钚。”

汪德熙的意见引起了轩然大波，不同声音不绝于耳：“汪教授，您的意见肯定不行，苏联专家曾说，他们曾试过萃取法，但乳化结果一塌糊涂，根本无法分离，只好继续沿用沉淀法。理论上可行，不代表生产上也可行。”“如果萃取法失败了，不仅影响国防建设，还劳民伤财，谁承担负责？谁又能承担得起这个责任？”

“同志们，方案是我要求修改的，一旦工作出现失误，我承担全部负责！为了提升我国后处理科技水平、中试工厂能力和经济效益，我愿立军令状！”汪德熙掷地有声地说。

应该采取哪种方法生产钚呢？科技人员各抒己见，各方争论激烈。汪德熙总是耐心听取大家的意见，不时地提出一些问题：“我们讨论采取沉淀法或是萃取法的目的是什么？”“你们支持沉淀法的科学依据是什么？”“你们赞成萃取法的科学理论和技术数据是什么？”他引导大家理性思考和科学论证，用科学数据说话，不断地统一认识。

汪德熙带领401所、核二院、清华大学等单位的专家在北京、东北、上海、湖南等地考察了十余家工厂和科研单位，调研、分析、论证了铀水冶与钍水冶的乳化问题、溶剂问题和萃取设备问题等，获得了一系列的科学数据。在调查基础上，他们多次讨论和反复论证，进行经济性比较，形成了最终的调研报告。他信心满满，明确表示："萃取法的关键是解决水相和有机相混合后的乳化问题，而这些难题我们可以解决。经过测算，如果采用萃取法，不仅可以有效地提高工作效率，缩短建设工期，还能为国家节约2亿元经费！所以，我们要毫不犹豫地选择萃取法。"

1964年10月，401所将采用萃取法的工作方案上报二机部审批。年底，在审查沉淀法中试工厂设计后，部领导决定同意中试厂改用萃取法。

这项重点军用科研课题的科技、经济、生态意义明显。汪德熙对承担这项课题研究深感光荣和自豪，更感到责任和使命重大，他组织了技术攻关突击队，仅用4个月就完成了试验，证明了乳化问题不影响分离，萃取法是可行的。

汪德熙立即组建由401所、清华大学、设计部门和工厂联合组成的突击队开展试验、设计和建设等工作。

夜深人静，繁星高挂。实验室灯光明亮，冷试验紧张有序地进行着。突然，搅拌用的两排空气脉冲管中间有一个接头断掉了，为了安全起见，试验立即停止。操作手册规定，在冷试验中需要两排脉冲管搅拌机，才能满足试验需求。现在坏掉了一排，仅剩一排脉冲管能正常工作，这能满足试验要求吗？在时间紧、任务重、要求高的情况下，发生意外事故怎么办？大家的目光都集中到汪老身上，只见他镇定自若地拨通电话说道："喂，汪家鼎同志，请继续进行冷试验，看看用一排脉冲管可否完成两排脉冲管的搅拌工作！"负责现场试验的汪家鼎放下电话后立即恢复冷试验。次日清晨，试验结果表明：一排脉冲管可以保质保量地完成两排脉冲管的搅拌任务，热试验可以继续进行。

“我们恢复热试验，大家不要有思想包袱，要轻装上阵，全力以赴。”经过60天的全要素反复试验，突击队克服了一个又一个难题，萃取法生产试验终于获得了成功。从此，在每次核爆之后，未完全裂变的物质通过萃取法再次变废为宝，华丽转变为核燃料。

1968年1月，萃取法中试工厂一次投产并达到了设计要求。这项重大科技成果比原计划节约资金3.6亿元和千余吨不锈钢，而且具有可连续操作性，使我国核燃料后处理事业跨上新台阶，达到国际领先水平。

“汪老，您取得这么辉煌的科技成果，真令人羡慕。”有一次，我崇拜地对汪德熙院士说，“您当年被组织安排转行时，想到过会取得如此巨大的科技成果和经济效益吗？您现在还后悔吗？”

“我当时百分之百地不想转行，因为金属与高分子结合的课题研究令我倾心、迷恋，而且取得了可喜进展，不知道这辈子还有没有机会再搞这个项目的研究工作。”他双眼深情地望着远方，没有正面回答我的提问，然后话锋一转，“付出的牺牲虽然巨大，但非常值得，因为我实现了国家、单位、个人三者利益的统一，我在核化学舞台上实现了‘科技报国、科技强国’的理想！”

1978年，汪德熙领导完成的“辐照核燃料后处理的萃取工艺”科研项目获全国科学大会“重大科技成果奖”。

# 蹲“牛棚”“五七”干校

正当汪德熙如鱼得水地投身于核化学事业之际，突如其来的“文化大革命”使社会陷入无序状态，科研单位成了重灾区。

“汪德熙，你要老老实实交代国民党特务的罪行。”“汪德熙，你必须交代清楚是怎样充当美帝特务的。”“汪德熙，你要反省走资派、反动学术权威的问题。”1966年冬，他被停职并勒令交代“特务”问题，随后被抄家。留学时和外国师生的合影，以及在国外出版的书籍、唱片等都成了“特务”的证据，他被拉去游街、批斗，然后又被关进了“牛棚”。

“莫名其妙，让我交代‘特务’罪行！难道到冀中根据地为八路军研制炸药反而使我成了国民党特务？难道去美国留学也能让我成为美国特务？岂有此理！”他对被关在“牛棚”里的所党委书记郑林愤愤不平地说，“郑书记，我怎么一夜之间成了特务？”

“汪教授，我怎么能是‘走资派’呢？少安毋躁，既来之则安之，别跟那些颠倒黑白的事儿较劲儿了，跟他们讲理那是对牛弹琴。”郑书记不动声色，吐着烟圈，扫了一眼窗外的看守，凑近汪德熙的耳边轻声说道，“我的汪所长，‘牛棚’是关押‘牛鬼蛇神’‘地富反坏右’‘走资派’的地方，你我都是他们‘革命’的对象。在这个地方，你我都得老老实实的，不能乱说乱动，否则将受皮肉之苦。汪教授，这不是讲理的地方，一定要想开点儿，‘留得青山在，不怕没柴烧’。”

汪德熙刚进“牛棚”时，看着门外的看守不停地来回走动，感到心烦意乱。现在郑书记这番话令他清醒过来，认识到在“文革”中，什么事情都有可能发生。他将郁闷烦躁压抑在心中，开始担心起家人的处境来，怕自己的“问题”牵扯到他们。

往事在脑海中一一闪现。婚后，家务全靠爱人吴云打理，她既要工作，又要承担家务。孩子们在他工作时从不打扰。他平时工作忙，只能偶尔抽空教教孩子们弹琴，帮助爱人买买菜……

蹲“牛棚”期间，白天不是批斗，就是学习毛主席著作，剩下就是又脏又累的体力劳动，夜晚实行灯火管制，屋内漆黑一片。汪德熙对着窗外的茫茫星空，常常难以入睡。

一天清晨，“牛棚”门外的看守突然呵斥：“你是干什么的？跑这儿来干啥？”“同志，我叫吴云，给我丈夫汪德熙送饭。”“吴云，我在这儿。”汪德熙听到爱人的声音，兴奋得一骨碌从床上翻身下地，三步并作两步跑到门口对外面喊。

“汪德熙，老实点儿，别乱说乱动，谁让你大喊大叫的？老实点儿，闭嘴！”看守严厉斥责他，然后又对吴云说：“他到食堂吃饭，不需要家里送，马上离开这里！”

“他有老胃病，天冷容易犯，饮食稍不注意就会导致胃部剧痛。”吴云小声地解释，“他胃病发作时，坐卧不宁，根本无法劳动！”

“难道你不知道他是‘敌特分子’吗？你是不是假借送饭之机，要为他通风报信，对抗改造？”

“他不是特务，是我丈夫，我们孩子的父亲，他身体不好，需要照顾……”

“你把饭盒放下赶紧走！”看守推推搡搡，将吴云赶走了。

汪德熙眼圈红了，心想：“吴云，以后别来了，万一你也被关起来，孩子们怎么办？”

在“牛棚”的一角，所党委书记郑林默默地吞烟吐雾。“郑书记，我记得您以前不抽烟，是不是现在特别烦闷？”汪德熙问，“您就是烦也不能抽这么多的烟，对身体不好，而且还会越抽越烦。”

郑林书记仍然一言不发，他轻轻地吹开了面前的烟雾，默默一笑，又把眼睛闭上，一副悠然自得的神态。

“郑书记，烟里的尼古丁对您的身体健康有害。”汪德熙强调说，“您不是劝我说‘留得青山在，不怕没柴烧’吗？”

“你刚来，没经验，不知道抽烟的妙处。”郑书记笑了笑，用眼瞟了一下屋外，把身子蹭到汪德熙耳旁传授经验，“烟抽完了，可以申请出去买。”

“买烟又能怎样？”汪德熙不解。

“出去买烟，不就可以自由欣赏外面的大好风景了吗？还能获得一些新信息，说不定还能遇到家人！”郑书记打趣道，“机会难得呀！”

“对呀！”汪德熙如梦初醒，立即唤来看守，要求出去买烟。

从“牛棚”到小卖部有三四百米，走出“牛棚”，他深吸了一口空气。雪后的大地洁白无瑕，令人心旷神怡，“自由”这东西，在自由时意识不到其珍贵，一旦失去人身自由，立即感到度日如年。尽管是被人监督着去买烟，他也同样感到欣喜。他在路上故意放慢脚步，希望能看到同事和家人。

几天后，他的心境渐渐平和下来，初到时的惶恐和忧郁开始被无所事事的烦恼所代替。“牛棚”里的“牛鬼蛇神”“地富反坏右”“走资派”等是被专政的对象，除了干重体力劳动，就是学习领袖著作洗心革面。汪德熙认真地学习毛主席的著作，就像对待科研数据那样严谨和痴迷。他喜欢读毛主席诗词，感到受益匪浅。

1969年，汪德熙被下放到湖北潜江二机部的“五七”干校进行劳动改造。在这里，别人是光荣的“五七”战士，他是被改造的对象。最繁重的体力劳动自然由被改造对象来承担，一番劳动下来，汪德熙成了插秧、割稻、打稻、行船的多面手。

潜江是鱼米之乡，河道密布、湖泊众多，船在这里是不可替代的交通工具。装满货物的船，在水面上行进轻巧省力，但碰到河道里有石坎阻拦时，不论是什么季节和天气，撑船人都得赤膊下水，用全力将船推上坎，再从坎上滑过去。

每次“过坎”时，汪德熙便光着膀子，匍匐着身躯，用肩膀顶着船帮，使出全身之力，将船体一点点地移动，当身体随着船体快速滑过石坎而倒在江水中时，便会感到畅快无比。

傍晚，他端起大碗狼吞虎咽地吞食粗米饭，饭后往硬板床上一倒，还没等肢体舒展开来，鼾声已响起。

闲下来的时候，他常感到空虚和失落，因为没有业务书可读。汪德熙认为，浪费时间就是浪费生命。过去从事教学和科研工作的时候，如果有人要占用他的时间扯闲话，他会毫不客气地下“逐客令”，如今却在大把大把地浪费时间。

1971年，汪德熙带着悬而未决的“特务嫌疑”问题回到401所，被安排在图书馆从事图书管理工作，这才有了人身自由，有了看书的权利。

## 结识吴云　终生相伴

1939年，汪德熙南下，辗转来到昆明，担任西南联大化学系教授张大煜的助教。这时，正在读高中的吴云，为了躲避战乱随同哥哥来到昆明继续求学。汪德熙在北京上中学时，曾在班里公布了自己理想伴侣的标准，他的表述是随性的，也是发自内心的，标准排序是性情、学识、品德、容貌。多年来，由于学业和战乱，他从来没有在现实生活中留意过哪个女孩子符合上述标准。

一天，汪德熙和江苏姑娘吴云在友人家不期而遇，吴云让他一见钟情，无法忘怀。他们互有好感，渴望交流。一段时期里，他俩经常在友人家相互注目，还在躲避空袭时的稻田里、防空壕中互道平安。假期来临，他们的情感再次升华。在多才多艺的汪德熙心目中，这位文雅、恬静的吴云就是自己理想中的伴侣。他们相识4个月后，汪德熙前往美国留学，行前，两个情投意合的青年互诉衷肠，承诺一生相守。8年后他们再见面时，双双决定再也不分离了。

1947年年初，被聘为南开大学教授的汪德熙与吴云步入了婚姻的殿堂，这对志同道合的情侣终成眷属，相濡以沫，相敬如宾，令人羡慕。身为教授，他夜晚常常需要写学术报告、学术论文、授课讲义等，她总在灯前陪伴丈夫，他写一页，她收一页，配合默契；料理个人生活是他的弱项，所以每次外出开会准备衣物时他总显得手忙脚乱，待她出手相助后，各样行李才会井然有序；他工作累了觉得口干舌燥时，她悄悄进来，递上一杯热茶；孩子生病的时候，他常常不在家，她会自己送孩子去医院；每天早上，当丈夫和孩子还在酣睡，她已动手准备早餐……

周末饭后，是他们家最快乐、最惬意的时光。汪德熙沉浸在钢琴的乐曲声中，吴云则在一旁默默地倾听，脸上荡漾着幸福的神情。有时丈夫边弹边唱，有时丈夫弹琴妻子伴唱，乐声、歌声、笑声在房间里回荡。

## 咬定“冠醚”不放松

1976年10月，“文革”结束。次年春，汪德熙的工作和党籍得以恢复，他在科技事业上再次扬帆起航。

1980年，他当选为中国科学院学部委员（院士）。每天，他还是准时骑着那辆油漆斑驳、看不出牌号的自行车，挤进上班族的自行车车流之中。

一天，他在科技资料中看到，美国和法国正开展新式化学分离浓缩铀试剂——大环聚醚（冠醚）的配位研制。他敏锐地意识到，这将是第二代革命性分离技术，可以大幅提高不变价态化学交换法的同位素分离系数，市场潜在竞争力明显。令他尤其兴奋的是，冠醚分离不仅效率高，而且选择性好，特别是针对分离、提取、保存毒性高的锶、铯等稀有放射性元素的选择性更佳。

当时，国际上提炼、生产浓缩铀主要采用扩散法，但这种方法能耗太大，经济效益依赖生产规模。发达国家开始把提炼浓缩铀的重点转向节能的离心法，但其成本上限和扩散法相等。因此，寻找低成本的提炼方式成了关键问题！

法国的该项研究结果表明，采用化学法提取核燃料的成本低于离心法，从而提供了一种具有市场竞争力的新方法。更重要的是，这种方法还可以给人心理安慰，因为它的分离系数使其不具备军用浓缩铀的可能，是一种具有政治和军事安全性的技术，因而具有世界范围内普遍推广的价值。

为了弄清楚这项科研课题的科学性、可行性，以及它的理论基础和技术保障，汪德熙组织调研小组进行论证，用数据说话。得出的结论是：在降低成本方面，化学法比离心法和扩散法更有潜力。而冠醚的独特配位性能，有可能使这一概念得到突破，即不变价态变换体系从理论上分析，有得到更大并有实用意义的分离系数的可能。这时，各种质疑声接踵而来——关于“冠醚”的科学性、可行性和市场竞争力，有人认为“不变价态化学交换体系，从原则上讲，比变换价态化学交换体系省能”的看法站不住脚，分离系数在生产上不可能实现，这将导致研究结果前途未卜，凶多吉少；外国人搞“帽子”你就搞“帽子”，外国人“穿马褂”你也“穿马褂”——“帽子”“马褂”是“冠醚”分离中化学分子所呈现的形态。

“同志们，外国人的‘马褂’没有什么特别的价值，也不是什么国际前沿的学术思想，我不想穿。”汪德熙表达了自己要开展这项研究工作的理由，“正是由于‘冠醚’具有‘帽子’和‘马褂’的形态，才具有超群的化学分离选择性。这对我国核燃料的提取具有特殊的针对性和适应性。国家需求应该成为我们确定科研目标的第一选项。”

汪德熙将调研报告上报二机部，要求开展专题研究。不久，“冠醚”研制小组成立。当时，中央对国民经济政策做出调整，压缩了国防科研经费，有人担心“冠醚”课题的经费难以为继，这也是汪德熙担心的事情。为了确保这项课题研究能够持续进行，他从国防建设、科技创新、经济效益、环境保护等方面阐述了它的必要性、针对性、可行性，得到有关部门和领导的认可和支持，确保了源源不断的科研经费。

汪德熙他们咬定“冠醚”不放松，持之以恒，并取得了丰硕的成果——发现了单级分离系数高达1.036的锂-6、锂-7“冠醚”不变价态的化学交换分离体系，证明了其科学性和市场竞争力；找到了分离铀同位素分离系数接近1.001的“冠醚”萃取交换体系，比已知的不变价态铀同位素交换体系的分离系数高几十倍；以放射性废液最终处理处置的要求为导向，研究利用“冠醚”体系高效消除废液中的锶、铯等有害放射性核素的新方法。这些成果引起了国际同行的高度关注。

用科学知识、科学精神、科学方式来武装头脑的汪德熙，始终保持着科学思维和理性思考，不会人云亦云，更不会跟在外国人后面亦步亦趋。1985年，美国宣布放弃花费巨额经费开展的提炼核燃料的新技术研究项目，法国也放弃了花了很大气力搞的化学法，把赌注押到了原子激光法上。这引起了中国同行的高度关注，大家纷纷议论，有人认为汪德熙会步其后尘，放弃化学法，开展原子激光法提取核燃料的研究。但他们想错了，汪德熙有其独到的观点："中国科技落后，要追赶国际先进水平，必须瞄准前沿领域。但在铀同位素分离中，我们必须首先搞清楚激光法是否在技术方面是最好的？是否经济效益能达到最佳？是否在环境保护方面能达到最优？要结合国情综合考虑并进行决策。"

当美国和法国"改旗易帜"后，汪德熙没有急于做出判断，而是先进行分析和论证，并得出了科学数据——美、法两国的扩散厂生产能力已超过国际市场需要，浓缩铀贸易竞争激烈。一是离心法能耗虽小，但成本与扩散法相当，因此，他们用离心法建立新浓缩铀工厂的经济动力消失；二是从原理上看激光法更廉价，但从实验室转为商业生产，其间有许多较难解决的工程技术问题，开发周期较长，而且成本虽然比离心法、扩散法便宜，但仍比实验室估计的成本高出50%，将来发展到工程试验阶段，实际成本还是未知数。这表明，在降低成本方面，化学法的市场潜力最佳。最终得出的结论是——化学法（冠醚）将成为20世纪民用浓缩铀生产的最优途径。

汪德熙的科学分析和理性判断，确保了我国在同位素分离的方式方法的选择上更具科学性、可行性和操作性，经济效益和社会效益皆佳，液膜分离技术就是一个例子。他倡导和推进中国原子能科学研究院化学所的"冠醚"课题研制，取得了一系列科技成果，其中静电准液膜分离技术获得多项国家专利，在稀土生产方面得到广泛应用，并走向国际市场。

# “核电事业大有可为”

20世纪70年代末，汪德熙曾多次强调：“发展核电事业是解决世界性能源问题的主要选项之一，核电事业大有可为。我国能源短缺，发展核电事业势在必行，其后处理配套技术要提前储备。”

1983年，他任中国原子能科学研究院科学技术委员会主任委员、核工业部科学技术委员会常务委员，为了推进我国核电事业发展，在核化学领域出谋划策，多次在国家计委、国家科委和中国核学会组织的学术报告会上，对乏燃料后处理和强放废液的处理处置方式提出技术路径。

同年，汪德熙在国家计委和国家科委联合召开的核电政策论证会上提出建议：一是我国要建立经济合理的核燃料循环体系；二是从长远考虑，应开发研究更为省能的方法，先搞工艺上成熟的离心法是正确的，但应尽快落实激光法和化学法的科研和应用工作；三是根据我国铀矿储量与需求，为了保证建立经济合理的核燃料循环体系，必须建立能够把铀、钚等元素从乏燃料中再次分离出来、汇聚起来的后处理厂；四是对核电产生的大量放射性物质，必须妥善处理并加以多层封闭，以确保即使在长期贮存条件下，放射性物质也不会转移到生物环境中去。要十分重视“三废”处理工作，早日确定最终处置方案，建立国家“废物库”。这些建议得到了与会专家的支持。会后，国家科委将乏燃料需进行后处理列为核电发展的重要技术攻关项目。

汪德熙建议在核工业部404厂修建强放固化物最终处置库，开展从强放废液中提取锕系元素的科研工作，这一建议得到核工业部领导的高度重视并批准立项，各项工作迅速得到开展，国家科委将该项研究列为重点攻关项目。

为了尽快落实上述科研项目和工程，汪德熙院士组织科技人员在从事同位素效应和核燃料循环化学科研的同时，又开展了对各种放射性核素在地质层及各类屏障材料中的吸附、滞留、扩散，以及在地下水中的行为的研究，为放射性废物永久处置库的选址提供科技数据。

已是古稀之年的汪德熙院士，对“核聚变”研究工作也十分关注，并着手相关探索性研究和技术储备。“在‘核聚变’和平利用研究方面，中国做出了巨大贡献，将为人类文明进步发挥重要作用。我相信人造‘太阳’，将解除人类能源需求之忧。”他既自信又自豪地说，“随着科技的发展，能源短缺问题将迎刃而解。在这个创新发展的历程中，中国科学家将发挥不可替代的重要作用。”

## 国际舞台　中国方案

多年来，核科技始终是国际热门话题，核武器更是焦点议题。

经过20多年的全面发展，我国在后处理科技和工业领域形成了完整和独立的体系，成为世界上屈指可数具有自主研制和开发能力的国家之一。在这一进程中，汪德熙也成为具有世界影响力的核化学专家。

1986年4月，在令人瞩目的日内瓦会议上，中国代表汪德熙院士针对“核燃料安全储存”和“生态环境安全”这两个世界性难题，提出了中国核废物处置方案，引起了国际同行的高度关注。他在发言中从核废物处置的安全性、核资源利用的经济性、后处理技术的可行性、核废物提取有用物资的可行性和可能性等方面做出了科学论证。

他以中国湖南长沙马王堆汉墓为例，来说明中国方案的可行性：“长沙多雨，潮湿，气温高，2000多年前的古人通过简单的方式，阻隔了液态水和空气，保证了古尸保存得完好无损，创造了奇迹。我们运用现代科技手段，将核废料固化物放进一定深度的土层里，再加上特殊的防护措施，确保2000年的安全不成问题。”按照“中国方案”处置的核废物，2000年后已衰变到无害程度。这个方案具有中国特色，受到与会者的重视，日本、英国纷纷请汪德熙写文章、做报告，进一步加强与中国的交流与合作。

1990年，汪德熙院士任中国核学会理事长，获全国“五一劳动奖章”；1991年，他出任核工业总公司科学技术委员会高级顾问；1999年，他获“何梁何利基金科学与技术进步奖”。

# 科学与艺术相得益彰

在上学前，汪德熙喜欢听父亲唱京剧，听一次就能记住。上小学时，他爱跟父亲一起去听京戏，听完就学着唱，而且唱得字正腔圆，经常得到父亲的夸奖。

上中学时，他跟二哥汪德昭学拉小提琴，对音乐有着特别的感悟与热爱，成为学校乐队的骨干分子，还多次参加学校的文艺演出，登台演奏小提琴和唱歌。

大学期间，他为了进一步提高自己的音乐素养，报名参加小提琴教师陆以循举办的辅导班，得到了陆老师一对一的传授。从1931年“九一八”事变到1935年“一二·九”学生运动期间，中华大地上涌现出大量抗日救国歌曲，汪德熙演奏和演唱过《义勇军进行曲》《救国军歌》《中华民族不会亡》《救亡进行曲》《牺牲已到最后关头》《打回老家去》《大刀进行曲》《保卫国土》《码头工人歌》《大路歌》《开路先锋》《新女性》《摇船歌》等，获得师生们的一致好评。

在冀中根据地工作的时候，他不仅是科研工作的领路人，还是鼓舞斗志、振奋精神的“歌手”。“汪老师，现在又到您唱歌的时间啦！”当大家连续加班加点感到疲劳、困顿之际，常常邀请汪德熙一展歌喉。于是，《大刀进行曲》《义勇军进行曲》《打回老家去》等歌声在院落里、草房中响起，有时他还指挥大家一起唱歌……

在西南联大工作的时候，他向音乐教师刘振汉学习过声乐和钢琴演奏。参加抗日救亡宣传活动时，他经常演唱抗日救国歌曲，受到师生们的喜爱。一位音乐教授在教弹钢琴时发现，他乐感敏锐、精准、自然，大家都认为如果他改学音乐或从事歌唱事业，或许会成为音乐家或歌唱家。

在美国留学期间，汪德熙得到了著名语言学家、音乐家赵元任先生的指导，音乐天赋和歌唱才能得到了进一步发掘和展示。他对音乐、乐谱、唱歌不知疲倦，对小提琴、钢琴爱不释手，他以雄浑优美的歌喉，成为哈佛大学和麻省理工学院中国留学生歌咏团的"男一号"。

在一次音乐会上，他先演奏了《义勇军进行曲》，然后领唱了赵元任教授谱曲的《长江船工号子》。

"嘿呦……嘿呦……嘿呦……，陈旧木船，张着补丁之帆，逆江而上，几条紧绷的绳索勒着纤夫肩头的肌肉，赤脚踏在鹅卵石上，步调一致，躬起身躯，伴随号声，步步沉重，步步奋进。嘿呦……嘿呦……"他声情并茂，从心中发出了雄浑、悲壮、坚毅、奋进的东方号声，让美国师生感同身受，心灵震颤。"在领唱时，我的心在颤抖，我的血液在奔涌，我的身体在发热。"后来，汪德熙对我说，"中华民族的苦难和危机，在这首歌曲中得到了淋漓尽致的倾诉，我泪流满面，不能自已。"

掌声经久不衰，观众纷纷起身并上台要求与汪德熙合影，他的形象在闪光灯中被照相机定格。

一位美国学生满心欢喜地握着汪德熙的双手称赞道："汪先生，祝贺演出获得极大成功。你是音乐天才，你的嗓子好、音域广、音色美，是天生的不可多得的男高音歌唱家。我喜欢音乐，痴迷你的演唱，想和你交个朋友！”盛情难却，汪德熙回应道：“我愿意交你这个朋友！”

因为有着共同的兴趣爱好，汪德熙常去这位美国朋友的宿舍互帮互学，一个教钢琴，一个教汉语，其乐融融，无话不谈。

“汪先生，你的乐感很好，这是天赋，是上帝赐予的，我认为你要是专门从事音乐歌唱事业的话，一定会比从事科研工作取得更大成绩。科学家不仅要靠聪明才智，还要靠艰辛的努力，而音乐家、歌唱家靠的是天赋，只要顺其自然便可名扬天下。你具有只有伟大的音乐家、歌唱家和作曲家才具备的天赋。”有一次，美国朋友对汪德熙说，“你应该改行，早改早出名，不要犹豫，马上改行，我们合作，一定能获得成功！”

“改行？放弃化学专业？去当歌唱家？改行从事音乐演唱，我没想过，这事关重大，必须慎重考虑。请给我一段时间考虑再回答你。”汪德熙觉得这个想法太具颠覆性，太不可思议，太突然了。

当晚，他躺在床上辗转反侧，无法入睡。往事似电影般在脑海中不断地闪现：海外留学，寒窗苦读，怀着“科技救国、科技强国”的理想，远离饱受侵略者蹂躏的祖国，初衷不就是为了多灾多难的中华民族的独立和复兴吗？但朋友的话也不无道理，何况还有过先例——他的校友张肖虎，学的原是土木工程专业，后来改行成了作曲家，创作了大型舞剧《宝莲灯》等，令人瞩目。是不忘初心坚守“科技救国”的理想，还是改旗易帜去做音乐家、歌唱家？他既不肯放弃科技救国的初衷，又觉得当音乐家、歌唱家也挺好，一时犹豫不定。

汪德熙成了学校的谈资，同学们议论纷纷："科学家与艺术家虽然可以相得益彰、相互促进，但毕竟是截然不同的社会角色，前者运用的是理智逻辑思维，后者运用的是情感审美思维，很难兼得。"多数师生认为，改行是下策，因为他即将获得博士学位，改行很可惜，而且，改行后是否能够成为音乐家、歌唱家还是未知数。

"是否改行，一定要慎之又慎，三思而后行，如果自己拿不定主意，就别急于做决定，建议你先去征求赵元任先生的意见。"一位中国留学生对他说。

"科学家和艺术家从事不同性质的工作，两者没有可比性，不好说谁更重要。我觉得，在国家要独立民族要解放的当下，中国最缺政治家、军事家、科学家。我不怀疑你能成为音乐家、作曲家或歌唱家，但我更相信你能成为科学家！"赵元任教授认为，"当国家处于危难之际，个人干什么，怎么干，既要考虑自己的特长和志向，更应该考虑国家和民族的需求，这样才能实现自己的理想。"赵教授的一席话令汪德熙振聋发聩，他坚定了初心。

20世纪50年代末，小提琴演奏曲《梁山伯与祝英台》风靡全国，汪德熙经常演奏这首脍炙人口的名曲。晚上来一曲《梁山伯与祝英台》，一天的疲劳便一扫而光。在悦耳的乐曲声中，他可以梳理工作中的问题，并激活思维的灵感。"可以说，是《梁山伯与祝英台》的乐曲在伴随着我研制玻璃钢。"汪德熙认为。

研制出玻璃钢的当晚，汪德熙又弹奏起《梁山伯与祝英台》，忽然灵光一闪，他自言自语地说："如果金属与有机物结合会不会产生新材料？"这无疑是科学思想与艺术思维相互碰撞产生的"火花"。他曾想把金属与有机物结合作为科研课题，但因工作调动，未能完成。如今，金属与有机化学"联姻"，已经生产出了全新的材料，证明了汪德熙当时的灵感绝非一时的心血来潮。

调到401所工作以后，他喜欢上了古典音乐，如贝多芬的钢琴曲《月光奏鸣曲》第一乐章："宁静的夜晚，月光从天水相连处升起来，海面上披上了一层银纱。微风轻轻拂过……"优美的旋律和惬意的意境，令汪德熙神清气爽。

"文革"期间，他因"特务嫌疑"等问题被关进了"牛棚"，学习毛主席著作是一项政治任务，但是过了不久他就开始为毛主席的诗词进行谱曲。一沓沓用来写"特务罪行"的纸稿上写满了五线谱，他谱了一首又一首。他为《浣溪沙·和柳亚子先生》《卜算子·咏梅》谱的曲子，在全所文艺汇演中获得了一致好评。有一次，汪德熙演唱了自己谱曲的《清平乐·六盘山》，有人听后称赞道："他可以与著名作曲家相提并论。"

"搞音乐，需要技巧，但更多的是对乐曲本身的深刻理解和理性把握，要把真情实感融入技巧中去，决不能单纯地卖弄技巧。"一次，我们在谈科学、科技、科研与音乐、谱曲、演唱的关系时，汪德熙院士有所感悟地对我说。

"我很崇拜文理兼通的著名学者丁西林先生。"汪德熙问我，"你知道丁西林先生既是物理学家又是喜剧家的事吗？"

"汪教授，我不知道。"我连连摇头，实话实说，"您崇拜他，说明丁西林先生非同一般，应该在中国科学史、喜剧史上具有独特的地位和影响。”

“是的，丁西林先生非同一般，令人敬仰。”汪德熙介绍说，“他是江苏泰兴人，1893出生，原名燮林，号巽甫，丁西林是他的笔名。

“丁西林17岁随族兄丁文江到英国学习物理。他在英国念书时就爱好文学，法国作家莫里哀的喜剧及英国大文豪萧伯纳的戏剧剧本中机智的对白、恰如其分的幽默感，对他的写作风格产生了很大影响。他认为，世界上可笑的事情太多了，但能笑的机会却是太少了，应该把这些笑料尽量挖掘出来，进行加工提炼，让大家多获得一些欢乐。回国后，他当过北京大学物理系教授、中央研究院物理研究所所长，当选为中央研究院评议员及院士。他在20世纪20年代发表了处女作《一只马蜂》，辛辣地嘲讽了当时的社会，人们对他交口称赞。后续的《压迫》《酒后》《北京的空气》《亲爱的丈夫》等独幕剧及四幕剧《等太太回来的时候》《妙峰山》《孟丽君》等作品，文笔简洁流畅，对话幽默洒脱，丰富了我国话剧创作的形式和内容。

“我的体验是，音乐与科学有许多共通之处，两者并不相悖，而是可以相互融通和相互促进的。音乐创作要有灵感，搞科研亦然；演奏音乐要有技巧，解决科学问题亦如是；音乐旨在让人理解所表达的内容，科研则是促进人们对自然规律的认识和把握。而且，化学这个以实验为基础的科学领域，有着与音乐艺术一样神秘、一样诱人的地方。”

汪德熙认为，许多看似毫无关系的事物，其实它们之间都有相通的地方。听古典音乐是晚年时期的他最大的享受，他在天籁般的音乐声中走向了永恒。

2006年8月8日21点15分，在我国核燃料后处理萃取工艺的开发、原子弹引爆装置的制备、核试验用钚-239与各种放射源的研制、氚的提取、核试验当量的燃耗测定、核产品中铀和钚的鉴定及杂质分析等方面有着杰出贡献的汪德熙院士在北京逝世，享年93岁。

# 后记

《许党报国 民族脊梁》一书，记述了自中国共产党诞生以来，八位科技专家不忘初心，砥砺前行，为国家富强、民族复兴、人民幸福而殚精竭虑、鞠躬尽瘁、死而后已的故事，他们是千百万以科技报国、科技强国、振兴中华为己任的知识分子的杰出代表。

《许党报国 民族脊梁》一书中，有我们党最早的党员、科技专家，他们在三次国内革命战争和民族解放战争中，出生入死，百折不挠，为国家独立、民族解放和人民幸福做出了重要贡献，其传奇人生令人肃然起敬。

《许党报国 民族脊梁》一书中，有在建设新中国的历史时期中成长起来的科学家，他们为提升我国科教水平和工业能力，矢志不移，建功立业，在建设中国特色社会主义事业中发挥了行业引领作用，为实现“两个一百年”奋斗目标，做出了重要贡献，受到人们的敬仰。

《许党报国 民族脊梁》一书中，有在改革开放的春天里成长起来的科学家，他们在实现中华民族伟大复兴的中国梦的征程中，敢于担当，勇于创新，站在国际学科发展前沿和行业创新前列，与世界一流科研机构和一流科技人员同台竞技，以科学发现和技术发明，为中国特色社会主义国家进入新时代提供强力保障和不竭动力。

《许党报国 民族脊梁》一书中，几位科学家身处的历史时代不同，人生经历不同，但他们在科技救国、科技报国、科技强国的共同事业中，将个人理想和民族复兴有机结合，绽放出了七彩光芒。他们与全国人民一起，在中国共产党的领导下，通过脚踏实地的奋斗，逐步实现着几代中国人前赴后继、不懈奋斗、梦寐以求的理想。

这八位科技专家，用自己的理想和智慧、担当和忠诚、生命和奉献，成为中华民族复兴伟业中的时代先锋、民族英雄、人民楷模。

在此，向这八位科技专家致敬！感谢这八位专家的家人和单位为写作本书提供的支持与帮助。最后还要致谢我的读者，因为从这一刻开始，我们将拥有共同的价值理念和奋斗目标。

柏万良于增光路

2018年10月1日